해모수 이야기

한국신화의 부활을 위하여

해모수 이야기

한국신화의 부활을 위하여

인쇄 2015년 1월 21일
발행 2015년 1월 28일

저자 박병섭
발행인 지병문
발행처 전남대학교출판부

등록 1981. 5. 21. 제53호
주소 500-757 광주광역시 북구 용봉로 77
전화 (062) 530-0571~2
마케팅 (062) 530-0573
팩스 (062) 530-0579
홈페이지 http://www.cnup.co.kr
이메일 cnup0571@hanmail.net

값 13,000원

ISBN 978-89-6849-187-0 (93210)

이 도서의 국립중앙도서관 출판예정도서목록(CIP)은
서지정보유통지원시스템 홈페이지(http://seoji.nl.go.kr)와
국가자료공동목록시스템(http://www.nl.go.kr/kolisnet)에서 이용하실 수 있습니다.
(CIP제어번호 : CIP2015002589)

한국신화의 부활을 위하여

한국사에서 북부여 해모수의 건국신화에는 한국사와 중국사
그리고 세계사의 「왜곡」을 파사현정할 수 있는 진리가 숨어있다

박병섭 저

해모수 이야기

전남대학교출판부

목신통로(木神通路) 신접교화(神接敎化)
4부군생(四部群生) 지상천국(地上天國)

| 여는 글 |

대부분의 사람처럼 나 역시 처음에는 막연히 역사를 믿고 소위 '신화'로 치부되는 것들을 거부하였다. 『바이블』을 읽으면서도 '신약' 이야기는 그럴듯하지만 '구약' 이야기는 황당하기 짝이 없는 옛 이야기라고(아담의 930살 등) 생각하였다. 처음에 『환단고기』를 읽을 때 『태백일사』 '삼한관경본기'에 등장하는 번조선의 기록은 단군과 기자 사이의 관계로 보아 그럴듯하다고 생각하였지만 『환단고기』 『삼성기』의 '신시역대기' 등(환웅, 120살 등)은 황당하게 느껴져서 아예 신경도 안 썼다.

증명하려면 동어반복이 아니라 A로 B를 입증하여야 한다. 사실 기존의 위서 입증의 99% 이상이 단지 '통념'에 기댄 동어반복의 선동이다. 『환단고기』 내용(B)을 기반으로 다른 사서들(A)을 평가하는 것은 주객전도라고 생각한다. 나는 『환단고기』가 진서일지도 모른다는 놀라운 복선들을 많이 발견하였지만 천재라면 조작 가능한 수준이라고 생각했다. 이러한 관점에서 그 이전에 연구한 것들을 뒤늦게 『고조선을 딛고서 포스트고조선으로』(2008)이라는 책으로 출판하였다.

기존의 신뢰받는 사서들로만 입증(A)한 후에 『환단고기』의 내용(B)의 진위를 확인해보려고 하였다. 나는 기존의 신뢰받는 서서들(『삼국사기』, 『삼국유사』, 『사기』, 『한서』, 『후한서』, 『삼국지』 등)에서 "고조선", "주몽", "동명" 등을 분석하였다. 이 책 연구의 80-90%는 이런 내용이다. 주몽의 고구려 건국 과정을 상세하게 분석하는 과정에서 당대 사료인 『광개토왕비문』 내용조차 '신화'이기 때문에 무시한다는 사학 이데올로기의 '비밀'을 알게 되었다.

평가대상 사서는 등장(『환단고기』 1979년 영인본)한 이후 발견된 것일 때만 진서와 위서의 판별 증거로서 가치가 있다. 진서유무를 결정하기 위해서는 대응설(對應說)과 정합설(整合說)이 있다. 대응설은 평가대상 기록과 '고고학적 유물' 사이의 대응으로 확인하는 것이다. 정합설은 평가대상기록과 사서들의 '간과된 내용' 사이의 정합으로 확인하는 것이다.

『삼국사기』 "해모수"와 『삼국유사』 "해모수" 사이를 비교해서 '논리역사학'으로 '간과'된 해모수들을 복권시켜 해모수가 3명이라는 사실을 발견하였다. 해모수가 3명이면 '(해모수2와 동명의) 왕호신구토픽법'과 '(해모수의) 장생법'을 함의한다. 결국 해모수가 3명이면 『환단고기』에도 여러 '왕호신구토픽법'과 여러 '장생법'이 나타나기 때문에 진서가 된다. 또 『바이블』 '구약'의 아담 930살의 장생법도 진서가 된다. 고고학적 유물은 기록과 유물 사이에 대응을 부정하면 논란에 직면할 수 있지만 '간과'된 논리는 기록과 '간과'된 기록 사이의 정합이라 누구도 부정할 수 없다.

현대사학자가 건국신화는 이전 신화를 차용할 수도 있기 때문에 진지한 분석이 무의미하다는 '신화 무의미 문제설정'으로 배수진을 치면 다른 합리적인 해결책을 찾을 수 없었다. 나는 '술이부작(述而不作)한 논리역사학(論理歷史學)'이라는 새로운 학문을 제시한다. 술이부작은 전해오는 전승을 전할 뿐 창작하지 않으니 현대의 창작사학보다 엄격한 것이다. 논리역사학은 그 기록이 신화든 역사든 형식논리로 분석해 진리를 찾아서 '신화' 배제의 선험 역사학을 비판한다. 형식논리학에 맞서는 자들의 '광기'에 맞서려고 이 책을 쓴다.

진리는 비명횡사(非命橫死)하든 자연사(自然死)하든 결국 사라진다. 술이부작한 논리역사학의 진리는 이론형태가 역사독립군의 조직을 통해 대중이데올로기 형태로 확장될 때 자연사(自然死)할 것이다. 대일항쟁기에는 독립군이 필요하였듯이 역사항쟁기에는 역사독립군이 필요하다.

2015. 1. 1. 봉조

차례

I 부

들어가기

1장
서 문

1. 상식의 부지불식간의 확신

이제까지 세상을 망치는 것은 예단과 선입견이었다. 누가 이 그림을 그렸을까? 어느 시대 사람이 이 그림을 그렸을까?

위 그림에 대해 정직하게 그 시대를 말한 자는 "사기꾼" 취급을 당하다가 죽었다.

아래 그림은 누가 그렸을까? 어느 시대 사람이 이 그림을 그렸을까?

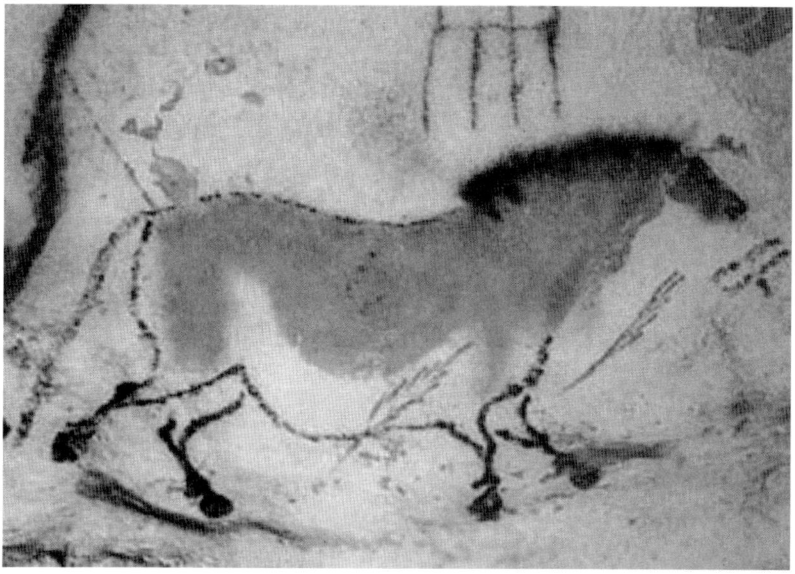

세상에는 설령 '진리/진실'이라도 너무 획기적인 견해라면 처음에 전문가들의 격렬한 반대에 직면할 수 있다. 우리는 그런 사례로 처음에 구석기 시대의 동굴벽화가 발견되었을 때 전문가들은 그 작품의 수준이 너무 높아서 그것이 '조작/사기'라고 비난하였다는 역사를 알고 있다.

물론 우리는 그 수준 높은 동굴벽화의 작품들이 구석기 시대의 것이라는 것을 이제 누구나 잘 알고 있다.

(1) 1879년 아마추어 고고학자이던 마르셀리노 산즈 데 사우투올라가 8살 딸과 함께 동굴 조사를 하게 된다. 그와 마드리드 대학의 후안 비라노바가 현장 조사를 하면서 구석기 시대의 유적임을 알아냈다.

(2) 프랑스의 가브리엘과 에밀 카흐탈리아 등이 고고학 전문가로서 현지를 방문했으며 사우투올라가 보관하던 그림을 보게 된다. 그들은 그림이 가짜라고 주장했으며 1880년 리스본에서 열린 선사 문화워크숍에서는 공개적으로

비웃음을 사기도 했다. 너무나도 뛰어난 그림의 상태 때문에 사우투올라는 심지어 사기죄로 고소당하기도 했다.

(3) 1902년이 돼서야 여러 선사시대 그림이 발견되면서 알타미라 동굴 벽화의 진가가 인정되기 시작됐다. 후에 에밀은 고고학저널에 공개적으로 그의 잘못을 인정했다.

(4) 그러나 정작 그림을 발견해 세상에 알린 사우투올라는 14년 전에 죽어 어떤 명예도 누리지 못했다.[1)]

---

1) http://ko.wikipedia.org/ 알타미라 동굴 "Cave of Altamira"

(1) In 1879, amateur archaeologist Marcelino Sanz de Sautuola was led by his eight year-old daughter María to discover the cave's drawings. The cave was excavated by Sautuola and archaeologist Juan Vilanova y Piera from the University of Madrid, resulting in a much acclaimed publication in 1880 which interpreted the paintings as Paleolithic in origin.

(2) The French specialists, led by Gabriel de Mortillet and Emile Cartailhac, were particularly adamant in rejecting the hypothesis of Sautuola and Piera, and their findings were loudly ridiculed at the 1880 Prehistorical Congress in Lisbon. Due to the supreme artistic quality, and the exceptional state of conservation of the paintings, Sautuola was even accused of forgery. A fellow countryman maintained that the paintings had been produced by a contemporary artist, on Sautuola's orders. Association of the animals in the cave of Altamira, by Leroi-Gourhan.

(3) It was not until 1902, when several other findings of prehistoric paintings had served to render the hypothesis of the extreme antiquity of the Altamira paintings less offensive, that the scientific society retracted their opposition to the Spaniards. That year, Emile Cartailhac emphatically admitted his mistake in the famous article, "Mea culpa d'un sceptique", published in the journal L'Anthropologie.

(4) Sautuola, having died 14 years earlier, did not live to enjoy his rehabilitation. Further excavation work on the cave was done by Hermilio Alcalde del Río between 1902-04, the German Hugo Obermaier between 1924-25 and finally by Joaquín González Echegaray in 1981. Scientists continue to evaluate the age of the cave art at Altamira. In 2008, researchers using uranium-thorium dating found that the paintings were completed over a period of up to 20,000 years rather than during a comparatively brief period. In 2012, further uranium-thorium dating research was published supporting an older age for portions of the art, including one claviform image at 35,600 years old.

이제 우리는 안다. 처음 그림은 알타미라 동굴벽화이고 두 번째 그림은 라스코 동굴벽화라는 것을 안다. 둘 다 모두 구석기 시대 동굴벽화이다.

2. 술이부작한 논리역사학이란 무엇인가?

역사는 (1) 기록들을 일정한 관점에 입각하여 위계적 차등을 두고 모아서 (2) 형식논리적으로 분석하여 술이부작(述而不作)한 자료들을 정리한 후에 자연과학적으로 평가하는 것이다. 술이부작은 공자가 자신의 견해가 이전의 견해를 이어받아 서술할 뿐 새로 창작해서 말한 것이 아니라는 것을 표현한 말이다. (1) 기록들에는『삼국유사』『삼국사기』『산해경』등;『사기』『한서』등이 있다. (2) 일정한 관점은 가족, 국가, 민족, 계급, 인류 등의 사관을 의미한다. 여기서는 민족과 국가의 관점을 취하였다. (3) 형식논리적 분석은 먼저 주어진 기록들을 명제로 파악해서 이용하고 이어 추가적으로 모든 자료들을 명제로 전환해서 이용해서 결국 명제들 사이의 관계를 논증화하고 논증을 연역논증과 귀납논증 등으로 구분해서 논증들을 동일률, 무모순률, 배중률을 이용해서 평가하여 정리하는 것이다. (4) 술이부작(述而不作)한 자료들을 정리하였다는 원문 자체를 재구성할 뿐 임의적 추가로 해석을 확대하지 않는다는 의미이다. (5) 자연과학적 평가란 자연과학의 정의로 물질적 관계, 인과관계, 양적 관계, 수학적 정식, 패러다임, 정상과학, 혁명기, 보조가설-가설, A-E-I-O 도식으로 구성된 자연과학을 설정하고 이 자연과학적 방법으로 가설을 설정한 후에 기록과(비기록 자료들을 명제화한) 관찰명제 사이의 관계로 논리적 평가를 한다. 결국 역사란 기존의 자료를 형식논리학의 응용분야로 주체적 관점에서 술이부작(述而不作)해 정리한 것이다.

역사는 (1) 동일한 형식논리학의 방법을 사용하기 때문에 방법론에서 모두 같고 (2) 차이란 사료의 제한적인 선택범위와 그 사료에 대한 한국어번역에서의 차이에 의해서만 발생하는 것이다. 만일 (1) 역사에서 선택한 민족 혹은 국가가 같아서 사관이 같고, 사료의 제한적인 선택범위가 같고 또 그 책에 대한 한국어 해석의 진술이 같다면, (2) 결국 동일한 형식논리학의 방법을 사용하기 때문에 적용상에서 차이란 발생할 수 없고 술이부작(述而不作)한 객관적 해석에 도달할 수 있다.

3. 기존 현대 창작역사학의 한계

소위 기존의 역사학이란 기존의 기록을 자신의 선험적 문제설정인 '역사/신화'로 구분해서 '신화'기록을 자의적으로 배제하고 이런 태도를 "실증주의"라 하고, 다시 역사 기록을 유물의 자칭 고고학적 해석으로 대조해서 그 내용이 확인된 것을 역사라 하겠다고 희망한다. 이 방법에서 소위 역사란 자신이 임의적으로 설정한 범위 내에 든 것만 수용하겠다는 어린애의 '긍지선언'이다. 어린애의 긍지선언 역사에서는 우선 자신이 신화라 낙인찍은 것을 배제하고 이어 자신이 해석한 유물로 확인이 안 된 것을 배제하고 마지막으로 자신이 신뢰하는 서적(보통 중국서적)만 인정하고 다른 서적들(『삼국유사』의 『고기』『단군기』, 『제왕운기』의 『단군본기』, 『삼국사기』, 『산해경』, 『신지비사』 등)을 배제한다. 기존 사학자란 기록들에 대한 배제의 긍지선언 경쟁을 학문적 엄격성의 기준으로 생각해서 자부심을 느낀다. 이런 연구에서 역사란 자의적 해석에 따른 소설의 일종이다.

4. 한국사에서 '누천년간의 자기망각의 역사'와 '한국고유철학의 대륙'

한국의 학문 전체와 인문학 전체를 망친 것도 예단과 선입견이다. 한국철학은 한국고대의 대동사회 같은 고유철학에 대해서도 연구하여야 한다. 한철학은 누천년에 걸친 자기망각의 이데올로기층에서 벗어나야 한다. 한국에는 현대 철학(영미철학, 독일철학, 프랑스철학 등) 이전에 전통철학(유가, 불교, 노장 등)이 있고, 전통철학 이전에 한국고유철학이 있다. 한국에 전통철학 이전에 한국에도 철학이 있다하면 애초에 가능성조차 상정하지 않고 '이상한 자'라고 생각한다. 한국철학사 혹은 사상사는 '광기에 가까운' 누천년에 걸친 '자기망각의 시대'가 있다.

보통 고유철학은 고대그리스철학을 의미한다. 그리고 잘 해야 중국이나 인도에 자기 지역에서 발전한 독자철학(중국철학, 인도철학 등)이 있다고 생각한다. 그렇지만 보통 한국에는 고유철학을 논할만한 그런 자료자체가 없다고 생각한다. 정말 그럴까?

알뛰세르에 의하면 학문의 역사에는 수학의 대륙(고대 그리스), 물리학의 대륙(현대 갈릴레오, 뉴턴, 아인슈타인 … 데카르트철학, 칸트철학)이 있고, 그 후에 역사과학의 대륙(마르크스주의)이 있고 당시 성장하던 정신분석학이 대륙인지 섬인지는 아직 모르겠다고 한다(알뛰세르, 『레닌과 철학』). 한국고유철학에 대해 알뛰세르식으로 표현하면 한국에는 '한국고유철학의 대륙'이 있다.

어차피 충격적이라면 정직하게 말하는 것이 좀 더 효과적일 것이다. 지금 보통 대륙은커녕 자그마한 섬조차 발견하지 못한 곳에서 '간과된' 한국고유철학의 대륙을 거론하고 있다(알뛰세르, 『자본을 읽자』). 우리에게는 『삼국사기』와 『삼국유사』가 있다. 우리는 『삼국유사』에 나오는 "고조선" 항목조차 제대로 해석하지 못하였다. 우리는 근대화 이후 100년 혹은 200년 동안 한국고유철학, 한국고대사, 한국신화사를 한 번도 제대로 고민해 보지 않아서 '한국고유철학의 대륙'을 '간과'한 것이다.

5. 한국사의 '패러다임적 역사왜곡'

한국사는 현재 왜곡되어 있다. 한국사는 왜곡에 왜곡을 더해 이제 왜곡이 정설이 되어 더 이상 원상회복하기 어려운 상태로 왜곡이 고착화되어 있다. 한국사의 왜곡은 어제오늘의 사건이 아니고 그 왜곡은 누천년에 걸친 자기망각의 역사에서 온 것이다. 한국사는 누천년에 걸친 자기망각에 병행해서 누천년에 걸친 역사왜곡이 이제 패러다임 차원에서 고착되었다. 우리는 '누천년에 걸친 자기 망각의 역사'에서 벗어나지 못하고 있다. 우리는 우리 자신의 기록은 연구하지 않는다. 우리의 자신 자신에 대한 연구는 '첫 단추를 잘못 뀀 왜곡' 이후 '누천년에 걸친 체계적 왜곡이 패러다임 차원'에서 고착된 상태에 있다.

	한나라 역사	우리 역사	한 사서	우리 사서
1		환국		
2	5제 (3)	환웅		
3	5제 (2)	단군 고조선		『삼국유사』 『고기1』
4	하/은/주			
5	진/한			
6	한 무왕	고조선	『사기』 "조선열전"	
7	전한	북부여	『한서』 "조선전"	『삼국유사』 『고기2』 『제왕운기』 『전조선기』
8	신	고구려		『삼국사기』
9	후한		『후한서』	
10	삼국		『삼국지』 "위지동이전"	

한국사는 중국사의 부착기록("조선열전"; "조선전"; "동이전")과 한국사기록(『삼국사기』; 『삼국유사』"고조선" 『고기』) 사이의 상호 비교를 통해 한국사와 중국사가 상호 연동되어 파악된다. 이 경우 중국사의 해석(만리장성)이 달라지면 한국사의 해석도 달라지고 한국사의 해석(북부여, 해모수)이 달라지면 중국사의 해석(진시왕, 한무왕의 신선추구)도 달라진다.

단재 신채호는 일제 때 한국고대사를 현대적 관점에서 다시 연구하였다.

단재는 한국고대사가 고대 말에 왜곡당한 현장에 근대에 처음으로 도달한 사람이다. 단재는 『조선사 연구초』의 "조선역사상 일천년래 제일대사건"에서 김부식의 유교사관이 역사왜곡의 주범이라 주장하였다.[2] 김부식의 『삼국사기』는 술이부작(述而不作)에 충실하다. 김부식은 드물게 잘못 해석하였다. 김부식 사관의 부작용은 그가 선별한 사료만 살아남고 다른 사료들이 사라진 것이다. 단재의 주장은 한국 식민지 매판 '사이비 사학'에 의해 실질적으로 이제까지 전면 무시당하였다. 단재 사학은 '역사'/ '신화'의 선험적 구별 기준에 의해 그 증거가 '선험적으로' 역사 기준에 미달한다는 사이비 문제설정에 의해 패러다임 차원에서 선험적으로 배제당한 것이다.

6. 역사 왜곡의 두 가지 문제설정 패러다임

우리가 한국고유철학의 대륙을 '간과'한 이유는 누천년에 걸친 패러다임 차원의 체계적인 왜곡들의 영향 때문이다. 한국사는 첫 단추를 잘못 꿴 이후에 패러다임 차원의 체계적인 왜곡으로 누 천년간 '간과당한 것'이다.

한국에서는 이제까지 연구가 두 가지 쟁점에 매달려 왔다. 하나는 '신화'와 '역사'를 구분하고 '신화'의 낙인을 찍으면 무엇이든지 무시할 수 있었다. 과거에는 "괴력난신"이라는 낙인만 찍으면,[3] 현대에는 '신화'라는 낙인이 찍으면[4] 만사를 난도질해서 '쓰레기통'으로 내보낼 수 있다. 어떤 사람들은 이런 '학문'/ '신화'의 구분 자체를 학문성의 기준으로 생각하는 사람이 있다.

---

2) 『삼국사기』는 기록이 문제가 아니라 해석이 문제이다.

3) 『삼국사기』도, 『삼국유사』의 서문도, 『동국이상국집』 3권 "동명왕편" 서문도 모두 공자 『논어』 술이편 제칠 LY07 의 "괴력난신(怪力亂神)" 거부를 상식으로 인정한 후에 그런 기반 하에서 논의를 전개하고 있다.

4) 나는 현대 사학자들이 사료에 '신화'라는 낙인을 하나 찍어 어떤 원 자료로 쓰레기통으로 보낼 수 있다는 것을 안다. 비단 『삼국유사』정도가 아니라 『삼국사기』도, 심지어 당대 사료라는 『광개토대왕비문』의 기록도 '신화'라고 낙인을 찍으면 단 한 순간의 진지한 연구도 없이 모두 쓰레기통으로 보낼 수 있다.

어떤 사람들은 '역사'/ '신화'의 구분 자체를 '역사'라는 학문의 문제설정 자체라고 생각하는 사람도 있다. 어떤 사람들은 '역사'/ '신화'의 구분이 바로 실증주의의 문제설정이라고 생각하기도 한다.

다른 하나는 '진리[진서]가능성' 논증과 '오류[위서]가능성' 논증에 매달려서 '진리[위서]가능성'만 선동할 수 있으면 무엇이든지 무시할 수 있었다. 기존의 진리 오류[진위서] 논증에서는 단 한건도 진리[진서]나 오류[위서][5]를 그 자체로 입증한 것은 없고 다만 가능성을 입증한 후에 결론에서 진리[진서] 혹은 오류[위서]로 비약하였다.

우리는 이런 쟁점에서 '성공적인 선동'과 선동당한 결과물들만을 가지고 있다. 신채호의 연구는 그 핵심이 고조선의 3국연방설로 구성되어 있다. 현대사학의 선동은 심지어 단재 신채호의 연구도 거의 100여년 동안 쓰레기통에 넣어 박제(剝製)로 만들어 버릴 정도로 위력적이었다. 신채호 연구는 남한과 북한에서 본질적인 측면에서 모두 무시당하고 또 근거도 없이 전면부정 당하였다.

7. 몸주 해모수

나는 어느 날 접신이 되어 해모수가 나의 몸주가 되었다. 그 후 여러 가지 과거사의 일을 알게 되었다. 해모수 덕분에 '누천년에 걸친 한국사 왜곡의 패러다임'을 붕괴시킬 무기를 확보하게 되어 결국 웅장하고 견고한 한국사를 구축하게 되었다. 나는 단재 신채호가 접신되어 신채호가 나의 몸주가 되었다. 철학에서는 발견과정과 정당화의 과정을 구별한다. 이 책에서는 접신의 내용은 한 마디로 없고 오직 정당화만을 다룬다. 문헌사료의 해석에서 진상규명이 문제이다.

---

5) 나는 조인성, 박광해 그리고 이문영 같은 사람들을 염두에 두고 있다. 이들은 모두 위서가능성논증과 위서입증논증을 구별하지 못하고 있다.

8. 문제설정 패러다임의 새로운 전환

이제 우리는 두 가지 차원에서 질문을 변화시켜야 한다. 하나는 신화연구에서 과학적 연구불가능성 측면과 과학적 연구가능성 측면을 구별해서 접근하여야 한다. 즉 다시 말해서 먼저 과학의 정의를 보조가설(패러다임) 이후 가설의 요건으로 물질적 관계, 수학적 정식, 그리고 경험적 확인가능성으로 규정하고, 이어 신화의 정의를 신 혹은 비물질적인 정신적인 존재가 세상에 등장하는 이야기로 규정한 이후에, 신화를 과학을 기준으로 접근하여 두 가지 측면으로 연구한다는 의미이다.[6] 이 질문전환의 핵심은 신화도 객관적인 연구 대상이라는 것이다. 이런 문제의식은 탈근대적인 계보학적 관점에 설 때 '신화'도 연구대상이라는 관점이 가능하다.

한국사는 고대에 "괴력난신"의 거부(『논어』)라는 유교사관에 의해 '왜곡'되고, 다시 근대에는 '신화'거부라는 실증사관에 의해 '왜곡'된다. 유교사관 자체와 실증사관 자체는 역사왜곡과는 무관한 사관이지만 '신' 이야기를 무시하거나 경시하는 문제설정을 통해 '건국신화' 속에 포함된 실제 역사가 '왜곡'되는 것을 방치해서 결과적으로 역사왜곡에 결정적인 역할을 한다. 중국사의 유교사관은 현대 사학자에 의해서 거의 그대로 수용되지만 한국사의 건국신화사관은 애초부터 연구대상에서 배제당하기 때문이다. 문제설정에서 신화도 과학적으로 연구할 수 있는 측면이 존재한다는 문제의식은 한국사의 건국신화 자료도 진지하게 받아들여야 한다는 문제설정에 도달한다. 한국사에서 북부여 해모수의 건국신화에는 한국사와 중국사, 그리고 세계사의 '왜곡'을 파사현정(破邪顯正)할 수 있는 진리가 숨어있다.

다른 하나는 [새로운] 사서의 진위서여부에 대해 조작불가능성의 측면과

6) 『바이블』에서 신의 천지창조, 신의 인간 및 만물창조, 신의 노아의 홍수는 과학적으로 연구불가능성의 측면이고, 천지창조 이후의 현재까지 시간, 만물의 변화과정, 홍수의 존재 유무는 과학적으로 연구가능성의 측면이다. 결국 이런 시각에서 보면 '창조과학' 같은 형용모순의 주장들은 정의상 설자리가 없다.

조작가능성의 측면으로 나누어 접근해야 하고, 또 진서불가능성 측면과 진서가능성의 측면으로 나누어 접근해야 한다는 것이다. 다시 말해서 진서는 조작불가능성을 통과한 것만 진서로 입증된 것이고, 위서는 진서불가능성을 입증한 것만 위서로 입증된 것이다. 이 질문전환의 핵심은 '패러다임 차원에서 잘못 꿴 단추들'에서 벗어날 냉정한 논리적, 수학적, 자연과학적 방법의 태도를 유지해서 입증가능성 측면과 입증불가능성 측면으로 나누어 접근해야 한다는 것이다.

논리적, 수학적, 자연과학적 연구방법을 통해 신화들을 분석하여 '간과된 해모수'를 부활시키면 '고조선의 3조선연합설', '후대 역사서의 진서/ 위서 여부 평가', 2000여년간 간과된 한국철학을 부활을 객관적으로 입증할 수 있다.

만일 기존의 한국의 동북아역사재단과 사학과들의 연구가 이 두 가지 검증기준을 통과하지 못하였다면 이들 집단들은 모두 사라져야 한다. 이들은 학자의 탈을 쓴 '식충이 집단'에 불과하기 때문이다. 역사적 정의까지 실현하려면 대우는 좀 더 엄정해져야 할 것이다. 그리고 인문학의 위기까지 고려해서 인문학자들을 대거 새로 충원해야 할 것이다.

9. '한국신화의 대륙' 의 '간과'

이러한 두 가지 연구방법의 검토를 통과한 한국고유철학의 술이부작(述而不作)한 '한국신화의 대륙' 자료들이 1000쪽 이상 존재한다. 왜 그런 사실들이 알려지지 않았는가? 강한 이데올로기층의 영향으로 자료들이 '간과(看過)'되었기 때문이다. 토마스 S. 쿤의 『과학혁명의 구조』에서 과학혁명을 이용해 설명하면, '역사혁명'은 '간과들'이 발견되었을 때 가능하다. 나는 신화들을 분석하여 약간의 '간과들'을 발견하였다. 그 중에는 핵무기급, 재래식 무기 탱크급 등이 있다. 나는 재래식 무기 탱크급 발견들을 발표하려 한다.

10. 왜곡의 만리장성 패러다임을 깨는 한 비밀문: '간과'

그럼 어떻게 그 사실을 알았는가? 첫째 한국건국신화처럼 신화도 진지한 자료로 접근하였다. 해모수 신화에 대해 과학적 불가능성과 과학적 가능성으로 구별하여 접근한 결과이다. 둘째 신화자료들을 비교대조하면서 형식논리학의 방법으로, 자연과학의 가설연역적 방법으로 분석해 보고나서야 알았다. 그 결과 신화에 대한 과학적 연구를 통해 '간과'를 발견할 수 있다. 새로운 저서의 평가에서 조작 불가능성과 조작 가능성을 검사할 때 조작 불가능성은 기존 자료에 존재하였지만 '간과한 사실'을 발견하여야 가능하다.

11. 한국신화사, 한국고대사, 한국고유철학의 삼 대륙

'해모수' 줄기를 잡아 뽑으면 하나의 대륙이 등장한다. 해모수 건국신화는 이후 1000쪽이 넘는 방대한 한국고유철학의 대륙을 여는 비밀의 문이다. 이후에 이 비밀의 문을 열고 들어서서 그 길로 전진하다 보면 누천년에 걸쳐 패러다임 차원에서 왜곡당해 '간과되어 온' '한국고유철학의 대륙'이 등장한다. 해모수는 고려 시대의 『삼국사기』와 『삼국유사』 속에 묻혀 있고 그 동안 '간과' 되어 왔다. '간과된' "해모수 부활"을 시켜 한국의 자기망각의 역사를 청산하고 한국인, 한국철학, 한국사, 한국신화를 새로 구축해서 한국을 세계 속에 우뚝 세울 수 있다. 오늘 우리는 한국철학, 한국사, 한국신화의 분석을 통해 한민족의 정체성을 구성하는 중이다.

나는 두 가지를 배웠다. 나는 뤼이 알튀세르에게 극한에서 사고하는 법을 배웠다. 나는 칼 포퍼에게 상대의 주장은 최대한 강하게 만들어서 비판해보고 나의 주장은 최대한 상대가 비판하기 좋게 제공해야 한다는 학자의 태도를 배웠다. 이것이 내게 천형의 비극을 주었다. 이 두 가지는 소위 '학자들'이 피하는 두 가지 금지사항이었다. 나는 남과 다르게 사고하려 노력하고,

남이 나의 약점을 개선하기 좋게 나의 약점을 찾기 쉽게 서술하려 노력한다.

이 책의 논문들은 그 이전에 약간씩 소개 되었다.

Ⅰ부 2장. 한국고대사 체계는 "박병섭·박병훈(2010) 「계보위축변천과정, 신구왕호 토픽 그리고 『환단고기』 신 진위검토방법(1)-스키타이족-북부여-졸본부여-고구려의 계보-」 『선도문화』9호, 2010, 135-219쪽." "박병섭(2009-2: 89-141) 「단군조선과 한국고유철학(1)-상호존중("서로주체성")의 원리-」, 『단군학연구 제20집』, 2009. 6.30."에서 대강 다루었다.

Ⅱ부 3장 해모수 신화의 형식논리학적 분석은 『철학연구』 (제106집, 2014년 가을) 1～22쪽에서 다룬 것이다.

Ⅲ부 6장은 박병훈(2013) 전주대 박사학위 논문, 「신채호의 전·후 삼한설에 대한 연구」 (2013, 2.)에서 대강은 다루어졌다.

Ⅳ부 7장은 『범한철학』 2013년 6월 20일에 공동체 발표회에서 발표하였다.

Ⅴ부 9장 진 위서 구별법은 2010년에 한배달에서 공개 발표되었다.

이 책의 그림은 만몽 김산호 선생님의 역사상상화(김산호, 2013. 『대한민족통사 (통합판)』 다물넷, 2013.7.)이다. 이 그림을 사용하도록 허락해준 만몽에게 깊이 감사한다.

이 책의 내용은 오랫동안 연구한 것이다. 이전에 『고조선을 딛고서 포스트 고조선으로』(2008)를 출판한 바 있다. 취미삼아 연구한 결과물로 복선장치(複線裝置)들을 해명하는 것이 목표였다. 후에 이 책을 소개하는 방송강의를 하였다. 이후 동영상으로 상당히 조회수(유튜브 70,300여회 이상, + 판도라 TV 620회 이상, 2015년 1월 20일 검색)를 유지하고 있다.

다시 책을 내려 한다. 전남대에 저술지원을 신청하여 채택되었다. 초고는 터부시하는 『환단고기』를 상당히 많이 포함하고 있었지만 심사 후에 통과 되었다.

최종 원고는 총 10장 중에 중심적인 Ⅱ부 3장과 4장, Ⅲ부 5장과 6장, Ⅳ부 7장과 8장을 위서논란 없는 저작들만으로 구성하였고, 9장 진위서 입증에서만 『바이블』, 『환단고기』 등을 포함해 다루었다.

이 책은 1장에 이어서 4장, 6장, 8장, 9장, 10장에 순서로 읽었으면 한다. 4장, 6장, 8장은 박스 안에 원문 번역이 핵심이다. 이것은 그냥 우리 신화와 역사 이야기이다. 음미하면서 마음으로 읽으면 한다. 1장은 전체이고 4장, 6장, 8장은 각론이다. 9장과 10장은 현재적 가치를 고려해 본 것이다. 그 후 나머지를 다 읽으면 한다. 특히 만일 9장을 읽고 의심이 들면, 2장을 읽고 3장, 5장, 7장을 다시 읽으면 한다. 최소한 Ⅱ부 3장의 '해모수' 논증만 유지되면 Ⅴ부 9장의 『바이블』과 『환단고기』 논증도 유지된다. 본문은 수학 공부 하는 것처럼 논리적, 수학적, 자연과학적으로 차근차근 읽어야 한다. 이것은 응용논리학이다. 2장은 전체 개괄이고 3장, 5장, 7장은 각론이다.

2장

한국고대사 체계

【주제 분류】 논리학, 한국신화, 한국고대사

【주요어】 대동사회-대인, 고조선 3연맹국, 해모수-동명-주몽

【요약문】

한국 고대의 자료들을 형식논리학으로 분석한다. 역사학은 나에게 형식논리학의 한 응용분야이다. 한국 고대의 자료는 한국문헌신화들이다. 역사사료는 건국자가 신인이면 신화이기도 하다. 첫째, 『삼국사기』와 『삼국유사』 사이를 비교분석해서 해모수-동명-주몽 사이의 관계를 분석한다. 둘째 『사기』 '조선열전'과 『한서』 '조선전' 사이와 전후자료들을 비교분석해서 고조선의 3연맹국(진·번·방중국=진·번·진국)을 드러낸다. 셋째, 『예기』 '예운편'과 『삼국유사』 『고기』 사이를 비교해서 『산해경』의 "대인시"를 환웅의 "신시"로 설정하고 상호 순차적으로 1:1로 구조 대응시켜 "환인"의 "대동"사회와 "환웅"의 "대인"사회에 도달한다. 도달한 결론을 순차대로 정리하면 한국 고대사의 계보는 환인의 대동사회, 환웅의 대인국 소강사회, 단군의 고조선의 3연맹국들, 북부여 해모수-졸본부여 동명-고구려 주몽 이다. 이것이 한국고대사의 시발이다. 이후 한민족 혹은 한국의 역사는 삼국시대, 남북국시대, 고려시대, 조선시대, 현대로 계승된다.

1. 보물 팔기

하나의 보물을 팔려고 한다. 나는 이 보물을 "부재하는" 우리 민족 혹은 우리 국가에게 팔려고 한다.1) 이 보물은 가격을 따질 수 없이 비싼 물건이

1) 알튀세르의 마키아벨리 해석에 의하면, 마키아벨리의 『군주론』은 '부재하는 이탈

다. 나는 싸게 잡아 2경 이상 정도로 추정하고 최소 2조 이상으로 팔려고 한다. 이 보물은 팔리지 않으면 가격이 매년 1조씩 올라간다.

나는 이 보물을 팔기 위해 세 가지 맛보기 상품을 제시한다. 맛보기 상품은 모두 술이부작(述而不作)한 원자료를 형식논리학이라는 공장을 가동해서 생산한 것이다. 맛보기 상품1은 열국시대[삼국시대] 이전의 '북부여-졸본부여-고구려의 계보 이야기'이다. 맛보기 상품2는 북부여시대 이전의 '고조선의 3연맹국가들 이야기'이다. 맛보기 상품3은 고조선시대 이전의 '환인의 대동사회와 환웅의 대인국 이야기'이다.

내 맛보기 상품 세 개는 학계에서 각각 모두 검증된 것이기도 하고 무시당한 것이기도 하다. 개괄적 전체 내용은 A 학술지에서 논문으로 통과되었다. 개개 상품으로는 논문심사에서 일단 적어도 심사자 셋은 모두 통과한 것이다.

또한 모두 격렬한 반대자도 만났다. 우리 시대는 우리 것을 경멸하고 비판해야 지식인으로 대우받는 시대이다. 마치 무당이 겉으로는 경멸받고 비판받다가 급하면 몰래 점치고 굿을 하는 그런 존재처럼 여기 연구도 그런 대접에 만족하라한다. 보통 우익 비판자들은 특정 "우리민족의 위대성"에 충성을 요구하였다. 나는 이런 우익의 도달방법과 유형이 다르다. 나는 형식논리학을 사용한다. 보통 좌익 비판자들은 '우리 고대의 민족사연구'가 무슨 가치가 있는 지를 의심하였다. 나는 이런 좌익의 선험적 결론과 유형이 다르다. 나는 술이부작(述而不作)한다. 나는 아담의 자식 카인의 원죄는 사라지지 않는다는 것을 안다. 좌우의 카인들은 원죄에 대한 대가를 치룰 것이다. 카인이 부관참시(剖棺斬屍) 당하는 날 아담의 아들 아벨이 부활할 것이다.

결국 보물은 진리이기 때문에 팔릴 것이다. 보물은 진리이기 때문에 전능할 것이다. 나는 보물을 동서남북에 나누어서 복잡한 지도 속의 암호에 숨

리아 인민'에 마르크스의 『공산주의자 선언』은 '부재하는 노동자계급'에 호소하는 것이다.

겨두고 기다릴 것이다. 나는 장대를 세워 구만리 장천 꼭대기에 외발로 홀로 서서 때를 기다린다.

2. 한국고대사 = 형식논리학 + 한국신화들

나는 자료로 한국 사료를 술이부작(述而不作)해서 사용한다. 한국 사료는 역사책에 나온다는 점에서 역사이다. 한국 사료는 왕이 신인이라는 점에서 신화이다. 나는 역사책에서 현대에 새로 쓴 것을 어떤 것도 '직접' 신뢰하지 않는다. 술이부작한 것(고대역사 등)과 창작한 것(문학, 소설 등)은 원천적으로 다르다. 나는 기존의 현대 고대사 역사책이 창작 소설이 아닌 지를 반성해야 한다고 생각한다.

한국 사료를 해석할 때에 형식논리학으로만 분석한다. 나는 형식논리학 대신에 전산분석법[2]을 개발해서 분석해보려고도 하였다. 전산분석법까지 선전할 역량은 없으므로 형식논리학만 사용해서 자료를 분석한다. 논리가 먼저이고 그 이후에 실증을 해야 한다. 방법론에서 형식논리학의 분석이 먼저이고 그 이후에 고고학적 자료를 경험적으로 해석해야 한다. 역사는 말을 하지만 유물은 말이 없기 때문이다.

'신화'의 '과학적 연구가능성' 측면의 "패러다임"[3], "보조가설",[4] "가설"(신화시대의 왕호신구토픽), "관찰명제" = "증거", "반대/모순/포함관계",[5] "명제"-"진술", "논증", "연역논증", "타당한 논증", "부당한 논증"[6]의 논증 형식의 기본개념들을 전제한다. "타당한 논증형식"은 "전제"가 옳다면 "논증형식"이 "결론"의 올바름을 보증한다.

---

2) 박병섭(2010) pp. 263-318.

3) Kuhn(1962, 2012) pp. 43-51.

4) Trueman(1967) pp. 36-55. 3장. 역사가들은 왜 다른가?

5) Hempel(1966; 곽강제 국역 2010) pp. 21-76. 2. 과학적 탐구-발명과 시험 21; 3.가설에 대한 시험-시험의 논리와 힘 51.

6) Salmon(1983; 곽강제 국역 2010) 제1장 논리학의 의의 제2장 연역.

형식논리의 방법은 첫째, 동일률($p \supset p$), 둘째 무모순률($-(p \cdot -p)$), 셋째 배중률(pv-p)의 세 가지 율을 의미한다. 연구대상에 형식논리를 적용해서 분석한다. 첫째, 연구방법 동일률에 입각해서 연구대상인 동일 인물, 동일 사건, 동일 시간, 동일 지역(사실)에 대한 언급(신화서사적 가설)이면 모든 자료를 한꺼번에 모은다. 둘째, 연구방법 무모순률에 입각해서 연구대상인 동일 인물, 동일 사건, 동일 시간, 동일 지역(사실)에 대한 전체 복합 자료들(역사적 가설) 사이의 관계에서 기존 해석증거(서사적 관찰명제)와 모순여부를 따진다. 이 과정에서 인물, 사건, 시간, 지역들 사이의 관계(신화서사적 가설)에서 자체모순이 나타나면, 여러 인물로 해석해야 합리적으로 이해된다. 셋째, 연구방법 배중률에 입각해서 연구대상인 동일 인물, 동일 사건, 동일 시간, 동일 지역에 대한 언급(신화서사적 가설)이면 하나의 인물, 사건, 시간, 지역이거나 하나 이상의 인물, 사건, 시간, 지역으로 구분해서 정리(신화서사적 가설의 신화서사적 진리화)한다.

진정한 고대 역사는 술이부작(述而不作)해야 한다. 고대 역사는 형식논리학으로만 가공해야 한다. 역사혁명은 간과[7]가 발견된 후에 등장한다. 역사혁명이후 철학혁명이 등장한다.

3. 환인의 대동사회와 환웅의 대인국

연구대상: 『삼국유사』 『고기』편, 『산해경』"대인시", "대인당", 『제왕운기』 '전조선기' 『본기』, 그리고 『예기』 '예운편'만 다룬다.

연구방법: 형식논리학의 동일률로 환웅과 대인을 일치시켜 대조해서 분석한다.

연구과정: 과정은 삼 단계로 구성된다. 첫째 『삼국유사』 『고기』의 환웅의 신시와 『산해경』의 대인[8]의 대인시는 동일하다고 동일률을 적용한다. 초기

7) 알튀세르 Althusser(1965; 영역 1969, 1977; 국역 1990) 『마르크스를 위하여』; Althusser (1965; 영역 1970; 국역 1991) 『자본론을 읽는다』.

의 "시(市)" 개념이 "대인시"와 "학시"이다. 최초의 시가 "신시"이다.

둘째, 『산해경』의 대인의 대인시와 『예기』 '예운편'의 대인이 동일하다고 동일률을 적용한다.

셋째 『삼국유사』 『고기』 전승과 『예기』 '예운편' 전승 사이에서 전자의 환웅과 후자의 대인이 동일하니 동일률을 적용해서 두 전승을 상호 구조적으로 대응시켜서 환웅과 대인 이전 전승의 대응, 환웅과 대인 전승의 대응, 환웅과 대인 이후 전승의 대응으로 세 번 대응해서 구조화한다.

연구결과: 『고기』의 환인과 『예기』의 대동사회가 하나로 동일하고, 『고기』의 환웅과 『예기』의 대인이 하나로 동일하고, 『고기』의 고조선의 단군과 『예기』의 하우, 은탕, 주문왕-무왕-성왕-주공이 대인의 후예로서 동일하다는 점에서 동일률을 적용한다. 이것이 한국고대사의 첫 장이다.

4. 단군 고조선의 3연맹국들

연구대상: 『사기』, 『한서』, 『후한서』, 『삼국지』의 조선이 연구대상이다. 『사기』 '조선열전'과 『한서』 '조선전'이 주 연구 대상이다.

연구방법: 형식논리학으로 분석해서 조선을 세 개로 총칭0, 중심본국1와 주변후국2로 구별한다. 조선의 총칭0은 "조선", "예맥조선" 등이다. 하나는 조선의 중심본국1은 "진·번·방중국(眞·番·旁衆國)"과 "진·번·진국(眞·番·辰國)"을 하나로 해석해서 동일률을 적용한다. 다른 하나는 조선의 주변후국2은 만이 차지한 조선지역이고 한 군현과 "진·번임둔", "낙랑", "현토"는 하나로 동일해서 동일률을 적용한다. 교란요소 "진번(眞番)"의 해석에 유의한다.

연구과정: 3단계 분석과정은 분석 1절에서 한나라 무왕 때시기, 분석 2절에서 그 한4군 이후의 시대, 분석 3절에서 그 진한이전의 시대로 삼 단계로

8) 『산해경』의 "대인"은 왕이고 고구려의 "대인"은 부족장이고 청대 이후에는 귀인에 대한 존칭이다.

구별된다. 분석 1절에서 고조선에 대해 한나라 무왕시기를 분석한다. 첫째 『사기』 '조선열전'에서 조선에는 본류 중심본국에 "진·번·방중국"이 있고, 지류 변경후국에 기준의 조선, 그리고 국경 수비대에 "진·번임둔(眞·番臨屯)"이 있다. 둘째 『한서』 '조선전'에서 조선에는 본류 중심본국에 "진·번·진국"이 있고, 지류 변경후국에 기준의 조선, 그리고 국경 수비대인 "진·번임둔"이 있다. 셋째 조선의 본류 중심본국은 『사기』 '조선열전'의 "진·번·방중국"과 『한서』 '조선전'의 "진·번·진국"이 하나로 동일하니 동일률을 적용한다. 넷째 『한서』 '조선전'의 "진·번·진국(眞·番·辰國)"에서 "진국(辰國)"과 『후한서』 '동이전'의 '한(韓)전'과 『삼국지』 '오환선비열전'의 '한(韓)전'이 하나로 동일하니 동일률을 적용한다. 다섯째 『사기』 '조선열전'의 "조선0"과 『사기』 '흉노열전'의 "예·맥조선"이 한나라 무왕 때의 조선 하나로 동일하니 동일률을 적용할 수 있다. "예·맥조선"은 본류 중심본국이 "진·번·방중국"이고, 지류 변경후국이 기준왕의 조선이고, 국경 수비대가 "진·번임둔"이다.

분석 2절에서 고조선에 대해 한4군 시기 이후를 분석한다. 여섯째 『사기』 '조선열전'의 "진·번임둔"과 『한서』 '조선전'의 "진·번임둔"은 모두 '진임둔'과 '번임둔'을 합칭해서 "진·번임둔"이라 총칭한 것이다. 이 경우에 '진번군'은 존재할 수 없다. 일곱째 『사기』 '조선열전'의 "한4군"과 『한서』 '조선전'의 "진·번임둔", "낙랑", "현토"는 하나로 동일하니 동일률을 적용한다. 여덟째 "진·번임둔"은 요서지역이다. 진·번임둔을 약칭해서 "임둔"이라 한다. 1997년 요녕성(遼寧省) 금서시(錦西市) 연산구(連山區) 여아가(女兒街) 태집둔(邰集屯) 소황지(小荒地)에 위치한 옛 성터를 발굴하는 과정에서 "임둔태수장(臨屯太守章)" 봉니(封泥)와 "승(丞)"자 봉니(封泥)가 각 각 1점씩 수습되었다.[9] 아홉째 『한서』 "지리지"에 낙랑군은 원봉3년(BC 108), 현도군은 원봉4년(BC 107)에 설치되었다. "진·번임둔"이 기록되지 않는 것은 변경의 국경 수비대에 불과해서 곧 낙랑에 흡수되었기 때문이다. 열째 『후한서』의 한

9) 복기대, 『백산학보 61집』(2002), 「임둔태수장 봉니를 통해 본 한사군의 위치」.

4군 설명에서 "임둔진·번", "현토", "낙랑"이라 표현한 것은 "진·번임둔"이 국경수비대이고 '진임둔'과 '번임둔'의 합칭이라는 것을 후인이 부주위하게 '임둔진'과 '임둔번'을 "임둔진·번"으로 표현한 것이다. 열한 번째 『후한서』 '동이전'과 『삼국지』 '오환선비 열전'에서는 '"진·번·방중국" = "진·번·진국"'에서 진조선이 부여국, 번조선이 예와 '위만조선' 등, 막조선이 방중국, 진국, 한으로 계승되고 있다.

열두 번째 이마니시 류가 1913년 평남 용강군 해운면 운평동(현재 평남 온천군 성현리 어을동)에서 발견했다는 "점제현 신사비"의 해석이 쟁점이다. 『한서(漢書)』 '지리지'에 따르면 점제현은 낙랑군의 25개 속현 중의 하나이다. 이 경우 평남 용강군이 낙랑군이라 해석한다. 다른 견해는 이 유물은 비석의 성분도 근처의 마영 화강석·온천 오석산 화강석·룡강 화강석과는 달라서 다른 지역(요동)에서 가져온 비석이라 한다.[10] 열 세 번째 왕망 신나라(8~23년) 때 "낙랑군"을 "낙선군"이라 개칭하고 "태수"의 관직을 "태윤(太尹)"으로 바꾸었는데, 한반도 평양 인근에서 일제강점기에 '낙랑태윤장(樂浪太尹章)'이라 찍힌 봉니(封泥)가 발굴되었다. 제대로라면 '낙랑태수장'이나 '낙선태윤장'이라 해야 된다. 이 봉니는 조작된 것이거나 매우 이상한 유물이다. 권위는[11] 지식의 원천이 아니다. 봉니의 위조여부는 논증으로 입증되어야 한다.

열네 번째 『삼국사기』 '고구려본기'(대무신왕 15년인 서기 32년 음력 4월)에 당시 한반도 대동강 낙랑국은 최씨 왕조(낙랑국 최리왕, 낙랑공주; 고구려 대무신왕, 호동왕자)가 통치하고 있었다. 한반도의 최씨 낙랑국은 자명고(自鳴鼓)로 보아 오랜 전통을 가진 잘 정비된 주민방비시스템의 나라이

---

10) 북한의 『조선고고연구』(1995년 제4호).

11) 1930년대에 동경대학이 실시한 토성리토성(낙랑토성)의 발굴조사에서 여러 점의 봉니가 실제로 출토되었다. 위조론자는 대일항쟁기의 일제 연구 전체를 불신하고, 신뢰론자는 한 말로 '설마 동경대에서조차 위조할까' 라며 '동경대학'의 권위에 호소한다.

다. 또 대무신왕 20년 서기 37년 "왕이 낙랑을 습격하여 이를 멸망시켰다." 이 낙랑은 한4군의 낙랑이다. 열다섯 번째 후한 광무왕은 서기 30년에 왕준(王遵)을 보내서 한반도 낙랑군을 정복하였다. 『삼국사기』 '고구려본기'에 대무신왕 27년 서기 44년 가을 9월에 한나라 광무왕이 군사를 보내 바다를 건너와서 낙랑을 치고 그 지역을 탈취하여 군, 현을 만드니 살수 이남이 한나라에 속하게 되었다. 『삼국사기』 고구려본기 미천왕 12년 311년 가을 8월에 장수를 보내 요동 서안평을 습격해 빼앗았다. 14년 313년 겨울 10월에 낙랑군을 침공하여 남녀 2천여 명을 사로잡았다. 15년 314년 가을 9월에 남쪽으로 대방군을 침공하였다. 16년 315년 봄 2월에 현도성을 쳐서 깨뜨렸는데 죽이고 사로잡은 것이 매우 많았다. 한반도의 후한 광무왕의 낙랑군은 이후 고구려 미천왕 때 쫓겨난다.

열여섯 번째 『무릉서』(사마상여, 서기전 117년 사망)에서 임둔군, 진번군(서기전 108년 후 설치)이 장안으로부터 각각 6138리, 7640리 떨어져 있다는 기록은 "진·번임둔"이 국경수비대 지역으로 '진임둔'과 '번임둔'의 합칭이라는 것을 모르는 후인의 위작이다. 열일곱 번째 『삼국유사』의 4군2부에서 "평라"만 있고 진번이 없다고 의문을 제기한 것은 진번이 한사군에 포함되지 않고 진임둔과 번임둔이 포함되며 진번은 실은 "진·번임둔"의 약칭이라는 것을 모르고 제기한 의문이다. 열일곱 번째 『규원사화』의 진번은 『삼국유사』의 4군2부 이후에 형성된 부주위한 표현이다. 간단히 말해 진번군은 존재하지 않는다.

분석 3절에서 고조선에 대해 진·한나라 시기 이전을 분석한다. 열여덟 번째 『사기』 '화식열전'의 "예·맥조선 진번"은 진한 이전의 "조선"의 종합 칭호로 "예·맥조선"이 본류 중심본국과 지류 변경후국의 통칭이고 "진번"은 국경수비대 "진·번임둔"의 약칭이다. 조선의 "진·번임둔" 국경수비대는 둔전병으로 생산필수품이 부족하면 연나라와의 국경무역으로 생산필수품을 마련하였다. 열여덟 번째 『사기』 '진시황본기'의 진나라 36군 밖에 조선이 있다. "요동"은 진나라의 국경선이다. "요동"은 국경수비대가 있던 "진·번임둔"

이라 본류 중심본국 "조선"과 구별한 것이다.

연구결과: 한나라 무왕의 조선 침략 때 조선에는 본류 중심본국에 "진·번·방중국", 지류 변경후국에 우거왕의 "조선", 국경수비대 "진·번임둔"이 있다. 고조선은 진·한나라 때에 본류 중심본국 "진·번·방중국", 지류 변경후국 기준왕의 "조선", 국경수비대 "진·번임둔"이 존재하였다. 고조선의 주류 중심본국은 "진·번·방중국", "진·번·진국", "북부여", "동부여", "졸본부여", "고구려" 등으로 계승되었다. 고조선의 지류 방계후국에서는 기준왕의 "조선"이 '[위]만조선', '우거조선', '성기조선'으로 변하고 이후에 한사군인 "진·번임둔", "낙랑", "현토"가 되고 다시 "낙랑", "현토"가 되고 이후 사라졌다. 이것이 한국고대사의 중간 연결고리이다.

5. 북부여 해모수, 졸본부여 동명, 고구려 주몽

연구대상: 연구대상은 『삼국유사』의 '북부여', '졸본부여', '고구려'와 『삼국사기』의 '고구려본기'의 해모수, 동명, 주몽이다. 교란 요소는 해모수이다. "해모수(解慕漱)"는 어휘가 『삼국사기』에 2번, 『삼국유사』에 2번,[12] 그리고 『동국이상국집』 3권 '동명왕편'에 4번 등장한다.[13]

연구방법: 형식논리학으로 해모수를 분석한다. 『삼국사기』와 『삼국유사』에서 주몽 서사를 대조하면서 이야기 전개의 논리적 순서에 주목하면, 이야기는 '북부여 해모수1'-'구도의 해모수2'-'졸본부여 동명'-'동부여 해부루'-'동부여 금와'-'우발수의 유화'-'우발수의 해모수3'-'주몽'-'주몽의 고구려 건국'-'유화의 사망'-'금와왕의 유화부인을 태후[어머니]로 신묘에 안치'-'주몽이 금와왕에게 방물로 감사 표시'로 이어진다.

연구과정: 분석과정은 『삼국사기』와 『삼국유사』 사이를 대조하면서 시작

12) 국사편찬위원회, http://db.history.go.kr 『三國遺事』卷 第一, 북부여, 고구려; 『三國史記』卷第十三, 高句麗本紀 第一.

13) 한국고전번역DB http://db.itkc.or.kr 이규보, 『동국이상국집』3권, 고율시, 동명왕편.

한다. 첫째『삼국사기』'고구려본기'의 주몽-유화-금와 이야기와『삼국유사』'고구려'의 주몽-유화-금와 이야기가 상호 동일하니 동일률을 적용한다. 둘째『삼국유사』와『삼국사기』의 주몽의 아버지인 '우발수의 해모수3'과『삼국유사』'북부여의 해모수1'이 동일하다 하면 금와왕이 유화부인을 어머니인 태후로 신묘에 모신 것과 모순에 봉착하니 무모순률을 적용해서 다른 인물, 다른 사건으로 정리한다. 셋째『삼국유사』와『삼국사기』의 주몽의 아버지인 '우발수의 해모수3'과『삼국사기』'북부여 구수도의 해모수2'가 동일하다 하면 동부여 금와왕은 북부여 구수도의 해모수가 아버지 해부루왕의 원수이므로 우발수의 해모수의 아내 유화부인을 원수로 대해야 하지만 실제로는 친구로 대해서 궁전에 데려가서 아들 주몽을 낳도록 편의를 제공하는 모순에 봉착하니 무모순률을 적용해서 다른 인물, 다른 사건으로 정리한다. 넷째『삼국사기』'고구려본기'의 '북부여 구 수도의 해모수2'와『삼국유사』'북부여의 해모수1'가 동일 인물, 동일 사건이라 하면 모순에 봉착하니 무모순률을 적용해서 다른 인물, 다른 사건으로 정리한다. 다섯째『삼국사기』'고구려본기'의 '북부여 구 수도의 해모수2'와『삼국유사』'동부여'의 '졸본부여의 동명'은 두 전승을 대조비교해 보면 동일사건, 동일사건관계, 동일인물이니 동일률을 적용해서 하나로 같다.

연구결과:『삼국유사』와『삼국사기』에서 '북부여' 해모수, '졸본부여' 동명, 그리고 '고구려' 주몽으로 삼 국가체와 삼 건국자가 도출된다.

한국 고대사의 계보에서 '고조선'과 '북부여-졸본부여-고구려' 사이에 연결되는 계승은『제왕운기』'전조선기'『본기』에서 단군의 수는 동·북부여로 연결된다. 즉, 단군의 계보(檀君之壽)는 역사적 순차가 예·맥조선, 동·북부여, 남·북옥저, 고례(고구려), 시라(신라)로 연결된다.[14)]

14)『제왕운기(帝王韻紀)』권하『東國君王開國年代 幷序』『前朝鮮紀』初誰開國啓風雲 釋帝之孫名 檀君 (『本紀』曰 上帝桓因有庶子 曰雄云云 謂曰 下至三危太白弘益人間歟故 雄受天符印三箇 率鬼三千而降太白山頂神檀樹下 是謂檀雄天王也云云 令孫女飮藥 成人身 與檀樹神婚而生男 名檀君 據朝鮮之域爲王 故 尸羅, 高

이것이 한국고대사의 마지막 장면이다. 이후는 『삼국사기』, 『발해고』, 『고려사』, 『조선왕조실록』, 그리고 현대사로 연결된다.

6. 결론

결론1: 형식논리학을 한국신화시대의 국가들에 적용하여 술이부작(述而不作)해서 첫째 "환인"의 "대동"사회-"환웅"의 "대인국", 둘째 고조선의 "진·번·방중국", "진·번·진국"의 삼연맹체 국가, 셋째 "북부여" "해모수", "졸본부여" "동명", "고구려" "주몽"의 계보를 도출하였다. 이것은 한국고대사의 계보로 환인의 환국, 환웅의 대인국, 단군의 고조선의 3연맹체 국가, 해모수의 북부여, 동명의 졸본부여, 주몽의 고구려를 설정한 것이다. 이것은 한국사의 계보를 새로 설정한 것이다. 이것은 한국사 계보의 패러다임 혁명이다. '환인-환웅-단군시대'는 『고기』를 통해 직접 연결된다. 단군 고조선과 북부여의 연결은 『제왕운기』 '전조선기' 『본기』를 통해 연결된다. 이런 기본 자료는 1,000쪽이 넘는다.

결론2: 세 가지 맛보기 상품들은 각각 부연해서 다른 사료들과 결합해서 새로운 사실들을 도출할 수 있다. 첫째 『예기』 '예운편'과 『삼국유사』의 『고기』의 환인-환웅 대인 시대는 '부-모-자-녀' 4부사회(『삼국유사』 박혁거세조)로 명확해지고, 헤로도토스 『역사』의 스키타이족 신화의 두 가지 버전(천제 제우스와 하백녀 보리테네스강신의 딸 사이에서 태어난 스키타이족의 각배-도끼-농기구의 삼형제 3부사회; 천제자 헤라클레스와 [하백녀] 사녀 사이에서 태어난 스키타이족의 각배, 도끼, 농기구의 삼형제, 『역사』 4권 스키타이족)으로 분화하고, 다시 『바이블』 '창세기'의 '하나님-뱀-아담-이브'가 한 가닥이고, 플라톤 『공화국』의 '평민-무사-철인'의 3부 위계사회와 철인 통치자들의 '부-모-자-녀' 4부사회로 이어진다. 이것이 대동집단소

禮, 南·北沃沮, 東·北扶餘, 穢與貊, 皆檀君之壽也. 理一千三十八年 入阿斯達山爲神 不死故也.)

유의 원형이다. 환웅에서 치우, 풍백, 우사, 운사로 부연된다. 치우는 '81대인', '72대인과 9치우'이다. 치우는 대인이고 운사는 공손 헌원 황제이다. 환인 하나님이 동방 에덴동산의 원 하나님이고, 대인 환웅이 대웅전의 진정한 원주인이다.

둘째 『사기』 '조선열전'과 『한서』 '조선전'의 고조선의 본류본국 "진·번·방중국" = "진·번·진국"은 단재 신채호의 『조선사 연구초』, 『조선상고문화사』, 『조선상고사』의 고조선 3연맹국가설(신조선, 불조선, 말조선)을 정당화한다. 고조선의 삼 조선은 『고려사』의 『신지비사』(『삼국유사』의 『신지비사』)의 삼 수도로 이것은 진정한 정통 한국사이다.

셋째 『삼국사기』와 『삼국유사』에 간과된 '"북부여 해모수"-"졸본부여 동명"-"고구려 주몽"'의 계보는 해모수의 왕호신구토픽법으로 『환단고기』, 『단기고사』, 『홍사환은(반재원 역)』의 '박혁거세의 외조가 해모수(= 해모수 2 = 졸본부여 동명)' (336쪽) 등에 진서의 요소가 있다는 것을 입증한다.[15)]선대 서적은 후대 서적을 모방할 수 없기 때문이다. 또 기존의 건국연대는 불합리한 자체모순상태이기 때문에 고구려의 건국연대는 서기전 37년, 서기전 58년이고, 졸본부여의 건국연대는 서기전 108년, 서기전 87년이고, 북부여의 건국연대는 서기전 392년, 서기전 397년으로 교정되어야 한다. 해모수-동명의 왕호신구토픽법은 또한 단군 1908년; 아담 930년; 달라이 라마 14세; 뉘캉 31세[16)] 등의 신선불로장생을 해모수-동명의 장생으로 해명할 수 있다. 해모수와 동명 사이의 이중왕호의 토픽법은 남한과 북한에 대해 통일 후에도 다민족연방제[17)]의 이중국가와 선들의 경쟁의식[18)]을 가진 이

---

15) 만일 '해모수'가 논리적으로 3명(『철학연구』 제106집, 2014)이라면 『환단고기』, 『단기고사』, 『홍사환은』 등은 논리적으로 진서의 요소가 있다. 나는 『환단고기』가 등장하면 형식논리조차 무시하면서 무조건 반대하는 '학자'와 '지식인'을 아주 많이 만났다. 그들은 결론을 정해 놓고 결사적으로 반대하였다. 그후 반대 이유를 찾기 위해 온갖 근거를 다 댔다. 나는 문헌검증에서 좋은 평가를 받은 『규원사화』가 진서라는 결정적인 증거를 찾지 못하였다.

16) Evans-Pritchad(1962a) pp. 192-212; Evans-Pritchad(1962b) pp. 70-85.

중주체를 정당화한다. 이중국가는 반농경 반유목 문명을 가진 [고조선(김지하 해석)-스키타이족(헤로도토스 『역사』)-]만주 지역 국가(5호 16국 연)의 통치모델 전통이다. 북위는 통치제도에서 농경문명 한화 유교식 왕정을 취하고 군사제도에서는 유목식 군사력의 이중통치를 취하다가 분열로 쇠퇴하여 나라가 망하였다.

결론3: 나는 맛보기 상품 세 가지를 내 놓아 나의 본 상품인 보물을 팔려 한다. 본 상품인 보물을 사려면 먼저 전제조건을 충족시켜야 한다. 첫째 전제조건은 학문정신을 현양하기 위해 나의 맛보기 상품들을 반대한 동족배반자, 매국노들은 모두 부관참시(剖棺斬屍)해야 한다. (정신을 현양하기 위한 것이니 산자를 해쳐서는 안 된다. 부관참시 대상자가 천만명을 넘어서서는 안 된다.)

둘째 전제조건은 대동사회를 건설하기 위해 국가가 모든 인민에게 생명생존권을 보장할 대동연금을 주거나 노동자를 정규직으로 고용하여야 한다. (단, 비정규직이 필요하다고 주장한 학자들은 직장에서 해고되어야 한다. 이들의 총수는 100명을 넘어서는 안 된다.)

셋째 전제조건은 목소리 없는 자를 무도하게 무시한 서울 명문대학 하나가 그 대가로 사라지고 그 자리에 웅덩이를 만들어 교훈을 삼아야 한다. (사람들은 내 연구주제가 옳은 지를 의심하거나 옳다 해도 어떤 가치가 있는지를 의심하였다. 내 말을 무시하는 세상에서 오늘 누가 내 말에 신경 쓰랴. 어차피 누구도 내 말 따위에 신경 쓰지 않는 세상이니 나도 편하게 말한다.)

---

17) Kymlicka(2009: 33-56) "Multination federalism"; Kymlicka(2001: 91-119; 국역 2013: 128-164) *Politics in the vernacular,* 『자기언어의 정치』; Taylor(1994: 25-73) "The Politics of Recognition(1992)".

18) Taylor(1989: 53-90) *Sources of the Self: The Making of the Modern Identity* 고차선들의 경쟁; MacIntyre(1981; 국역 1997: 384-385)

Ⅱ부

북부여, 졸본부여, 고구려

3장

해모수 신화의 형식논리학적 분석

【주제 분류】 한국고대철학, 인식론, 논리학

【주요어】 왕호신구토픽, 신화인식론, 해모수, 동명, 주몽

【요약문】

한국건국신화들에서 '해모수'는 한 사람으로 인식되어 왔다. 해모수는 『삼국사기』에 두 번, 『삼국유사』에 2번 그리고 『동국이상국집』 3권 '동명왕편'에 4번 등장한다. 본고는 『삼국사기』와 『삼국유사』의 '해모수'를 비교 분석해서 '해모수'가 실제로는 3명이라는 사실을 입증한다. 2명의 해모수는 이제까지 2000여년 이상 '간과'되어 왔다. 해모수는 해모수1(북부여 천제), 해모수2(졸본부여 동명), 해모수3(우발수 유화의 남편이자 고구려 주몽의 아버지)로 3명이다. 졸본부여 동명이 신왕호 "동명"과 구왕호 "해모수"를 동시에 사용하는 현상이 왕호신구토픽법이다. 해모수는 해모수1부터 해모수3까지 산다는 점에서 장생(단군 1908년, 아담 930년; 티베트의 달라이 라마 14세; 쉴룩의 뉘캉왕 31세 등 처럼)한다. 이것들은 다른 논문들의 주제이다.

1. 서론

본 3장은 원래 '해모수 건국신화들의 함의: 해모수 신화의 형식논리학적 함의' 『철학연구』 (제106집, 2014년 가을) 1∼22쪽에서 다룬 것을 좀 더 자세히 풀어 쓴 것이다.

1) 연구의 이유: 『세속시대』[1]에는 서양현대지성사가 인류종교발전사[2]를 배경으로 다루어진다. 한국지성사도 인류종교발전사를 배경으로 다룰 수

있다.

2) 연구 패러다임의 변경: 한국에서는 이제까지 연구가 두 가지 문제설정에 매달려 왔다. 하나는 '신화'와 '역사'를 구분하고(과거의 "괴력난신(怪力亂神)"[3]보다 약간 확대한) '신화'[4]라면 심지어 자체모순조차 방치할 정도로 연구를 등한시 하고[5] 역사자료로 규정한 것만 연구하였다.

다른 하나는 '진서가능성' 논증과 '위서가능성'[6] 논증에 매달려 '가능성'만 입증[선동]하면 입증한 것으로 비약하였다.

이제 우리는 두 가지 차원에서 질문을 변화시켜야 한다. 하나는 신화연구에서 과학적 연구불가능성 측면과 과학적 연구가능성 측면을 구별해서 접근하여야 한다. 즉 다시 말해서 먼저 과학의 정의를 보조가설(패러다임) 이후 가설의 요건으로 물질적 관계, 수학적 정식, 그리고 경험적 확인가능성으로 규정하고, 이어 신화의 정의를 신 [혹은 비물질적인 존재]이 세상에서 활동하는 이야기로 규정한 이후에, 신화를 과학의 기준으로 접근하여 과학적 연구 불가능성의 측면은 그대로 남겨둔다 해도 과학적 연구 가능성의 측면은 연구되어져야 한다는 의미이다.[7] 이 질문전환의 핵심은 신화도 객관적인 논리적 분석의 연구대상이 될 수 있다는 것이다.

다른 하나는 [새로운] 사서의 진위서여부에 대해 조작불가능성의 측면과

---

1) Taylor(2007) pp. 1-852; 박병섭(2005).
2) Bellah(1970) pp. 20-50; Taylor(2007) pp. 146-158.
3) 공자의 괴력난신거부는 『삼국사기』, 『삼국유사』, 『동국이상국집』 등의 상식이지만 대응방식이 약간씩 다르다. 『논어』 술이편 제칠 LY07의 "자불어괴력난신(子不語怪力亂神)"
4) 하정현(2011) pp. 197-224.
5) '신화' 낙인은 『삼국유사』, 『삼국사기』초기기록, 당대사료 『광개토태왕비문』기록도 무시할 수 있다.
6) 기존 위서론자들은 모두 위서가능성논증과 위서입증논증을 구별하지 못하고 있다.
7) 『바이블』에서 신의 천지창조, 신의 인간 및 만물창조, 신의 노아시대의 홍수는 과학적으로 연구불가능성의 측면이고, 천지창조 이후의 현재까지 시간, 만물의 변화과정, 대홍수의 존재 유무는 과학적으로 연구가능성의 측면이다.

조작가능성의 측면으로 나누어 접근해야 하고, 또 진서불가능성 측면과 진서가능성의 측면으로 나누어 접근해야 한다는 것이다. 다시 말해서 진서는 조작불가능성을 통과한 것만 진서로 입증된 것이고, 위서는 진서불가능성을 입증한 것만 위서로 입증된 것이다.

3) 고대철학 연구자료 검증에 의미 있는 창의적 시도: 한국지성사는 '환인-환웅-단군 고조선'에서 '고구려/백제/신라/가야/왜'를 걸쳐 '대신라/발해', '고려', '조선', '대일항쟁기', '남한/북한'의 계보로 이어진다. 한국사는 고조선시대와 삼국시대 사이의 연결고리의 '첫 단추'를 잘못 꿴 역사왜곡 이후 '누천년에 걸쳐'에 '패러다임 차원'에서 덧칠을 하여왔다. 잃어버린 연결고리의 '첫 단추'를 해명할 비밀의 문은 '해모수' 건국신화의 분석이다.

4) 연구범위 한정: 연구범위는 문헌건국신화자료에서 "해모수" 사례이다. 어휘 "해모수(解慕漱)"는 『삼국사기』에 2번, 『삼국유사』에 2번,[8] 그리고 『동국이상국집』3권 '동명왕편'에 4번 등장하였다.[9]

5) 연구방법으로 형식논리학의 응용: 문헌건국신화의 "해모수"가 한 명인지 컴퓨터 전산분석법(≒형식논리학)의 수작업으로 분석해 본다.[10] 이 방법이 친숙하지 않다는 점을 고려해서 형식논리로 문헌신화자료들을 분석한다. 본고에서 형식논리의 방법은 첫째, 동일률($p \supset p$), 둘째 무모순률($-(p \cdot -p)$), 셋째 배중률($p \vee -p$)의 세 가지 율을 의미한다. 연구대상에 형식논리를 적용해서 분석한다. 첫째, 연구방법 동일률에 입각해서 연구대상인 동일 인물, 동일 사건, 동일 시간, 동일 지역(사실)에 대한 언급(신화서사적 가설)이면 모든 자료를 한꺼번에 모은다. 둘째, 연구방법 무모순률에 입각해서 연구대상인 동일 인물, 동일 사건, 동일 시간, 동일 지역(사실)에 대한 전체 복합

---

8) 국사편찬위원회, http://db.history.go.kr 『三國遺事』卷 第一, 북부여, 고구려; 『三國史記』卷第十三, 高句麗本紀 第一.

9) 한국고전번역DB http://db.itkc.or.kr 이규보, 『동국이상국집』3권, 고율시, 동명왕편.

10) 박병섭(2010) pp. 263-318.

자료들(역사적 가설) 사이의 관계에서 기존 해석증거(서사적 관찰명제)와 모순여부를 따진다. 이 과정에서 인물, 사건, 시간, 지역들 사이의 관계(신화서사적 가설)에서 자체모순이 나타나면, 여러 인물로 해석해야 합리적으로 이해된다. 셋째, 연구방법 배중률에 입각해서 연구대상인 동일 인물, 동일 사건, 동일 시간, 동일 지역에 대한 언급(신화서사적 가설)이면 하나의 인물, 사건, 시간, 지역이거나 하나 이상의 인물, 사건, 시간, 지역으로 구분해서 정리(신화서사적 가설의 신화서사적 진리화)한다. '신화'의 '과학적 연구가능성' 측면의 "패러다임"[11], "보조가설",[12] "가설"(신화시대의 왕호신구토픽), "관찰명제" = "증거", "반대/모순/포함관계",[13] "명제"-"진술", "논증", "연역논증", "타당한 논증", "부당한 논증"[14]의 논증 형식의 기본개념들을 전제한다. "타당한 논증형식"은 "전제"가 옳다면 "논증형식"이 "결론"의 올바름을 보증한다.

6) 연구의 요점: 본고는 해모수가 한 명이라 해석하면 자체모순에 봉착하므로 해모수가 3명이라는 것을 보여주고, 그 동안 여러 명의 해모수가 '간과'되고 한 명으로 오해된 이유는 왕호신구토픽법을[15] 간과했기 때문이라는 점까지만 다루겠다.

2. 『삼국사기』와 『삼국유사』의 해모수들

첫째, 연구방법의 첫 번째 절차로 해모수의 자료들을 모두 다 함께 모은다. 우선 어휘 "해모수(解慕漱)"의 사례로 『삼국사기』에 2번, 『삼국유사』에 2번의 사례들을 모은다. (첫째, 번역의 권리는 국사편찬위원회에 있고 **수정**

11) 쿤 Kuhn(1962, 2012) pp. 43-51.

12) Trueman(1967) pp. 36-55. 3장. 역사가들은 왜 다른가?

13) 헴펠 Hempel(1966; 곽강제 국역 2010) pp. 21-76. 2. 과학적 탐구-발명과 시험 21; 3.가설에 대한 시험-시험의 논리와 힘 51.

14) 새먼 Salmon(1983; 곽강제 국역 2010) 제1장 논리학의 의의 제2장 연역.

15) 박병섭·박병훈(2010-3) pp. 135-219; 박병섭(2011) pp. 221-291.

의 책임은 내게 있다. 둘째, 분석의 편의를 위해 인물에 'ABCD-숫자'(A = 북부여 해모수; B = 졸본부여 해모수; C = 압록강 변 해모수; D = 고구려)를 추가하고 굵은 글씨를 추가했다. 셋째, 해모수가 3명이라는 것을 알려주는 단서 진술에 밑줄을 그어놓았다.)

『삼국유사』1권, 기이2, 북부여(北扶餘)

『고기(古記)』에 이르기를 "A-1. 임술(壬戌)[16] 4월 8일 A-1. **천제(天帝)**가 다섯 마리 용이 끄는 수레(五龍車)를 타고 흘승골성(訖升骨城)[17]에 내려와서 도읍을 정하고 왕으로 일컬어 나라 이름을 A-1. 북부여(北扶餘)라 하고 자칭 이름을 A-1. **해모수(解慕漱)**라 하였다. 아들을 낳아 이름을 C-2. **부루(扶婁)**라 하고 **해(解)**로써 씨를 삼았다. 그 후 C-2. 왕은 상제의 명령에 따라 C-2. 동부여로 도읍을 옮기게 되고 B **동명제**가 북부여를 이어 일어나 B 졸본주(卒本州)에 도읍을 세우고 B **졸본부여**가 되었다. D-1. 곧 **고구려**(高句麗)의 D-1. 시조이다." 라고 하였다.[18]

『삼국유사』권1, 기이2, 동부여(東扶餘)

C-2. **북부여 왕** C-2. **해부루(解扶婁)[해모수 왕1 계보]**의 신하 아란불(阿蘭弗)의 꿈에 천제가 내려와서 말하기를 "장차 나의 자손으로써 이곳에 나라를 세우려고 하니 너는 이곳을 피하라. B-2. **동명[해모수 왕2 계보]** 이 장차 일어날 조짐을 이름이다. 동해 해변에 C-2. 가섭원(迦葉原)이라 하는 땅이 있어 토지가 기름져서 왕도를 세울 만하니라."라고 하였다. 아란불이 C-2. 왕을 권하여 도읍을 그곳으로 옮기도록 하고 나라 이름을 C-2. **동부여**라 하였다.[19]

---

16) 『전한서』에 선제 (宣帝) 신작(神爵) 3년.

17) 『三國遺事』[譯註003] 대요(大遼) 의주(醫州) [註001] 지역에 있다.

18) 『三國遺事』卷 第一 제1 기이(紀異第一) 북부여(北扶餘) [규장각본1512년 국보306-2호] 北扶餘 古記云 前漢書 宣帝 神爵三年壬戌四月八日天帝 [校勘 001] 降于訖升骨城 在 大遼 醫州界 乘五龍車立都稱王國號 北扶餘 自稱名 解慕漱 生子名扶婁 以解爲氏焉王後因上帝之命移都于 東扶餘 東明帝 繼 北扶餘 而興立都于卒夲州 爲卒夲 扶餘 卽高句麗之始 見下.

19) 『三國遺事』卷 第一 제1 기이(紀異第一) 동부여(東扶餘) [규장각본1512년 국보306-2호] 東扶餘 北扶餘 王解 夫婁 之相 阿蘭弗 夢天帝降而謂曰將使吾子孫立國於此汝其避之 謂 東明 將興之兆也 東海之濱有地名 迦葉原 土壤膏腴宜立王都阿蘭弗 勸王移都於彼國號 東扶餘.

『삼국유사』권1, 기이2, 고구려(高句麗) 『고려본기』

『국사(國史)』「고려 본기」에 이른다. 시조 동명성제(東明聖帝)의 성은 고씨요 이름은 D-1. 주몽(朱蒙)이다. 처음에 C-2. 북부여 왕 C-2. **해부루**가 C-2. **동부여[해모수 왕1 계보]**로 자리를 피하고 나서 C-2. 부루가 죽으매 D-2. **금와**가 왕위를 이었다. 이때에 D-2. 왕은 태백산 남쪽 우발수(優渤水)에서 C-3. 한 여자를 만나서 사정을 물었더니 그가 말하기를 "나는 본시 C-3. 하백(河伯)의 딸로서 이름은 C-3. 유화(柳花)인데 여러 아우들과 함께 나와 놀던 중 때마침 한 사나이가 있어 자칭 C-1-1. **천제(天帝)의 아들 '해모수(解慕漱)' [해모수 왕3 계보]**라 하면서 나를 유인하여 웅신산(熊神山) 밑 압록강 변의 방 속에서 사통(私通)하고는 가서 돌아오지 않았다."[20] 부모는 내가 중매도 없이 외간남자를 따랐다고 하였다. 그리하여 드디어 이곳에서 귀양살이를 하고 있다."라고 하였다.[21] […C-3. 하백녀가 D-1. 주몽을 낳았다. …]

D-1. 그[주몽]는 졸본주[22]까지 와서 드디어 여기에 도읍을 하였다. 미처 궁실을 지을 사이도 없어 그저 비류수(沸流水)가에 초막을 짓고 살면서 나라 이름을 고구려라 하고, 따라서 고씨로 성을 삼으니 본래의 성은 해씨였는데 이제 천제의 아들로서 햇빛을 받고 낳았다 하여 자신이 높을 고자로 성을 삼았다. 당시의 <u>**D-1. 나이가 열두 살이요**</u>, **한 나라 효원제(孝元帝) 건소(建昭) 2년 갑신(甲申)[서기전 37년]**에 즉위하고 D-1. 왕으로 일컬었다.[23]

---

20) 『三國遺事』『단군기(檀君記)』[註 001]에 이르기를 "[단군(君)이 서하(西河) 하백의 딸과 상관하여 아이를 낳으니 이름을 부루 라고 하였다."라고 하였다. 지금 이 기록을 보면 해모수 가 하백 의 딸과 관계하여 뒤에 주몽 을 낳았다고 하였다. 『단군기』에는 "아들을 낳으니 이름을 부루 이다."라고 하였으니 부루 와 주몽 은 이복형제(異母兄弟)일 것이다.

21) 『三國遺事』卷 第一 제1 기이(紀異第一) 고구려(高句麗) [규장각본1512년 국보306-2호] 國史 高麗 本記云始祖 東明 聖帝姓言氏諱 朱蒙 先是 北扶餘 王解 夫婁 旣避地于 東扶餘 及 夫婁 薨 金蛙 嗣位于時得一女子於太 [校勘 001] 伯山南 優渤水 問之云我是 河伯 之女名 栁花 與諸弟出遊時有一男子自言天帝子 解慕漱 誘我於 熊神山 下 鴨緑 邉室中知之而往不返 壇君記 云君與 西河 河伯 之女要親有產子名曰 夫婁 今據此記則 解慕漱 私 河伯 之女而後產 朱蒙 壇君記 云產子名曰 夫婁 夫婁 與 朱蒙 異母兄弟也 父母責我無媒而從人遂謫居于此.

22) 『三國遺事』현토군의 지역이다.

23) 『三國遺事』卷 第一 제1 기이(紀異第一) 고구려(高句麗) (37년 미상 음력) 都焉未遑作宮室但結廬於 沸流水 上居之國號高句麗因以高爲氏 夲姓解也今自言是天帝

『삼국사기』卷第十三 高句麗本紀 第一 시조 동명성왕(東明聖王)

시조 동명성왕(東明聖王)은 성이 고씨(高氏)이고 이름은 D-1. 주몽(朱蒙) 이다. 추모(鄒牟) 또는 중해(衆解)라고도 한다. 이에 앞서 C-2. **부여왕** C-2. **해부루(解夫婁)[해모수 왕1 계보]**가 늙도록 아들이 없자 산천에 제사를 지내어 대를 이을 자식을 찾았다. 그가 탄 말이 곤연(鯤淵)에 이르러서 큰 돌을 보고 마주 대하여 눈물을 흘렸다. 왕이 이를 괴상히 여겨 사람을 시켜 그 돌을 옮기니 D-2. 어린 아이가 있었는데 금색 개구리 모양이었다. 개구리는 또는 달팽이[蝸]라고도 한다. D-2. 왕이 기뻐서 말하기를 "이는 바로 하늘이 나에게 자식을 준 것이다."하고 거두어 기르고, 이름을 D-2. 금와(金蛙)라 하였다. 그가 장성함에 책립하여 D-2. 태자를 삼았다. 후에 그 재상 아란불(阿蘭弗)이 말하기를 "일전에 하늘이 나에게 내려와 말하기를 '장차 내 자손으로 하여금 이곳에 나라를 세우게 할 것이다. 너희는 그곳을 피하라. 동해의 물가에 땅이 있는데 이름이 C-2.가섭원(迦葉原)이라 하고 토양이 기름지고 오곡(五穀)이 자라기 알맞으니 도읍할 만하다.'고 하였습니다." 라 하였다. 아란불 이 마침내 C-2. 왕에게 권하여 그곳으로 도읍을 옮기고 나라 이름을 C-2. 동부여(東扶餘)라 하였다.

B-3. 옛 도읍지에는 어떤 사람이 있어 어디서 왔는지 알 수 없으나 B-1. **자칭 천제(天帝)의 아들 해모수(解慕漱)[해모수 왕2 계보]**라고 칭하며 와서 도읍하였다. C-2. 해부루가 죽자, D-2. 금와가 자리를 계승하였다.

이때에 태백산(太白山) 남쪽 C-3. 우발수(優渤水)에서 여자를 만났다. 물으니 말하기를 "저는 C-3. 하백(河伯)의 딸이고 이름은 C-3. 유화(柳花) 입니다. 여러 동생들과 더불어 나가 노는데 그 때에 한 남자가 C-1-2. **자칭 천제의 아들 해모수[해모수 왕3 계보]**라 하고 저를 웅심산(熊心山) 아래로 유인하여 압록강 변의 방안에서 사랑을 하고 곧바로 가서는 돌아오지 않았습니다. 부모는 제가 중매도 없이 다른 사람을 따라갔다고 꾸짖어 마침내 벌로 우발수에서 살게 되었습니다." 라 답하였다.

D-2. 금와가 이를 이상하게 여겨서 방 안에 가두었는데, 햇빛이 비춰어 몸을 끌어당겨 햇빛을 피하였으나 햇빛이 또 따라와 비쳤다. 이로 인하여 아이를 임신하여 알 하나를 낳았는데 크기가 5승(升)쯤 되었다. D-2. 왕이 알을 버려 개와 돼지에게 주었으나 모두 먹지 않았다. 또 길 가운데에 버렸으나 소나 말이 피하였다. 나중에는 들판에 버렸더니 새가 날개로 덮어 주었다. 왕이 이를

子承日光而生故自以高爲氏 時年十二歲 漢 孝元帝 建昭二年甲申歲卽位稱王.

가르려고 하였으나 깨뜨릴 수가 없어 마침내 그 어머니에게 돌려주었다. 그 어머니가 물건으로 알을 싸서 따뜻한 곳에 두었더니, 한 남자아이가 껍질을 부수고 나왔는데 골격과 외모가 영특하고 호걸다웠다. 나이 일곱 살에 영리하고 예사롭지 않아서 스스로 활과 화살을 만들어 쏘았는데 백발백중 이었다. 부여의 속어에 활을 잘 쏘는 것을 D-1. 주몽(朱蒙)이라 하는 까닭에 이것으로 이름을 지었다.[24)]

[…C-3. 하백녀 유화가 D-1. 주몽을 낳았다….]

D-1. [주몽은] 그들과 함께 졸본천(卒本川)에 이르렀다.『위서』에서는 "흘승골성(紇升骨城)에 이르렀다"고 하였다. 그 토양이 기름지고 아름다우며, 산 과 물이 험하고 단단한 것을 보고 드디어 도읍하려고 하였으나, 궁실을 지을 겨를이 없어 단지 비류수(沸流水) 가에 오두막을 짓고 살았다. 나라 이름을 고구려(高句麗)라 하였는데 이로 인하여 고(高)로 씨(氏)를 삼았다. 혹 이르기를 "주몽이 B-3. 졸본부여에 이르렀는데, B-3. 왕이 아들이 없어 D-1. 주몽을 보고는 보통사람이 아님을 알고 그 딸을 아내로 삼게 하였다. B-3. 왕이 죽자 D-1. 주몽이 자리를 계승하였다."고 하였다. 이때 D-1. **주몽의 나이가 D-1-2. 22세로, 한(漢) 효원제(孝元帝) 건소(建昭) 2년[서기전 37], 신라 시조 혁거세(赫居世) 21년 갑신년**이었다.[25)]

---

24) 『三國史記』卷第十三 高句麗本紀 第一 시조 동명성왕(東明聖王) [옥산서원본1537년 보물 제525회] 始祖 東明聖王 姓高氏諱 朱蒙 一云 鄒牟王 一云 衆解. 先是 扶餘 王 解夫婁 老無子 祭山川求嗣. 其所御馬 至 鯤淵 見大石相對流淚. 王怪之. 使人轉其石 有小兒金色蛙形 蛙一作蝸. 王喜曰此乃天賚我令胤乎乃收而養之名曰 金蛙 及其長立爲太子後其相 阿蘭弗 曰日者天降我曰將使吾子孫立國於此汝其避之東海之濱有地號曰 迦葉原 土壤膏腴宜五穀可都也 阿蘭弗 遂勸王移都於彼國號 東扶餘 其舊都有人不知所從來自稱天帝子 解慕漱 來都焉及 解夫婁 薨 金蛙 嗣位於是時得女子於 大白山 南 優渤水 問之曰我是 河伯 之女名 柳花 與諸弟出遊時有一男子自言天帝子 解慕漱 誘我於 熊心山 下 鴨淥 邊室中私之卽往不返父母責我無媒而從人遂謫居 優渤水 金蛙 異之幽閉於室中爲日所炤引身避之日影又逐而炤之因而有孕生一卵大如五升許. 王棄之與犬豕皆不食. 又棄之路中牛馬避之. 後棄之野鳥覆翼之. 王欲剖之不能破. 遂還其母. 其母以物裹之置於暖處. 有一男兒破殼 而出骨表英奇. 年甫七歲. 嶷然異常自作弓矢射之百發百中. 扶餘 俗語善射爲朱蒙故以名云.

25) 『三國史記』卷第十三 高句麗本紀 第一 시조 동명성왕(東明聖王) [옥산서원본1537년 보물 제525회] 一年 與之俱至 卒本川『魏書』云至紇升骨城 觀其土壤肥美 山

『삼국사기』 卷第十三 高句麗本紀 第一 시조 동명성왕(東明聖王)

14년(서기전 24) 가을 8월에 D-1. 왕의 C-3. 어머니 유화가 D-2. 동부여에서 죽으니 그 D-2. 왕 금와가 태후의 예로 장례를 치르고 마침내 신묘(神廟)를 세웠다.[26] 겨울 10월에 사신을 부여 에 보내 토산물을 주어 그 덕에 보답하였다.[27]

3. 전통적인 해모수 분석

둘째, 연구방법의 두 번째 절차로 해모수의 인물, 사건, 시간, 장소를 분석해서 내적 모순여부를 살핀다. 해모수가 한 명인지 컴퓨터 전산분석법(≒형식논리학)의 수작업으로 분석한다.[28] 이 방법이 친숙하지 않다는 점을 고려해서 형식논리학으로 분석해 보겠다. 해모수가 등장하는 네 개의 문장을 분석의 편의를 위해 숫자를 추가해 정리한다.

숨겨진 전제 p: 해모수는 정상적인 인물(들)이다. T

진술p1, 북부여 천제 A-1 해모수가 **임술년** 4월 8일 흘승골성에 내려왔다. A 해모수에게는 C-2. 아들 해부루가 있다.(『삼국유사』 북부여편) T

진술p2, C-1-1. 자칭 천제의 아들 C-1-1. 해모수가 C-3. 하백의 딸, 유화를 유혹해서 주몽을 임신시켰다.(『삼국유사』 고구려편) T

진술p3, 옛 수도에 자칭 천제의 아들 B-1. 해모수가 와서 건국했다. B-1. 해모수는 C-2. 해부루가 수도를 옮겨 C-2. 동부여를 건국하기 이전 지역에서 건

河險固遂欲都焉而未遑作宮室但結廬於 沸流水 上居之國號 高句麗 因以高爲氏 一云 朱蒙 至 卒本扶餘 王無子見 朱蒙 知非常人以其女妻之王薨 朱蒙 嗣位 時 朱蒙 年二十二歲是 漢 孝元帝 建昭二年新羅始祖 赫居世 二十一年甲申歲也.

26) 『三國史記』卷第十三 高句麗本紀 第一 東明聖王 十四年秋八月 [옥산서원본1537년 보물 제525호] 十四年秋八月王母 柳花 薨於 東扶餘 其王 金蛙 以大后禮葬之遂立神廟 정치 〉 왕실 〉 왕족 〉 왕모후· 왕태후· 왕대비.

27) 『三國史記』卷第十三 高句麗本紀 第一 시조 동명성왕(東明聖王) 十四年冬十月 [옥산서원본1537년 보물 제525호] 冬十月遣使 扶餘 饋方物以報其德.

28) 박병섭(2010) pp. 263-318.

국했다.(『삼국사기』 고구려본기, 동명성왕편) T

진술p4, C-1-2. 자칭 천제의 아들 C-1. 해모수가 하백의 딸, 유화를 유혹해서 주몽을 임신시켰다.(『삼국사기』 고구려본기, 동명성왕편) T

분석1: 진술p2[이하 본문에서는 "진술p = 진술"로 표시]와 진술4를 비교해 보면, 두 진술에서 등장인물은 해모수, 하백녀 유화, 그 아들 주몽으로 일치하고, 해모수와 유화 사이의 우발수 사건도 일치하고, 그 사이에서 태어난 주몽도 일치한다. 동일 신화의 전승이다.

진술p2, C-1-1. 자칭 천제의 아들 C-1-1. 해모수가 C-3. 하백의 딸, 유화를 유혹해서 주몽을 임신시켰다.(『삼국유사』 고구려편) T

진술p4, C-1-2. 자칭 천제의 아들 C-1. 해모수가 하백의 딸, 유화를 유혹해서 주몽을 임신시켰다.(『삼국사기』 고구려본기, 동명성왕편) T

∴ 신진술p1: 진술2와 진술4는 자칭 천제의 아들, 해모수는 동일 인물, 동일 사건, 동일 남녀결합관계를 가진 한 인물에 대한 일치하는 명제이다. T

분석2: '진술2 = 진술4의 자칭 천제의 아들 해모수'와 '진술3의 옛 수도의 천제의 아들 해모수'는 같은 인물인가, 다른 인물인가? 둘 다 가능하니 알 수 없다. 진술3의 등장인물은 해모수와 해부루가 있고 사건은 해부루가 과거에 거주하던 영역을 해모수가 차지했다. '진술2 = 진술4'와 '진술3'은 모두 주어가 천제의 아들 해모수이니 일단 동일 인물에 대한 진술로 해석하는 것도 가능하다.

분석3: '진술2 = 진술4의 자칭 천제의 아들 해모수'와 '진술1의 북부여 천제 해모수'는 같은 인물인가, 다른 인물인가? 진술1의 등장인물은 해모수와 해부루가 있고, 사건은 해모수의 아들이 해부루이다. '진술2 = 진술4의 천제의 아들 해모수'와 '진술1의 천제 해모수'는 천제와 천제의 아들이라 별개의 인물로 보인다. 그렇지만 신화의 세계에서는 천제와 천제의 아들이 어차피 인간세상을 초과한 경우이니 같은 지위라 가정("이데올로기적 장벽" "인식론적 장애"29))하면 동일 인물이라 해석할 수도 있다. 여기까지가 전통적인 해석이다.30)

4. 해모수에 대한 분석철학-형식논리학적 분석

분석4: 『삼국유사』의 북부여 A 해모수와 『삼국사기』의 북부여 구도의 B 해모수가 동일인인지 여부를 분석해 보겠다. 진술1을 간략히 정리하면,

> 진술p1, 북부여 천제 A-1 해모수가 **임술년** 4월 8일 흘승골성에 내려왔다. A 해모수에게는 C-2. 아들 해부루가 있다.(『삼국유사』 북부여편) T
>
> ∴ 신진술p2: 북부여 천제 해모수1(A-1.)는 해부루에게 북부여를 물려주었다.

진술3을 간략하게 정리하면,

---

29) 알튀세르 Althusser(1965; 영역 1969, 1977; 국역 1990) 『마르크스를 위하여』; Althusser (1965; 영역 1970; 국역 1991) 『자본론을 읽는다』.

30) 『삼국사기』 卷第十三, 고구려본기 第一. "구도에 자칭 천제의 아들 해모수"에 붙인 역주 007 "동명왕의 아버지로서 천제(天帝)의 아들이라 하였다. '동명왕편'에 인용된 『구삼국사』에 의하면 해모수(解慕漱)는 다음과 같은 능력을 가졌다. "解慕漱 從天而下 乘五龍車 從者百餘人 皆騎白鵠 彩雲浮於上 音樂動雲中 止熊心山 經十餘日始下 首戴烏羽之冠 腰帶龍光之劍…朝則聽事 暮則升天 世謂之天王郎". 즉 해모수(解慕漱)는 신정(神政)에 있어 인간사(人間事)에 관여하는 천제자(天帝子)인 것이다. '천왕랑(天王郎)'이란 바로 신정(神政)을 담당하는 존재를 나타내는 말이다. 그것은 당신신화(檀君神話)에서의 환웅(桓雄)의 성격과 같은 것이다." 이 역주 007은 신화라 환웅 시대와 해모수 시대를 구별하지 않아 양자가 모두 천제, 천왕이라는 개념을 사용했다는 점에 근거해서 동일시하고 있다. 또 이규보의 『동국이상국집』동명왕편이라는 후대 서술에 근거하고 있다. 아무튼 본고는 이 역주 007은 '『삼국사기』 卷第十三, 고구려본기 第一'와 '『삼국유사』 卷 第一, 북부여, 고구려'의 해모수들을 분석해보면 (형식) 논리적 모순에 봉착한다는 것을 보여줄 것이다.

진술p3, 옛 수도에 자칭 천제의 아들 B-1. 해모수가 와서 건국했다. B-1. 해모수는 C-2. 해부루가 수도를 옮겨 C-2. 동부여를 건국하기 이전 지역에서 건국했다.(『삼국사기』 고구려본기, 동명성왕편) T

∴ 신진술p3: 자칭 천제의 아들 해모수2(B-1.)는 해부루에게 북부여의 수도를 뺏고 있다.

'진술1의 해모수1(A-1.)'와 '진술3의 해모수2(B-1.)'의 등장인물과 사건을 결합한다. 진술1의 천제 해모수와 진술3의 천제의 아들 해모수가 같은 인물이라면, 해모수는 해부루에게 북부여 땅과 왕위를 물려 주었다가 다시 그 땅과 왕위를 뺏고 있다. 이 상황을 종합하면,

신진술p4: 해모수가 비정상적인 인물이다.(-p)

위의 3장의 숨겨진 전제와 신진술4 사이가 모순인데, 숨겨진 전제가 옳으니 신진술4가 그르다.

숨겨진 전제 p: 해모수는 정상적인 인물(들)이다. T
신진술p4: 해모수가 비정상적인 인물이다.(-p)

따라서,

신진술p5: 북부여 천제 해모수1과 옛 수도의 해모수2는 다른 인물이고 양자는 적대적이다. 아마 T

분석5: 『삼국사기』와 『삼국유사』에서 유화가 압록강 변에서 사랑한 C 해모수와 『삼국유사』의 북부여 천제 A 해모수가 동일인인지 분석해 보겠다. 이제 '진술2 = 진술4의 천제의 아들 해모수(C-1-1, C-1-2.)'와 '진술1의 해모수1(A-1.)'이 같은 인물인지도 재검토한다.

진술p2 = 진술p4: 자칭 천제의 아들 해모수(C-1-1., C-1-2.)가 하백의 딸, 유화를 유혹해서 **주몽**을 임신시켰다.(『삼국사기』 동명성왕편 = 『삼국유사』 고구려본기편) T

진술p5: 동부여 해부루는 아들이 금와왕이다.(『삼국사기』 동명성왕편 = 『삼국유사』 고구려본기편) T

진술p6: 금와왕은 하백녀, 유화를 별궁에 두었다.(『삼국사기』 동명성왕편) T

진술p7: 하백녀, 유화가 아들 주몽을 낳았다.(『삼국사기』 동명성왕편 = 『삼국유사』 고구려본기편) T

진술p8: D-1. 주몽왕은 고구려를 건국했다. … 이때 **주몽의 나이가** D-1-1. **열두 살이요**, **한 나라 효원제**(孝元帝) **건소**(建昭) **2년 갑신**(甲申)[**서기전** 37**년**]이었다.(『삼국유사』 고구려본기편) T

진술p9: D-1. 주몽왕은 고구려를 건국했다. … 이때 주몽의 나이가 D-1-2. 22세로, 한(漢) 효원제(孝元帝) 건소(建昭) 2년, 신라 시조 혁거세(赫居世) 21년 갑신년[서기전 37]이었다.(『삼국사기』 동명성왕편) T

진술p10: 14년(서기전 24) 가을 8월에 D-1. 왕의 어머니 C-3. 유화가 동부여에서 죽으니 그 **왕** D-2. **금와가** C-3. **태후의 예로 장례**를 치르고 마침내 신묘(神廟)를 세웠다.(『삼국사기』 동명성왕편) T

진술p11: D-1. 주몽왕은 D-2. 금와왕에게 고구려의 특산품을 보내 감사를 표했다. T

진술1, 진술5를 결합하면

진술p1, 북부여 천제 A-1 해모수가 **임술년** 4월 8일 흘승골성에 내려왔다. A 해모수에게는 C-2. 아들 해부루가 있다.(『삼국유사』 북부여편) T

진술p5: 동부여 해부루는 아들이 금와왕이다.(『삼국사기』 동명성왕편 = 『삼국유사』 고구려본기편) T

∴ 신진술p6 '해모수1의 아들이 해부루이고 해부루의 아들이 금와이다.' T

진술2 = 진술4, 진술6, 진술7을 결합하면

진술p2 = 진술p4: 자칭 천제의 아들 해모수(C-1-1., C-1-2.)가 하백의 딸, 유화를 유혹해서 **주몽**을 임신시켰다.(『삼국사기』 동명성왕편 = 『삼국유사』 고구려본기편) T

진술p6: 금와왕은 하백녀, 유화를 별궁에 두었다.(『삼국사기』 동명성왕편) T

진술p7: 하백녀, 유화가 아들 주몽을 낳았다.(『삼국사기』 동명성왕편 = 『삼국유사』 고구려본기편) T

∴ 신진술p7 '해모수3와 유화 사이의 아들이 주몽이다.' T

위 진술10을 간략히 하면,

진술p10: 14년(서기전 24) 가을 8월에 D-1. 왕의 어머니 C-3. 유화가 동부여에서 죽으니 그 **왕** D-2. **금와가** C-3. **태후의 예로 장례**를 치르고 마침내 신묘(神廟)를 세웠다.(『삼국사기』동명성왕편) T

∴ 신진술p8: 금와왕에게 유화가 태후이다. (『삼국사기』 동명성왕편) T

위 진술p2, 진술p6, 진술p7에 의해 유화와 해모수의 관계를 신진술p9로 정리하면,

진술p2 = 진술p4: 자칭 천제의 아들 해모수(C-1-1., C-1-2.)가 하백의 딸, 유화를 유혹해서 **주몽**을 임신시켰다.(『삼국사기』 동명성왕편 = 『삼국유사』 고구려본기편) T

진술p6: 금와왕은 하백녀, 유화를 별궁에 두었다.(『삼국사기』 동명성왕편) T

진술p7: 하백녀, 유화가 아들 주몽을 낳았다.(『삼국사기』 동명성왕편 = 『삼국유사』 고구려본기편) T

∴ 신진술p9: 하백녀, 유화는 압록강 변의 천제의 아들 해모수의 아내이다. T

'진술1의 천제 해모수1'과 '진술2 = 진술4의 천제의 아들 해모수3'이 같은 인물이라면, 신진술6과 신진술9에 의해 금와왕에게 유화가 태태후(할머니 항열)이다.

신진술p6 '해모수1의 아들이 해부루이고 해부루의 아들이 금와이다.' T
신진술p9: 하백녀, 유화는 압록강 변의 천제의 아들 해모수의 아내이다. T

∴ 신진술p10: 금와왕에게 유화가 태태후이다.

신진술8과 신진술10 사이는 금와왕에게 유화가 태후(C-3. 어머니 항열)이면서 동시에 태태후일 수 없으니 모순이고, 신진술8이 옳으니 금와왕에게 유화는 태후에 해당한다.

신진술p8: 금와왕에게 유화가 태후이다. (『삼국사기』 동명성왕편) T
신진술p10: 금와왕에게 유화가 태태후이다.

∴ 신진술p8: 금와왕에게 유화가 태후이다.

신진술8이 옳고 신진술10이 그르다. 신진술10이 그르다면 해모수1과 해모수3이 같다는 전제가 그른 것이고 따라서 신진술11로 해모수1과 해모수3은 다른 인물이다.

∴ 신진술p11: 북부여 천제 해모수1과 우발수의 해모수3은 다른 인물이다. T

분석6: 『삼국사기』와 『삼국유사』에서 유화가 압록강 변에서 사랑한 C 해모수와 『삼국사기』의 북부여 구도의 천제의 아들 A 해모수가 동일인인지 분석해 보겠다. '진술2 = 진술4의 유화가 압록강 변에서 사랑을 나눈 자칭 천제의 아들 해모수3(C-1-1.; C-1-2.)'이 '진술3의 구도(졸본부여)의 자칭 천제의 아들 해모수2(B-1.)'와 같다면, '분석4, 신진술3과 신진술5'와 '분석5, 신진술6'에 의해서 금와와 유화 사이도 적대관계이므로 신진술8의 태후의 예(D-3.)가 성립할 수 없다. 따라서 신진술12

신진술p3: 자칭 천제의 아들 해모수2(B-1.)는 해부루에게 북부여의 수도를 뺏고 있다.
신진술p5: 북부여 천제 해모수1과 옛 수도의 해모수2는 다른 인물이고 양자는 적대적이다. 아마 T
신진술p6 '해모수1의 아들이 해부루이고 해부루의 아들이 금와이다.' T
신진술p8: 금와왕에게 유화가 태후이다. (『삼국사기』 동명성왕편) T

∴ 신진술p12: 천제의 아들 해모수2과 천제의 아들 해모수3은 다른 인물이다.

분석7: 『삼국사기』와 『삼국유사』에서 유화가 압록강 변에서 사랑한 C 해모수와 『삼국유사』의 북부여 천제 A 해모수 사이의 관계가 어떤 특별한 관계인지 분석해 보겠다. 진술1, 신진술6, 신진술8, 신진술9에 의하면,

진술p1, 북부여 천제 A-1 해모수가 **임술년** 4월 8일 흘승골성에 내려왔다. A 해모수에게는 C-2. 아들 해부루가 있다. (『삼국유사』 북부여편) T
신진술p6 '해모수1의 아들이 해부루이고 해부루의 아들이 금와이다.' T
신진술p8: 금와왕에게 유화가 태후이다. (『삼국사기』 동명성왕편) T
신진술p9: 하백녀, 유화는 압록강 변의 천제의 아들 해모수의 아내이다. T

∴ 신진술p13: 동부여 해부루와 압록강 변 해모수3은 혈연관계에서 동일 항열이다.

진술1, 신진술6, 신진술8, 신진술9, 신진술13에 의하면

진술p1, 북부여 천제 A-1 해모수가 **임술년** 4월 8일 흘승골성에 내려왔다. A 해모수에게는 C-2. 아들 해부루가 있다. (『삼국유사』 북부여편) T

신진술p6 '해모수1의 아들이 해부루이고 해부루의 아들이 금와이다.' T

신진술p8: 금와왕에게 유화가 태후이다. (『삼국사기』 동명성왕편) T

신진술p9: 하백녀, 유화는 압록강 변의 천제의 아들 해모수의 아내이다. T

신진술p13: 동부여 해부루와 압록강 변 해모수3은 혈연관계에서 동일 항열이다.

∴ 신진술p14: 북부여 천제 해모수1과 우발수 해모수3은 혈연관계이다.

분석8: 『삼국사기』와 『삼국유사』에서 유화가 압록강 변에서 사랑한 C해모수와 『삼국사기』의 북부여 구도의 천제의 아들 B 해모수 사이가 어떤 관계인지 분석해 보겠다. 신진술5와 신진술14를 결합해 보면,

신진술p5: 북부여 천제 해모수1과 옛 수도의 해모수2는 다른 인물이고 양자는 적대적이다. 아마 T

신진술p6 '해모수1의 아들이 해부루이고 해부루의 아들이 금와이다.' T

신진술p8: 금와왕에게 유화가 태후이다. (『삼국사기』 동명성왕편) T

신진술p9: 하백녀, 유화는 압록강 변의 천제의 아들 해모수의 아내이다. T

신진술p14: 북부여 천제 해모수1과 우발수 해모수3은 혈연관계이다.

∴ 신진술p15: 옛 수도의 자칭 천제의 아들 해모수2(B-3.)와 유화부인이 압록강 변에서 만난 자칭 천제의 아들 해모수3(C-2.; C-3.) 사이는 혈연계보가 다르다.

분석9: 『삼국사기』의 해모수를 『삼국유사』의 해모수를 포함해 정리해 보겠다. 신진술6, 신진술12, 신진술15를 결합하면,

신진술p6 '해모수1의 아들이 해부루이고 해부루의 아들이 금와이다.' T

신진술p12: 천제의 아들 해모수2과 천제의 아들 해모수3은 다른 인물이다.

신진술p15: 옛 수도의 자칭 천제의 아들 해모수2(B-3.)와 유화부인이 압록강 변에서 만난 자칭 천제의 아들 해모수3(C-2.; C-3.) 사이는 혈연계보가 다르다.

∴ 신진술p16: 『삼국사기』 고구려 본기 동명성왕 편의 해모수들은 진술1의 생략된 한 명의 천제(A-1.)와 '진술2 = 진술4'의 천제의 아들 해모수(C-1-1/2.)와 진술3의 천제의 아들 해모수(B-1.)로 총 세 명이고, 진술1의 천제 해모수1의 아들에 해부루(C-2.)가 있었다.

즉,

진술p1, 북부여 천제 A-1 해모수가 **임술년** 4월 8일 흘승골성에 내려왔다. A 해모수에게는 C-2. 아들 해부루가 있다.(『삼국유사』 북부여편) T

진술p3, 옛 수도에 자칭 천제의 아들 B-1. 해모수가 와서 건국했다. B-1. 해모수는 C-2. 해부루가 수도를 옮겨 C-2. 동부여를 건국하기 이전 지역에서 건국했다.(『삼국사기』 고구려본기, 동명성왕편) T

진술p2 = 진술p4: 자칭 천제의 아들 해모수(C-1-1., C-1-2.)가 하백의 딸, 유화를 유혹해서 **주몽**을 임신시켰다.(『삼국사기』 동명성왕편 = 『삼국유사』 고구려본기편) T

분석10: 『삼국유사』의 해모수를 『삼국사기』의 해모수를 포함해 정리해 보겠다. 신진술6, 신진술12, 신진술16를 결합하면,

신진술p6 '해모수1의 아들이 해부루이고 해부루의 아들이 금와이다.' T

신진술p12: 천제의 아들 해모수2과 천제의 아들 해모수3은 다른 인물이다.

신진술p16: 『삼국사기』 고구려 본기 동명성왕 편의 해모수들은 진술1의 생략된 한 명의 천제(A-1.)와 '진술2 = 진술4'의 천제의 아들 해모수(C-1-1/2.)와 진술3의 천제의 아들 해모수(B-1.)로 총 세 명이고, 진술1의 천제 해모수1의 아들에 해부루(C-2.)가 있었다.

∴ 신진술p17: 『삼국유사』1권, 기이2, 동부여와 고구려조의 기록을 『삼국사기』에서 얻은 지식을 이용해서 분석해 보면 역시 진술1의 한 명의 천제 해모

수1(A-1.)과 진술2 = 진술4의 천제의 아들 해모수(C-1-1/2.)와 진술3의 천제의 아들 해모수(B-1.)가 되어 해모수가 세 명이다.

즉,

진술p1, 북부여 천제 A-1 해모수가 **임술년** 4월 8일 흘승골성에 내려왔다. A 해모수에게는 C-2. 아들 해부루가 있다.(『삼국유사』 북부여편) T

진술p3, 옛 수도에 자칭 천제의 아들 B-1. 해모수가 와서 건국했다. B-1. 해모수는 C-2. 해부루가 수도를 옮겨 C-2. 동부여를 건국하기 이전 지역에서 건국했다.(『삼국사기』 고구려본기, 동명성왕편) T

진술p2 = 진술p4: 자칭 천제의 아들 해모수(C-1-1., C-1-2.)가 하백의 딸, 유화를 유혹해서 **주몽**을 임신시켰다.(『삼국사기』 동명성왕편 = 『삼국유사』 고구려본기편) T

분석11: 『삼국사기』의 유화가 압록강 변에서 사랑을 나눈 자칭 천제의 아들 C-3-2. 해모수 이야기와 『삼국유사』의 유화가 압록강 변에서 사랑을 나눈 자칭 천제의 아들 C-3-1. 해모수 이야기 사이에도 차이를 분석해 보겠다. 해모수3와 하백녀 유화가 만나 유화가 임신한 시기는 『삼국사기』와 『삼국유사』가 다르다. 『삼국유사』에서는 진술8에 의해 계산하면,

진술p8: D-1. 주몽왕은 고구려를 건국했다. … 이때 **주몽의 나이가** D-1-1. **열두 살이요, 한 나라 효원제**(孝元帝) **건소**(建昭) **2년 갑신**(甲申)[**서기전 37년**]이었다.(『삼국유사』 고구려본기편) T

∴ 신진술p18: C-3-1. 유화의 임신 시기는 C-3-1. 계유년 서기전 48년 시기이다. 갑신년 서기전 37년에 12살이다.

즉, '유화의 남편 C-1-1. 해모수3'의 활동 시기는 계유년 서기전 48년이다. 또 진술1에 의해 '북부여 천제 A-1. 해모수1'의 활동 시기는 임술년 서기전 59년이다. 그 사이에 '북부여 옛 수도의 B-1. 해모수2'가 등장해야 한다.

『삼국사기』에서는 진술9에 의해 계산하면

진술p9: D-1. 주몽왕은 고구려를 건국했다. … 이때 주몽의 나이가 D-1-2. 22세로, 한(漢) 효원제(孝元帝) 건소(建昭) 2년, 신라 시조 혁거세(赫居世) 21년 갑신년[서기전 37]이었다.(『삼국사기』동명성왕편) T

∴ 신진술p19: 유화의 임신 시기는 C-3-2. 계해 서기전 58년에 임신했고 진술9 C-3-2. 갑신년 서기전 37년에 22살이다.

이 경우에 '천제의 아들 C-1. 해모수3'은 활동시기가 서기전 58년 시기이다. 『삼국사기』는 세 명의 해모수에서 '북부여 천제 해모수1'의 건국연도를 '암묵적으로' 『삼국유사』의 임술년 서기전 59년보다 높게 상정하고 있다. 이것은 세대("→": 세대 표시기호)가 '북부여 천제 A-1. 해모수1' →…→ 'C-2. 해부루/ C-1. 해모수3 + C-3. **태후** 유화' → 'D-2. 금와/ D-1. 주몽'의 계보로 계승되는 것으로 보아 북부여 천제 해모수1은 활동시기가 '임술년'이라면 [서기전 59년], 서기전 119년, 서기전 179년, 서기전 239년 등이 가능하다.

셋째, 연구방법의 세 번째 절차로 배중률에 입각해서 해모수들을 각각 분리해서 정리한다.

이상을 『삼국사기』로 정리하면,

신진술p20: 원래 김부식이 본 자료는 해모수가 3명이었다. 김부식은 해모수가 3명이라는 것을 수용하는데 '인식론적 장애'가 일어나서 이 '모순'을 제거해 '합리화'하기 위해 **진술1: 해모수의 아들이 해부루이다는 진술을 제거했다.**

신진술p21: 진술1이 제거되면 옛 수도의 해모수2와 압록강 변의 해모수3이 같은 인물인지 다른 인물인지 알 수가 없어 해모수가 한 명처럼 보인다.

∴ 신진술p22: 그렇지만 김부식은 금와왕이 유화를 태후의 예로 신묘에 모셨다는 진술을 남겼다.

즉,

진술p10: 14년(서기전 24) 가을 8월에 D-1. 왕의 어머니 C-3. 유화가 동부여에서 죽으니 그 **왕** D-2. **금와가** C-3. **태후의 예로 장례**를 치르고 마침내 신묘(神廟)를 세웠다.(『삼국사기』동명성왕편) T

『삼국사기』는 진술3과 신진술22와 『삼국유사』의 진술1을 결합하면,

진술p3, 옛 수도에 자칭 천제의 아들 B-1. 해모수가 와서 건국했다. B-1. 해모수는 C-2. 해부루가 수도를 옮겨 C-2. 동부여를 건국하기 이전 지역에서 건국했다.(『삼국사기』 고구려본기, 동명성왕편) T

진술p4, C-1-2. 자칭 천제의 아들 C-1. 해모수가 하백의 딸, 유화를 유혹해서 주몽을 임신시켰다.(『삼국사기』 고구려본기, 동명성왕편) T

신진술p22: 그렇지만 김부식은 금와왕이 유화를 태후의 예로 신묘에 모셨다는 진술을 남겼다.

즉,

진술p10: 14년(서기전 24) 가을 8월에 D-1. 왕의 어머니 C-3. 유화가 동부여에서 죽으니 그 **왕** D-2. **금와가** C-3. **태후의 예로 장례**를 치르고 마침내 신묘(神廟)를 세웠다.(『삼국사기』동명성왕편) T

진술p1, 북부여 천제 A-1 해모수가 **임술년** 4월 8일 흘승골성에 내려왔다. A 해모수에게는 C-2. 아들 해부루가 있다.(『삼국유사』 북부여편) T

∴ 신진술p23: **해모수가 3명이라는 원래의 상태가 복원된다.**

분석12: '진술3의 북부여 옛 수도의 천제의 아들'은 미지의 인물이다. 그에 대한 다른 단서가 있는가?

진술p3, 옛 수도에 자칭 천제의 아들 B-1. 해모수가 와서 건국했다. B-1. 해모수는 C-2. 해부루가 수도를 옮겨 C-2. 동부여를 건국하기 이전 지역에서 건국했다.(『삼국사기』 고구려본기, 동명성왕편) T

∴ 진술p12: C-2. 해부루가 북부여 수도를 버리고 C-2. 동부여로 옮긴 이유는 천제의 아들, B-2. 동명에게 자리를 양보하기 위해서였다.(『삼국유사』 동부여편)

∴ 진술p13: B-2. 동명은 졸본부여를 건국했다.(『삼국유사』 동부여편)

진술3의 등장인물은 천제의 아들 해모수(B-1.)와 동부여 해부루이고, 사건은 해부루가 옛 수도에서 가섭원으로 옮겨가고 북부여 옛 수도에 천제의 아들 B-1. 해모수가 등장한다. 진술12의 등장인물은 천제의 아들 동명(B-2.)과 동부여 해부루(C-2.)이고, 사건은 해부루가 옮겨가고 북부여 옛 수도에는 천제의 아들 B-2. 동명이 등장한다. 진술3과 진술12를 등장인물과 사건으로 결합해 보면,

진술p3, 옛 수도에 자칭 천제의 아들 B-1. 해모수가 와서 건국했다. B-1. 해모수는 C-2. 해부루가 수도를 옮겨 C-2. 동부여를 건국하기 이전 지역에서 건국했다.(『삼국사기』 고구려본기, 동명성왕편) T

진술p12: C-2. 해부루가 북부여 수도를 버리고 C-2. 동부여로 옮긴 이유는 천제의 아들, B-2. 동명에게 자리를 양보하기 위해서였다.(『삼국유사』 동부여편)

∴ 신진술p24: 진술3의 천제의 아들 해모수와 진술12의 천제의 아들 동명은 같은 인물이다.

이상 신진술24를 재정리하면,

∴ 신진술p25: 졸본부여 동명은 졸본에서는 B-2. 동명이라 호칭하고 북부여로 이주해서는 B-1. 해모수라 호칭했다. 이것은 동명왕이 신왕호 동명을 사용하고 구왕호로 해모수를 사용했다는 것을 알 수 있는 왕호신구병칭토픽 현상

이다.[31]

이상을 『삼국유사』로 정리하면,

신진술p26: 원래 『삼국유사』의 일연이 본 자료는 해모수가 3명이었다. 일연도 해모수가 3명이라는 것을 수용하는데 '인식론적 장애'가 일어나서 이 모순을 제거하고 '합리화'하기 위해서, 옛 수도의 해모수2를 빼고 그 대신에 동명이라고 지적해 해모수 한 명을 뺐다.

신진술p27: 옛 수도의 해모수2가 빠지면 해모수1과 해모수3명이 얼핏 같아 보인다.

∴ 신진술p28: 일연은 임술년의 해모수1과 계유년의 해모수3이 다르다는 것을 알려주기 위해 주몽의 건국 연령이 12살이라고 흔적을 남겨 놓았다.

『삼국유사』는 진술1과 진술2에 『삼국사기』의 진술3과 진술10을 추가하면,

진술p1, 북부여 천제 A-1 해모수가 **임술년** 4월 8일 흘승골성에 내려왔다. A 해모수에게는 C-2. 아들 해부루가 있다.(『삼국유사』 북부여편) T

진술p2, C-1-1. 자칭 천제의 아들 C-1-1. 해모수가 C-3. 하백의 딸, 유화를 유혹해서 주몽을 임신시켰다.(『삼국유사』 고구려편) T

진술p3, 옛 수도에 자칭 천제의 아들 B-1. 해모수가 와서 건국했다. B-1. 해모수는 C-2. 해부루가 수도를 옮겨 C-2. 동부여를 건국하기 이전 지역에서 건국했다.(『삼국사기』 고구려본기, 동명성왕편) T

진술p10: 14년(서기전 24) 가을 8월에 D-1. 왕의 어머니 C-3. 유화가 동부여에서 죽으니 그 **왕** D-2. **금와가** C-3. **태후의 예로 장례**를 치르고 마침내 신묘(神廟)를 세웠다.(『삼국사기』동명성왕편) T

31) 박병섭, 박병훈(2010-3) 「계보위축변천과정, 신구왕호 토픽(1)」pp. 135-219; 박병섭(2011) 「계보위축변천과정, 신구왕호 토픽(2)」pp. 221-291.

∴ 신진술p29: 해모수가 3명이라는 원래의 상태가 복원된다.

이상을 총정리하면, 북부여 천제 해모수는 그 후예에 의해 "해모수"가 왕호로 사용되었다. 왕호 "해모수"는 북부여 천제 해모수, 졸본부여 동명, 그리고 압록강변의 해모수에 의해 사용되었다. 동명이 왕호로 신왕호 "동명"을 사용하면서 구왕호 "해모수"도 병행하는 것이 왕호신구토픽법이다.

5. 『동국이상국집』 동명왕편의 해모수

첫째, 연구방법 절차상 첫 번째로 3장의 『삼국사기』와 『삼국유사』의 해모수 자료들에 이어서 『동국이상국집』3권 동명왕편의 자료들도 추가해서 모두 함께 모은다.

분석 13: 고려시대에 이규보는 『동국이상국집』3권 '동명왕' 편에서 『구삼국사』를 보고 『삼국사기』의 내용이 축약한 "괴력난신"[32]내용까지 서술한다고 한다. 이규보의 시를 분석하기 위해 진술14에서 진술20까지를 만들었다. 『동국이상국집』3권 '동명왕'편은 『삼국사기』보다 진술10과 진술12를 더 제거했다. 해모수가 3명이라는 흔적도 없다.(첫째, 번역의 권리는 한국고전번역회에 있고 **수정**의 책임은 내게 있다. 둘째, 분석의 편의를 위해 인물에 원 숫자를 추가하고 굵은 글씨를 추가했다.)

진술p14-1: A **한 나라 신작 삼년(漢神雀三年)** [한 나라 신작 3년 4월 갑인(甲寅)] 첫여름 북두가 사방(巳方)을 가리킬 때(孟夏斗立巳) A **해동 해모수(海東解慕漱)**는 참으로 하느님의 아들(眞是天之子)이다.

진술p14-2: D **부여왕(夫餘王)** D **해부루(解負婁)**가 아이를 얻어 길러서 E-2. **금와(金蛙)**라 하고 태자(太子)로 삼았다.

진술p14-3: **천제(天帝)**가 해부루의 정승 아란불에게 '장차 내 자손으로 하여금 이곳에 나라를 세우려 하니 너는 피하라.' 하여 A 해부루가 A 가섭원(迦葉

32) 박병섭(2002) p. 33. 공자(2009) 술이편 제칠 LY07. "子不語怪力亂神".

原)에 옮겨 도읍하고 A 동부여(東夫餘)라 이름하였다.

진술p14-4: B **예전 도읍터에는** B **해모수(解慕漱)가 천제의 아들**이 되어 와서 도읍하였다.

진술p15-1: [B 해모수가] 처음 공중에서 내려왔다.(初從空中下)

진술p15-2: A **한 나라 신작 3년인 임술년**에 천제(天帝)가 태자를 보내어 B **부여왕의 옛 도읍**에 내려와 놀았는데 이름이 AB **해모수(解慕漱)**였다.

진술p16-1: C **왕**이 마음 두고 뒤 이을 아들 낳기를 원했다.

진술p16-2: C 왕이 좌우에게, "얻어서 왕비를 삼으면 후사를 둘 수 있다." 하였다.

진술p17-1: C 왕이 맏딸 유화를 잡았다.

진술p17-2: C 왕이 세 여자가 크게 취할 것을 기다려 급히 나가 막으니 여자들이 놀라 달아나다가 맏딸 유화(柳花)가 왕에게 붙잡혔다.

진술p18: E-2. 왕이 C **해모수의 왕비**인 것을 알고(王知**慕漱妃**) 이내 별궁에 두었다(仍以別宮置)

진술p19: **해를 품고** E-1. **주몽을 낳았으니(**懷日生朱蒙**) 이해가 계[유/해]년 이었다(**是歲歲在癸**)**.

진술p20-1: D-1. **왕위에 있은 지 십구 년 만에 /** 在位十九年
하늘에 오르고 내려오지 않았다 / 升天不下莅

진술p20-2: **가을 9월에** D-1. **왕이 하늘에 오르고 내려오지 않으니 이때 나이 40이었다.** E **태자(太子)가** D-1. **왕이 남긴 옥채찍을 대신 용산(龍山)에 장사하였다 한다.**[33)]

둘째, 연구방법 절차상 두 번째로 전체 진술들 사이에 내적 모순을 찾아낸다.

분석17: 이 규보는 『삼국유사』에 대한 언급이 없지만 그의 시에는 그가 『삼국유사』도 참고했다는 흔적이 남아 있다. 『동국이상국집』 동명왕편은 '진술19의 단지 "계"년(계유년 서기전 47년 혹은 계해년 서기전 58년)'이라 말해서 '진술8: 『삼국유사』의 C-3-1. "계유년" 서기전 47년'과 '진술9: 『삼국

33) 한국고전종합DB, 『동국이상국전집』 제3권 고율시(古律詩) 동명왕편(東明王篇) 병서(幷序).

사기』의 C-3-2. "계해년" 서기전 58년' 사이에서 어느 쪽과도 부합할 수 있다. 이규보는 『삼국유사』설("是歲癸酉也")과 『삼국사기』설("是歲癸亥也") 중에서 어느 쪽을 단정하는 표현을 피해 양자의 공통지점("癸")만 제시하기 위해 단지 '계'년("是歲歲在癸")이라 표현했다. 이규보는 본문에서 주몽이 건국한 간지 년도도 확정하지 않았다. 그렇지만 각주에서처럼 주몽의 재위기간이 19년이고 저승으로 간 연령이 40살이라면, 이규보의 시에서 계년은 『삼국사기』처럼 계해년이고 3명의 해모수는 보다 완벽하게 제거되어 한 명의 해모수만 남게 된다.

진술p8: D-1. 주몽왕은 고구려를 건국했다. … 이때 **주몽의 나이가 열두 살이요, 한 나라 효원제(孝元帝) 건소(建昭) 2년 갑신(甲申)[서기전 37년]**이었다.(『삼국유사』고구려본기편)

신진술p18: C-3-1. 유화의 임신 시기는 C-3-1. 계유년 서기전 48년 시기이다. 갑신년 서기전 37년에 12살이다.(『삼국유사』고구려본기편)

진술p9: D-2. 주몽왕은 고구려를 건국했다. … 이때 **주몽의 나이가 22세로, 한(漢) 효원제(孝元帝) 건소(建昭) 2년, 신라 시조 혁거세(赫居世) 21년 갑신년[서기전 37]**이었다.(『삼국사기』동명성왕편)

신진술p19: 유화의 임신 시기는 C-3-2. 계해 서기전 58년에 임신했고 진술9 C-3-2. 갑신년 서기전 37년에 22살이다.(『삼국사기』동명성왕편)

셋째, 연구방법 절차상 세 번째로 배중률에 입각해서 각자의 인물, 사건, 시간, 장소를 찾아내어 내적 모순 없이 복원한다.

『삼국사기』와 『삼국유사』에서 해모수는 3명으로 첫째가 북부여 천제이자 동부여 해부루의 아버지인 해모수이고, 둘째가 옛 수도의 천제의 아들, 해모수이자 졸본부여의 동명이고, 그리고 셋째가 하백녀 유화의 남편이자 주몽의 아버지인 압록강변의 해모수로 3명이었다. 『삼국사기』와 『삼국유사』는 해모수가 3명이라는 것에서 "인식론적 장애"[34]가 일어나서 해모수들을

34) 알튀세르 Althusser(1965; 영역 1970; 국역 1991) 『자본론을 읽는다』.

제거하고 1명만 남겨서 “합리성”을 유지하려고 했다.

『삼국유사』는 진술3의 옛 수도의 B 해모수2라는 진술을 없앴지만 진술8의 주몽의 나이 12살(따라서 신진술18)로 북부여 천제 해모수와 압록강변의 해모수가 다르다는 흔적을 남겼다.

진술p1, 북부여 천제 A-1 해모수가 **임술년** 4월 8일 흘승골성에 내려왔다. A 해모수에게는 C-2. 아들 해부루가 있다.(『삼국유사』 북부여편) T

진술p2, C-1-1. 자칭 천제의 아들 C-1-1. 해모수가 C-3. 하백의 딸, 유화를 유혹해서 주몽을 임신시켰다.(『삼국유사』 고구려편) T

~~진술p3, 옛 수도에 자칭 천제의 아들 B-1. 해모수가 와서 건국했다. B-1. 해모수는 C-2. 해부루가 수도를 옮겨 C-2. 동부여를 건국하기 이전 지역에서 건국했다.(『삼국사기』 고구려본기, 동명성왕편) T~~

진술p8: D-1. 주몽왕은 고구려를 건국했다. … 이때 **주몽의 나이가 열두 살이요, 한 나라 효원제(孝元帝) 건소(建昭) 2년 갑신(甲申)[서기전 37년]**이었다.(『삼국유사』고구려본기편)

∴ 신진술p18: C-3-1. 유화의 임신 시기는 C-3-1. 계유년 서기전 48년 시기이다. 갑신년 서기전 37년에 12살이다.(『삼국유사』고구려본기편)

『삼국사기』는 진술1의 동부여 해부루의 아버지이자 북부여 천제 해모수라는 진술을 없앴지만, 진술10의 금와왕이 유화부인을 태후의 예로 모셨다는 진술로 그 흔적을 남겼다.

~~진술p1, 북부여 천제 A-1 해모수가 **임술년** 4월 8일 흘승골성에 내려왔다. A 해모수에게는 C-2. 아들 해부루가 있다.(『삼국유사』 북부여편) T~~

진술p3, 옛 수도에 자칭 천제의 아들 B-1. 해모수가 와서 건국했다. B-1. 해모수는 C-2. 해부루가 수도를 옮겨 C-2. 동부여를 건국하기 이전 지역에서 건국했다.(『삼국사기』 고구려본기, 동명성왕편) T

진술p4, C-1-2. 자칭 천제의 아들 C-1. 해모수가 하백의 딸, 유화를 유혹해서 주몽을 임신시켰다.(『삼국사기』 고구려본기, 동명성왕편) T

진술p10: 14년(서기전 24) 가을 8월에 D-1. 왕의 어머니 C-3. 유화가 동부여에서 죽으니 그 **왕** D-2. **금와가** C-3. **태후의 예로 장례**를 치르고 마침내 신묘(神廟)를 세웠다.(『삼국사기』동명성왕편) T

『동국이상국집』3권, 동명왕편에 진술1, 진술10, 진술12이 추가되면, 다시 해모수는 3명이 된다.

진술p14-1: A **한 나라 신작 삼년(漢神雀三年)** [한 나라 신작 3년 4월 갑인(甲寅)] 첫여름 북두가 사방(巳方)을 가리킬 때(孟夏斗立巳) A **해동 해모수(海東解慕漱)**는 참으로 하느님의 아들(眞是天之子)이다.

진술p14-4: B **예전 도읍터에는** B **해모수(解慕漱)가 천제의 아들**이 되어 와서 도읍하였다.

진술p18: E-2. 왕이 C **해모수의 왕비**인 것을 알고(王知**慕漱妃**) 이내 별궁에 두었다(仍以別宮置)

진술p1: 북부여 천제 A-1해모수가 **임술년** 4월 8일 흘승골성에 내려왔다. 해모수에게는 아들 해부루가 있다.(『삼국유사』 북부여편)

진술p10: 14년(서기전 24) 가을 8월에 D-1. 왕의 어머니 C-3. 유화가 동부여에서 죽으니 그 **왕** D-2. **금와가** C-3. **태후의 예로 장례**를 치르고 마침내 신묘(神廟) 를 세웠다.(『삼국사기』동명성왕편) T

진술p12: C-2. 해부루가 북부여 수도를 버리고 C-2. 동부여 옮긴 이유는 천제의 아들, B-2. 동명에게 자리를 양보하기 위해서였다.(『삼국유사』동부여편)

6. 결론

형식논리학의 연구방법으로 『삼국사기』와 『삼국유사』에서 해모수 텍스트를 첫째 모두 함께 모으고(동일률 적용), 둘째 해모수의 진술들 사이에 자체모순을 찾아내고(무모순률 적용), 셋째 해모수가 한 명이 아니라 세 명(배중률 적용)이라고 분석했다. 본고의 핵심 주장은 정확히 여기까지이다.

[해모수가 3명이라는 것이 형식논리적으로 입증되었다면 이것으로 직접 네 가지 사실을 도출할 수 있다. 첫째 **해모수와 동명의 '왕호신구토픽법'**,[35] 둘째 **해모수의 '장생법'**, 셋째 고대사에서 북부여 건국, 졸본부여 건국, 고구려 건국 사이의 명확한 국체구별, 넷째 기존의 북부여-졸본부여-고구려 사이의 건국연대가 부정합해서 건국연대의 상향 필요성이다.

해모수가 3명이라는 사실은 현재까지 그 의미를 강조하지 않았지만, 새롭게 주목할 만한 중요성을 지닌다. 해모수가 3명이라는 사실은 다수의 해모수를 통하여 보다 합리적이고, 풍부한 고대문화 사료로 활용할 수 있다. 해모수가 3명이라는 사실의 숨은 함의는 한국고대사의 연구(『조선사 연구초』 "조선역사상 일천년래 제일대사건"; 『사기』"조선열전" 등; 『조선상고사』 등)와 고대철학의 연구(「검군의 중첩 고차선과 최초의 한국고유윤리학자」 『윤리학』 3권 1호, 2014.5. 등)에서 '역사혁명' 및 '철학혁명'이 기대된다는 의미이다. 이것은 세계사의 고대편(단군 1908년; 아담 930년; 달라이 라마 14세; 뉘캉 31세[36] 등)을 새롭게 이해하는 비밀통로이기도 하다.(별도 논문 들 필요)]

---

35) 킴리카 Kymlicka(2002; 박병섭 국역 2013) pp. 128-164. 제5장 소수민족주의와 다민족 연방제. '해모수와 동명의 왕호신구토픽'도 두 민족왕국 사이에 연방국가인 셈이다.

36) Evans-Pritchad(1962a) pp. 192-212; Evans-Pritchad(1962b) pp. 70-85.

【Abstract】

The Implications of The Founding Myths "Haemosu"

- Formal Logic Analysis of Myth Haemosu -

Park, Byoung Shup(Chonbuk National Univ.)

The "Haemosu" in ancient Korean founding myth has always been recognized as a one person during 2000 years. "Haemosu" appears two times in 『Samguksagi』, two times in 『Samgukyusa』, and 4 times in 『Donggukyisanggukjip』, making it a total of 8 times in history books. After comparing "Haemosu" in 『Samguksagi』 and "Haemosu" in 『Samgukyusa』, I found out that 'Haemosu' is three individuals. The two Haemosu has been overlooked for more than 1000 years. There are three Haemosus: the first Haemosu is the King of Bukbuyeo(Northern Buyeo), the second Haemosu is the King 'Dongmyeng' of Jolbonbuyeo and the third Haemosu is the father of Goguryeo's King Jumong and the husband of Woobalsu's Yoohwa. There has been the use of Two King Title Topic Law in one person who was the king of Jolbonbuyeo. He used the new king title name called "Dongmyeng" and also used the old king title name called "Haemosu". Haemosu has been able to live a long life (like Dangun who lived 1908 years old; Adam 930 years old; Dalli Lama the forthteenth of Tibet; Nyikang the thirty-first of Shilluk) because of the fact that his name traveled down from one person (the first Haemosu) to another (the third Haemosu). These are subjects of another essay.

【Main Scope】: Ancient philosophy of Korean, Epistemology, Logic
【Keyword】: Two King Title Topic in One Person, Myths Epistemology, Haemosu, Dongmyeong, Jumong

4장

북부여, 졸본부여, 고구려의 해모수들

【주제 분류】 인식론, 한국고대철학

【주요어】 왕호신구토픽, 신화인식론, 해모수, 동명, 주몽

【요약문】

한국에도 고유한 인식론의 사례가 있다. 해모수왕에서 고유한 인식의 사례를 볼 수 있다. 해모수는 『삼국사기』에 2번, 『삼국유사』에 2번 등장한다. 이제까지는 해모수는 2명의 해모수가 '간과'되어 1명으로 오해되어 왔다. 양 저작을 비교해 보면 해모수는 3명이다. 해모수는 북부여 해모수, 졸본부여 동명 해모수, 고구려 주몽 동명성왕의 아버지이자 우발수 유화의 남편 해모수로 총 3명이다. 한국사는 고조선과 삼(사)국 시대사이의 연결은 상실하였다. "해모수"는 양 기간 사이의 잃어버린 연결고리이기 때문에 이해하는 것이 중요하다. 이제 한국사는 '고조선의 단군-북부여의 단군과 해모수-졸본부여의 해모수와 동명-고구려의 동명성제와 주몽'의 왕호 계보가 성립한다.

1. 서론

사람이 사물을 파악하는 것은 인식이다. 인식은 학파마다 문화마다 시대마다 심지어 사람마다 인식의 형태가 다를 수 있다. 한국 고대에도 특유의 인식(론)이 존재할까? 고조선 시대의 철학은 '단군신화의 상징적 해석'[한국상고사상에 대한 역학적 고찰, 이현중]이나, 천부경[천부경, 삼일신고를 통해본 한국선도의 1-3-9론, 정경희], '한'철학[조선조 정치사상과 한국원형사상(천부경)-磻溪를 중심으로-, 김재휘] 같은 탁월한 시도가 존재하지만 어

떤 사람들에게는 자의적 해석 혹은 후대 자료의 무차별적 사용처럼 보인다는 약점이 있다.

우리 시대의 인식형태와 옛 사람의 인식형태는 다르다. 인식형태의 역사는 (어쩌면) 합리성의 형태의 기준에 따라 규정되는 것으로 토테미즘, 샤머니즘, 기축시대의 인식들, 과학, 그리고 [포스트모던] 과학 등이 있다.[1] 기축시대에는 동물신 현상을 합리성의 상식으로 이해할 수 없어서 동물형상의 신을 배제하고 샤머니즘 시대의 왕호신구토픽을 "괴력난신(怪力亂神)"이라 지칭하며 회피하면서 윤리성의 학문을 건립하였다. 과학 시대에는 신 현상을 합리성의 상식으로 이해할 수 없어서 신화를 배제하고 기축시대의 윤리성의 쟁점을 회피하면서 학문(경험-물질-량-수학-과학)을 건립하였다.

앞 세대가 후 세대의 이론[개념]을 파악하기는 어려울 것이다. 그런데 후 세대도 앞 세대의 이론을 이해하기 어렵다. 기축시대의 학문은 기존의 왕호신구토픽의 기록을 "괴력난신"[2]이라 배제하고 이후에 『사기』[와 『역사』], 『삼국사기』, 그리고 『삼국유사』 등만을 남긴다. 현대의 학문은 남은 기축의 학문 중에도 상당부분을 다시 "신화"[3]라 배제하고 과학적 학문['역사']만 남겨 재구성하려한다. 탈근대의 학문은 근대적 '괴력난신/ 유가'의 진리게임과 '신화/ 사학·과학'의 진리게임을 해체해서 괴력난신과 신화의 진리게임을 다시 복권시킨다.

그런데, 그 사실을 어떻게 정당화할 수 있는가? 우리는 후 세대(기축시대 유가와 현대인 학자)가 그 이전 세대의 전승을 보고도 보지 못하는 '간과'[4] 현상으로 이런 사실을 알고 정당화할 수 있다. 해모수 신화 이야기에서 이런 '간과' 현상의 사례를 확인할 수 있다. 어휘 "해모수(解慕漱)"는 『삼국사

---

1) 양승호(1999); 박병섭(2005); Bellah(1970: 20-50); Taylor(2007).

2) 박병섭(2002); 공자(2009) 술이편, 子不語怪力亂神.

3) 하정현(2011: 197-224).

4) 알튀세르 Althusser(1965; 영역 1970; 국역 1991).

기』에 2번, 『삼국유사』에 2번,[5] 그리고 『동국이상국집』3권 '동명왕편'에 4번 등장하였다.[6] 술이부작과 형식논리학의 역사학에 의하면, 해모수는 1명으로 오독되어 왔지만 실제로는 3명이다. 해모수는 북부여 건국자 해모수, 졸본부여 건국자 해모수, 그리고 고구려의 건국자 주몽의 아버지 해모수로 3명이다.

(첫째, 번역의 권리는 국사편찬위원회에 있고[7] 수정의 책임은 내게 있다. 둘째, 분석의 편의를 위해 인물에 'ABC- 숫자'(A = 북부여해모수; B = 졸본부여해모수; C1 = 우발수해모수; C3 = 고구려 주몽)를 추가하고 굵은 글씨를 추가했다. 셋째, 해모수가 3명이라는 것을 알려주는 단서 진술에 밑줄을 그어놓았다. 넷째, 문제제기를 쉽게 할 수 있도록 돕기 위해서 도표 안에 한문 원문과 해석문을 본문에 함께 제시한다.)

2. 해모수 A1 = 북부여 천제

1) 해모수A1은 북부여 천제A1이다.

	『삼국유사』 권1 제1 기이(紀異第一) 북부여(北扶餘)	『삼국사기』 卷第十三 高句麗本紀 第一 시조 동명성왕
1	『고기(古記)』에 이른다. "A-1. 임술(壬戌) [『전한서』에 선제(宣帝) 신작(神爵) 3년] 4월 8일에 A-1. 천제(天帝)가 흘승골성(訖升骨城)에 내려왔다. [흘승골성은 대요(大遼) 의주(醫州) 지역에 있다. 다섯 마리 용이 끄는 수레(五龍車)를 타고 도읍을 세웠다. 왕으로 일컬었다.	

5) 국사편찬위원회, http://db.history.go.kr 『三國遺事』卷 第一, 북부여, 고구려; 『三國史記』卷第十三, 高句麗本紀 第一.

6) 한국고전번역DB http://db.itkc.or.kr/index.jsp?bizName=MK&url=/itkcdb/text/titleListIframe.jsp%3FbizName=MK 이규보, 『동국이상국집』3권, 고율시, 동명왕편.

7) 국사편찬위원회, http://db.history.go.kr.

	나라이름을 A-1. 북부여(北扶餘)라 하고 스스로 이름을 A-1. *해모수(解慕漱)*라 하였다. 아들을 낳아 이름을 A-2. 부루(扶婁) 라 하고 해(解)로써 씨를 삼았다." 北扶餘 古記云 [前漢書 宣帝 神爵三年 A1.] 壬戌 四月八日 天帝 降于訖升骨城 在 大遼 醫州界 乘五龍車 立都 稱王 國號 A-1.北扶餘 自稱名 A-1.*解慕漱* 生子 名 A-2.扶婁 以解 爲氏焉.	

북부여 천제 해모수의 건국연도는 서기전 59년으로 나온다. 북부여 천제 해모수A1는 『사기』 '조선열전'과 『한서』 '조선전,' 『후한서』 '동이열전'과 『삼국지』 '위서30, 동이전'에서 서기전 59년의 전후 300여년 사이에 전혀 등장하지 않는다.

북부여 천왕랑 해모수 천제 흘승골성 하강도

만몽 김산호 그림, 김종수 외, 『우리 역사의 뿌리를 찾아서』, (사) 다산문화진흥원, 2010.

북부여 건국자 해모수1

만몽 김산호 그림, 『대쥬신제국사』 335쪽.

2) 해부루A2 : 북부여 왕A2에서 동부여 왕A2으로

해부루A2가 동부여A2를 건국하기 이전에 늘도록 자식이 없자 산천에 제사를 지내 후계자 금와A3를 얻었다.

	『삼국유사』 권1 제1 기이(紀異第一) 북부여(北扶餘)	『삼국사기』 卷第十三 高句麗本紀 第一 시조 동명성왕
1		이에 앞서 A-2. 부여 왕 A-2. 해부루(解夫婁) [해모수 왕A 계보] 가 늙도록 아들이 없자 산천에 제사를 지내어 대를 이을 자식을 찾았다. 그가 탄 말이 곤연(鯤淵) 에 이르러서 큰 돌을 보고 마주 대하여 눈물을 흘렸다. 왕이 이를 괴상히 여겨 사람을 시켜 그 돌을 옮기니 A-3. 어린 아이가 있었는데 금색 개구리 모양이었다. 개구리는 또는 달팽이[蝸]라고도 한다. A-2. 왕이 기뻐서 말하기를 "이는 바로 하늘이 나에게 자식을 준 것이다." 하고 거두어 기르고, 이름을 A-3. 금와(金蛙)라 하였다. 그가 장성함에 책립하여 A-3. 태자를 삼았다. 先是 扶餘 王 解夫婁 老 無子 祭山川 求嗣. 其所御馬 至鯤淵 見大石 相對流淚. 王怪之 使人轉其石 有小兒金色蛙形. 蛙一作蝸. 王喜曰 此乃天賚我令胤乎 乃收而養之.名曰 金蛙 及其長 立爲太子

해부루A2의 동부여 건국과정은 세 번 전승되고 있다. 아래 도표안의 『삼국사기』 "고구려본기" 고주몽과 『삼국유사』 "동부여", 그리고 『삼국유사』 "북부여"와 "고구려"이다.

	『삼국유사』 권1 기이1 동부여(東扶餘)	『삼국사기』 卷第十三 高句麗本紀 第一 시조 동명성왕
1	A-2. 북부여 왕 A-2. 해부루(解扶婁)[해모수 왕A1 계보]의 재상 아란불(阿蘭弗)이 꿈을 꾸었다. 천제가 내려와서 말하기를 "장차 내 자손으로 하여금 이곳에 나라를 세우려고 한다. 너는 이곳을 피하라. A-2.北扶餘 王A-2. 解夫婁之相 阿蘭弗 夢 天帝降 而謂曰將使吾子孫立國於此 / 汝其避之	후에 [북부여] 그[해부루, 해모수 왕A1 계보] 재상 아란불(阿蘭弗)이 말하였다. 근래에 하늘에서 내게 내려와 말하기를 "장차 내 자손으로 하여금 이곳에 나라를 세우려고 한다. 너는 이곳을 피하라. 後 A-2.其相 阿蘭弗 曰 日者 天 降我 曰將使吾子孫立國於此 / 汝其避之
1	동해 해변에 A-2. 가섭원(迦葉原)이라 하는 땅이 있어 토양이 기름져서 왕도를 세울 만하다."라고 하였다. 東海之濱有地名 C-2.迦葉原 土壤膏腴 宜 立王都	동해 해변에 A-2. 가섭원(迦葉原)이라 하는 땅이 있어 토양이 기름져서 오곡(五穀)이 자라기 알맞으니 도읍할 만하다."라고 하였다. 東海之濱有地號曰 C-2.迦葉原 土壤膏腴 宜五穀 可都也
1	아란불이 A-2. 왕을 권하였다. 도읍을 그곳으로 옮기고 나라 이름을 A-2. 동부여라 하였다. 阿蘭弗 勸A-2.王 移都於彼 國號 A-2.東扶餘	아란불 이 A-2. 왕에게 권하였다. 마침내 그곳으로 도읍을 옮기고 나라 이름을 A-2. 동부여라 하였다. 阿蘭弗 遂勸A-2王 移都於彼 國號 A-2東扶餘

	『삼국유사』 권1 제1 기이(紀異第一) 북부여(北扶餘)	『삼국유사』 권1 제1 기이(紀異第一) 고구려 『고려본기』
1	A-2. [A-2. 북부여] 왕은 그 후 상제의 명령에 따라 A-2. 동부여[해모수왕 A 계보]로 도읍을 옮기게 되었다. A-2.王 後 因<u>上帝之命</u> 移都 于 A-2.東扶餘	그 이전에 A-2. 북부여 왕 A-2. 해부루가 이미 A-2. 동부여[해모수왕 A 계보]로 자리를 피하였다. 先是 北扶餘 王<u>解夫婁</u> 既 <u>避</u>地 于 A-2.東扶餘

3. 해모수 B=졸본부여의 동명

1) 졸본부여B1의 동명B1의 건국과정은 북부여 구도B1의 해모수B1의 건국과정으로도 해명되고 있다.

2) 여기서 해모수B1가 동명B1이라는 점이 간과되어 한국의 왕호신구토픽시대("괴력난신"시대) 역사에 대한 혼란이 발생하였다. 당시 '해모수B1'는 이미 어떤 의미가 있는 기존의 일반 개념이라 '자칭'이라고 표현한다. [한 왕이 신왕호와 구왕호를 동시에 사용하는 현상이 왕호신구토픽이다. 졸본부여 동명B1은 신왕호 동명(제)B1과 구왕호 해모수B1를 동시에 사용한다. 고구려 주몽왕C3은 신왕호 주몽C3과 구왕호 동명성제(왕)C3를 동시에 사용한다.[8] 공자가 "괴력난신(怪力亂神)"을 말하지 않았다는 것은 '괴이함, 힘, 어지러운 세상, 신'이라는 네 가지 사항을 말하지 않았다는 것이 아니라 바로 단 한 가지 사항인 신왕(神王)의 '왕호신구토픽법'의 사례들을 언급하지 않았다는 의미로 이해된다.[9]]

	『삼국유사』 권1 기이1 동부여(東扶餘)	『삼국사기』 卷第十三 高句麗本紀 第一 시조 동명성왕
1	B-1. 동명[해모수 왕B 계보] 이 장차 일어날 조짐을 이름이다. 謂 B-1. 東明 將興之兆也	

8) 박병섭(2011: 221-291); 박병섭·박병훈(2010: 135-219).

9) 공자의 제자 재아(자아)가 공손 헌원 황제가 300년을 살았다는 믿지 않았다는 것은 결국 '왕호신구토픽법'의 괴력난신을 믿지 않았다는 의미로 이해된다. 『대대례기 오제덕』 宰我問於孔子曰 :「昔者予聞諸榮伊, 言黃帝三百年. 請問黃帝者人邪? 亦非人邪? 何以至於三百年乎?」 孔子曰 :「予! 禹, 湯, 文, 武, 成王, 周公, 可勝觀也! 夫黃帝尙矣, 女何以爲? 先生難言之」.

	『삼국유사』 권1 제1 기이(紀異第一) 북부여(北扶餘)	『삼국사기』 卷第十三 高句麗本紀 第一 시조 동명성왕
2	B-1. 동명제가 북부여를 이어 일어나 졸본주에 도읍하였다. B-1. 東明帝 繼 北扶餘 而興 立都 于 卒本州	B-1. [북부여의] 옛 도읍지에는 어떤 사람이 있어 어디서 왔는지 알 수 없으나 B-1. 자칭 천제(天帝)의 아들 *해모수(解慕漱)* [해모수 왕B 계보]라고 칭하며 와서 도읍하였다. B-1. 其舊都 有人不知所從來 B-1. 自稱天帝子 *解慕漱* 來都焉及

	『삼국유사』 권1 제1 기이(紀異第一) 북부여(北扶餘)	『삼국사기』 卷第十三 高句麗本紀 第一 시조 동명성왕
2	B-1. 졸본부여가 되었다. 爲B卒本扶餘	
2	C-3. 곧 고구려(高句麗)의 C-3. 시조이다. 卽 C-3. 高句麗之 C-3.始	혹은 말한다. "C-3. 주몽이 B-2. 졸본부여에 이르렀다. B-2. 왕이 아들이 없었다. C-3. 주몽을 보고는 보통사람이 아님을 알고 B-2. 그 딸을 아내로 삼게 하였다. B-2. 왕이 죽자 C-3. 주몽이 B-2자리[동명]를 계승하였다." 一云 朱蒙 至B卒本扶餘 B-2王無子 見 朱蒙 知非常人 以其女妻之 B-2王薨 C-3朱蒙 B-2嗣位
	아래[A2동부여편, C3고구려편]를 보아라. 見下	

졸본부여 동명 = 해모수2

만몽 김산호 그림, 『대쥬신제국사』 363쪽.

4. 해모수C1의 아내 C2유화와 A3 '금와왕=동부여왕'

1) 금와왕A3은 해부루왕A2의 아들이다. 2) 금와왕A3이 하백녀 유화C2를 만났다. 3) 하백녀 유화C2는 우발수의 해모수C1[10]와 관계해서 주몽C3을 임신하였다. 4) 일연의 『단군기』 인용은 '부루'와 '해부루' 사이를 혼동한 것을 보여준 사족(蛇足)이다.

	『삼국유사』 권1 제1 기이(紀異第一) 고구려 『고려본기』	『삼국사기』 卷第十三 高句麗本紀 第一 시조 동명성왕
3	그리고 A2. 부루가 죽자 A-3. 금와가 왕위를 계승하였다. 及 夫婁薨 金蛙 嗣位	A-2. 해부루가 죽자 A-3. 금와가 왕위를 계승하였다. 解夫婁薨 金蛙 嗣位
3	이때에 A3. [왕은] 태백산(太伯山) 남쪽 우발수(優渤水)에서 C2 한 여자를 만났다. 于時 得一女子 於太伯山 南 優渤水	이때에 A3 [왕은] 태백산(太白山) 남쪽. 우발수(優渤水)에서 C2 한 여자를 만났다. 於是時 得女子 於大白山 南 優渤水
3	사정을 물으니 問之	사정을 물으니 問之

	『삼국유사』 권1 제1 기이(紀異第一) 고구려 『고려본기』	『삼국사기』 卷第十三 高句麗本紀 第一 시조 동명성왕
3	그녀가 말하기를 "나는 C2. 하백(河伯)의 딸로서 이름은 C-2. 유화(柳花) 인데 여러 아우들과 함께 나와 놀던 중 云我是 河伯 之女名 柳花 與諸弟出遊	그녀가 말하기를 "나는 C-2. 하백(河伯)의 딸로서 이름은 C-2. 유화(柳花) 인데 여러 아우들과 함께 나와 놀던 중 曰我是 河伯 之女名 柳花 與諸弟出遊
3	그 때 한 사내가 있어 자칭 C1. 천제(天帝)의 아들 *해모수(解慕漱)*' [해모수 왕C 계보]라 하면서 時有一男子自言天帝子 *解慕漱*	그 때 한 사내가 있어 자칭 C1. 천제의 아들 *해모수(解慕漱)*[해모수 왕C 계보]라 하면서 時有一男子自言天帝子 *解慕漱*

10) Evans-Pritchad(1962: 192-212); (1962: 70-85). 쉴룩(민)족의 "뉘캉"왕은 31대이다.

	『삼국유사』 권1 제1 기이(紀異第一) 고구려 『고려본기』	『삼국사기』 卷第十三 高句麗本紀 第一 시조 동명성왕
3	나를 웅신산(熊神山) 아래로 유인하여 압록강 변의 방안에서 誘我於 熊神山 下 鴨綠邉 室中	나를 웅심산(熊心山) 아래로 유인하여 압록강 변의 방안에서 誘我於 熊心山 下 鴨渌邊 室中
3	알고[사랑하고]는 가서 돌아오지 않았다. 知之而徃不返	사통(私通)[사랑]하고는 가서 돌아오지 않았다. 私之卽徃不返
	『단군기(檀君記)』에 이르기를 "[단군(君)이 서하(西河) 하백 의 딸과 상관하여 아이를 낳으니 이름을 부루 라고 하였다." 라고 하였다. 지금 이 기록을 보면 해모수 가 하백의 딸과 사통하여[사랑하여] 뒤에 주몽을 낳았다고 하였다. 『단군기』에는 "아들을 낳으니 이름을 부루이다." 라고 하였으니 부루와 주몽은 이복형제(異母兄弟)일 것이다. 『壇君記』云君與 西河 河伯 之女要親有産子名曰 夫婁. 今據此記則 解慕漱 私河伯 之女而後産 朱蒙. 『壇君記』云産子名曰 夫婁 夫婁 與 朱蒙 異母兄弟也.	

	『삼국유사』 권1 제1 기이(紀異第一) 고구려 『고려본기』	『삼국사기』 卷第十三 高句麗本紀 第一 시조 동명성왕
3	부모는 C2내가 중매도 없이 다른 사람을 따라갔다고 꾸짖어 마침내 이곳에서 귀양살이[11)]를 시켰다." 라고 답하였다. 父母責我無媒而從人 遂謫居 于此	부모는 C2내가 중매도 없이 다른 사람을 따라갔다고 꾸짖어 마침내 우발수에서 귀양살이를 시켰다." 라고 답하였다. 父母責我無媒而從人 遂謫居 優渤水

11) 원래 하백은 여신이라 하백녀이다. 후에 남성중심 사회에서 하백이 남신으로 변하자 하백녀는 하백의 딸로 변한다. 이 경우 '귀양살다'는 그냥 '살았다'는 의미이다.

해모수3과 하백녀 유화의 만남

만몽 김산호 그림, 『대쥬신제국사』 365쪽.

5) 유화C2는 대인 기피증의 증세를 보여주고 있다. 유화C2는 대인 기피증으로 밝은 해를 피하고 있다. 유화C2는 해모수C1과의 사랑의 상처로 방 안에 은둔해서 햇빛을 피하는 일종의 대인 기피증이라는 질병을 앓고 있는 모습이 그려지고 있다. [기존에는 태양감응설로 해석하였다.]

	『삼국유사』 권1 제1 기이(紀異第一) 고구려 『고려본기』	『삼국사기』 卷第十三 高句麗本紀 第一 시조 동명성왕
3	A3. 금와가 이를 다르게 여겼다. 金蛙 異之	A3. 금와가 이를 다르게 여겼다. 金蛙 異之
3	방 안에 깊이 숨어 문을 닫고 지냈다. 幽閉 於室中	방 안에 깊이 숨어 문을 닫고 지냈다. 幽閉 於室中
3	[오전] 햇빛이 C2그녀를 비추어 끄는바가 되었다. 爲日光所照引	[오전] 해가 C2그녀를 비추어 끄는바가 되었다. 爲日所炤引
3	그녀의 몸은 그것을 피하였다. 身避之	그녀의 몸은 그것을 피하였다. 身避之
3	[오후] 해 그림자가 또 좇아와 비추었다. 日影又逐而照之	[오후] 해 그림자가 또 좇아와 비추었다. 日影又逐而炤之
3	이런 인연으로 C2잉태하여 C3알 한 개를 낳으니 [크기가] 다섯 되를 허락할 정도로 컸다. 因而有孕 生一卵 大五升許	이런 인연으로 C2잉태하여 C3알 한 개를 낳으니 [크기가] 다섯 되를 허락할 만큼 컸다. 因而有孕 生一卵 大如五升許

6) 유화가 낳은 '알 아이/ 알 같은 아이'와 북부여/ 동부여 육축(말, 소, 돼지, 개 등)관명 사이의 관계를 신화적으로 표현하고 있다. 왕이 유화가 낳은 아이의 운명을 육축관명의 부족들에게 넘겼다. 육축관명의 부족들이 아이를 죽이기를 원하지 않았다.

	『삼국유사』 권1 제1 기이(紀異第一) 고구려 『고려본기』	『삼국사기』 卷第十三 高句麗本紀 第一 시조 동명성왕
3	A3. 왕이 C3알을 버려 개와 돼지에게 주었으나 모두 먹지 않았다. 王弃之與犬猪皆不食	A3. 왕이 C3알을 버려 개와 돼지에게 주었으나 모두 먹지 않았다. 王棄之與犬豕皆不食

	『삼국유사』 권1 제1 기이(紀異第一) 고구려 『고려본기』	『삼국사기』 卷第十三 高句麗本紀 第一 시조 동명성왕
3	또 길에 버렸으나 소와 말이 피해 갔다. 又弃之路 牛馬避之	또 길 가운데에 버렸으나 소나 말이 피해 갔다. 又棄之路中 牛馬避之
3	이것을 들에 버렸더니 새와 짐승이 덮어 주었다. 弃之野 鳥獸覆之	나중에 이것을 들에 버렸더니 새가 날개로 덮어 주었다. 後棄之野 鳥覆翼之
3	왕A3 이 이를 쪼개려 하였으나 깨뜨릴 수가 없어 王欲剖之 而不能破	왕A3이 이를 쪼개려 하였으나 깨뜨릴 수가 없어 王欲剖之 不能破

7) 왕A3이 그 어머니C2에게 알C3을 돌려주었다. 그 알에서 주몽C3이 태어났다. 그 아이가 숙성해서 7살부터 활과 화살을 만드니 화살을 쏘면 백발백중이었다. 화살을 잘 쏘아 그 이름이 주몽C3이 되었다.

	『삼국유사』 권1 제1 기이(紀異第一) 고구려 『고려본기』	『삼국사기』 卷第十三 高句麗本紀 第一 시조 동명성왕
3	이에 C2그 어머니에게 돌려주었다. 乃還其母	마침내 C2그 어머니에게 돌려주었다. 遂還其母
3	어머니C2가 물건으로 C3알을 싸서 따뜻한 곳에 두었더니 母以物裹之 置於暖處	그 어머니C2가 물건으로 C3알을 싸서 따뜻한 곳에 두었더니, 其母以物裹之 置於暖處
3	한 아이C3가 껍질을 부수고 나왔는데 골격이 출중하고 외모가 영특하고 신기롭게 생겼다. 有一兒破殼 而出骨表英奇	한 남자아이C3가 껍질을 부수고 나왔는데 골격이 출중하고 외모가 영특하고 신기롭게 생겼다. 有一男兒破殼 而出骨表英奇
3	나이 일곱 살에 숙성해서 범상인과 달리 스스로 활과 살을 만들어 백발백중이었다. 年甫七歲 岐嶷 異常 自作弓矢 百發百中	나이 일곱 살에 숙성해서 범상인과 달리 스스로 활과 살을 만들어 쏘면 백발백중이었다. 年甫七歲 嶷然 異常 自作弓矢 射之 百發百中

	『삼국유사』 권1 제1 기이(紀異第一) 고구려 『고려본기』	『삼국사기』 卷第十三 高句麗本紀 第一 시조 동명성왕
3	나라A3의 풍속에 활을 잘 쏘는 것을 C3 주몽이라 이르니 이로써 C3이름을 지었다. 國 俗 謂 善射爲朱蒙 故以名焉	부여A3의 풍속에 활을 잘 쏘는 것을 C3 주몽이라 말하니 이로써 C3이름을 지었다. 扶餘 俗 語 善射爲朱蒙 故以名云

8) 금와왕A3의 7아들A4과 신하들이 금와왕A3에게 주몽C3을 죽이기를 청하였다. 왕A3은 그 말을 듣지 않고 주몽C3에게 말 기르기(養馬)를 시켰다. 주몽C3은 날랜 말은 마르게 키우고 느린 말은 살찌게 키웠다. 왕A3이 살찐 말은 자기가 하고 마른 말은 주몽C3에게 주었다. 주몽C3은 사냥할 때 화살을 적게 주어도 잡은 짐승이 많았다.

	『삼국유사』 권1 제1 기이(紀異第一) 고구려 『고려본기』	『삼국사기』 卷第十三 高句麗本紀 第一 시조 동명성왕
3	금와A3 는 일곱 아들A4이 있어 늘 주몽 C3 과 함께 놀며 장난하였으나 [그] 재주와 능력이 [주몽에] 미치지 못하였다. A3 맏아들 A4대소(帶素)가 A3왕에게 말하였다. "C3주몽 은 사람의 소생이 아닙니다. 만일 일찍 도모하지 않는다면 후환이 있을까 두렵습니다." 金蛙有七子 常與朱蒙遊戲 技能莫及. 長子 帶素 言於王曰 朱蒙 非人所生 若不早圖 恐有後患	금와A3 는 일곱 아들A4이 있어서 늘 주몽C3 과 함께 놀며 장난해왔으나 그 재주와 능력이 모두 주몽 에 미치지 못하였다. A3그 맏아들 A4대소(帶素)가 A3왕에게 말하였다. "C3주[몽] 은 사람의 소생이 아닙니다. 그 사람됨이 용감합니다. 만약 일찍 도모하지 않으면 후환이 있을까 두렵습니다. 그를 제거하기 청하옵니다." 金蛙有七子 常與朱蒙遊? 其伎能皆不及朱蒙. 其長子 帶素 言於王曰 朱? 非人所生 其爲人也勇 若不早圖 恐有後患 請除之
3	왕A3은 이 말을 듣지 않았다. 王不聽	왕A3은 이 말을 듣지 않았다. 王不聽
3	C3그[주몽]에게 시켜 말을 기르도록 하였다. 使之養馬	C3그[주몽]에게 시켜 말을 기르도록 하였다. 使之養馬

	『삼국유사』 권1 제1 기이(紀異第一) 고구려 『고려본기』	『삼국사기』 卷第十三 高句麗本紀 第一 시조 동명성왕
3	C3주몽은 날랜 말을 알아보고 적게 먹여 마르게 하고 굼뜬 말은 잘 먹여 살이 찌게 하였다. A3왕은 살찐 말은 자신이 타고 마른 말을 C3[주]몽에게 주었다. 朱蒙 知其駿者 減食令瘦 駑者善養令肥 王自乘肥 瘦者給蒙	C3주몽이 날랜 말을 알아보고 [적게] 먹여 마르게 하고, 굼뜬 말은 잘 먹여 살이 찌게 하였다. A3왕이 살찐 말은 자신이 가지고, 마른 말을 C3주몽에게 주었다. 朱蒙 知其駿者 而?食令瘦 駑者善養令肥 王以肥者自? 瘦者給朱蒙
3		후에 들판에서 사냥할 때 주몽 이 활을 잘 쏘아 화살을 적게 주었으나, 주몽 이 잡은 짐승은 매우 많았다. 後 獵于野 以朱蒙善射與其矢小 而朱蒙?獸甚多

9) 왕의 아들들과 신하들이 주몽을 죽이려 모의하였다. 주몽의 어머니가 알고 주몽에게 알려주며 떠나라고 하였다.

	『삼국유사』 권1 제1 기이(紀異第一) 고구려 『고려본기』	『삼국사기』 卷第十三 高句麗本紀 第一 시조 동명성왕
3	A4왕의 여러 아들과 여러 신하가 장차 C3주몽을 해치려고 모의하였다. 王之諸子與諸臣將謀害之	A4왕자와 여러 신하가 또 C3주몽을 죽이려고 모의하였다. 王子及諸臣又謀殺之
3	C2[주]몽의 어머니가 이를 알아차리고 C3그에게 일러 말하였다. 蒙母知之 告曰	C2주몽의 어머니가 이를 알아차리고 C3그에게 일러 말하였다. 朱蒙母知之 告曰
3	"나라 사람들이 장차 C3너를 해치려 한다. 너의 재주와 지략을 가지고 어찌 가지 못하겠는가? 國人將害汝 以汝才畧何往不可	"나라 사람들이 장차 C3너를 해치려 한다. 너의 재주와 지략을 가지고 어찌하나 못하겠는가? 國人將害汝 以汝才略何?而不可
3	빨리 손을 쓰는 것이 좋을 것이다." 宜速圖之	그[?녀: C4유리왕자의 C3어머니 예씨부인]와 더불어 머물다가 욕을 당하는 것은 가서 할일을 하는 것만 못하다." 與其? 留而受辱 不若?適以有爲

고구려 1대 주몽왕

만몽 김산호 그림

10) 건국1:

주몽C3이 오이, 마리, 협보와 같이 건국1하여 도망하였다. 다음은 『광개토왕비문』 기록으로 보강한다. 기록에 의하면, 엄수를 건너기 전에 주몽은 이미 "자칭 추모왕"이다. 이 연도는 추후 연구가 필요하다.

	『삼국유사』 권1 제1 기이(紀異第一) 고구려 『고려본기』	『삼국사기』 卷第十三 高句麗本紀 第一 시조 동명성왕
3	이때 C3[주]몽과 더불어 C3오이(烏伊) 등 세 사람 이 동무 걸음이 되었다. 於是 與蒙 烏伊 等三人爲友行	C3주몽이 이에 C3오이(烏伊)·마리(摩離)·협보(陜父) 등 세 사람과 동무가 되었다. 朱蒙 乃與 烏伊 摩離 陜父 等三人爲友
3	엄[ ]수(淹[ ]水)에 이르렀다. 지금은 어딘지 자세하지 않다. 至 淹[ ]水 今未詳	가다가 엄사수(淹淲水) 에 이르렀다. 일명 개사수(蓋斯水)라고도 하고 지금의 압록강 동북쪽에 있다. 건너려고 하는데 다리가 없었다. 추격해오는 병사들이 닥칠까봐 두려워하였다. 行至 淹淲水 一名 盖斯水 在今 鴨綠 東北 欲渡 無梁 恐爲追兵所迫
3	물에게 알려 말하였다. "나는 천제의 아들이요 하백 의 손자이다. 오늘 달아나 숨는데 추격자가 좇아 닥치니 어찌하면 좋은가?" 告水曰 我是天帝子 河伯 孫. 今日逃遁 追者垂及奈何	물에게 알려 말하였다. "나는 천제의 아들이요 하백 의 외손이다. 오늘 달아나 달리는데 추격자가 좇아 닥치니 어찌하면 좋은가?" 告水曰 我是天帝子 何[校勘 003] 伯外孫. 今日逃走 追者垂及如何
3	이때에 물고기와 자라들이 다리가 되어 물을 건너게 하고 나서 다리는 풀려버렸다. 추격하던 기병은 물을 건널 수가 없었다. 於是 魚鼈成橋 得渡 而橋解 追騎不得渡	이때에 물고기와 자라가 떠올라 다리가 되어 주몽 이 건너자 물고기와 자라는 곧 풀려버렸다. 추격하던 기병은 물을 건널 수가 없었다. 於是 魚鼈浮出成橋 朱蒙得渡 魚鼈乃解 追騎不得渡

주몽왕과 결혼

『삼국사기』 (연령, 결혼 및 연령, 온조재위)			
B.C	나이	결혼 및 연령	온조왕 재위 및 왕모 연령
66 58	1살		서기전 67탄생
		유리본문-예씨	
			9살[12) 『환단고기』
46	12살		20살 『삼국유사』 12살 건국
41	18살		25살

11) 건국2: 주몽C3은 졸본부여B2에 와서 건국2 한다.

주몽C3은 엄수를 건너자마자 왕이 된다. 『삼국사기』 "고구려본기"의 '주몽왕 이설'과 『삼국사기』 "백제본기"의 온조왕 본문의 둘째왕녀설과 부합하는 견해이다. 이 연도는 추후 연구가 필요하다.

주몽왕과 결혼

『삼국사기』 (연령, 결혼 및 연령, 온조재위)			
B.C	나이	결혼 및 연령	온조왕 재위 및 왕모 연령
40	19살		『고자비문』
37	**22살**	온조본문 둘째왕녀 비류본문-소서노	30살 **『삼국사기』**
32	27살	온조주석-월군녀	35살 『일본서기』
			42살
19	40살	유리23살, 온조16살, 비류17살 추정	원년, 동명왕묘, 설립 = 48살
			왕의 족부 을음
			13년 = 61살 사망

---

12) 『삼국사기』 '백제본기'에서 주몽의 왕비로서 졸본왕의 둘째왕녀의 연령은 서기전 37년에 30살이다. 온조왕의 계보는 주몽왕의 후예 자처, "동명왕묘"(졸본의 동명왕 또는 고구려의 동명왕?)설립, "모친 생존"(졸본왕녀계나 잉첩 월군녀계), 그리고 [모계] "족부(族父) 을음"의 등장으로 보아 졸본부여 동명왕계의 계승을 긍지로 여기고 있다.

12) 건국3

주몽은 모둔곡에서 건국3을 하였다. 『고자비문』으로 보강한다. 『고자비문』의 고구려 건국 연도 서기전 40년에 부합하는 건국 장소는 사건의 전개 순서로 보아 모둔곡이다. 고자는 모둔곡 건국공신 3인 극씨, 중실씨, 소실씨 중에 1인의 후예이다.

	『삼국유사』 권1 제1 기이(紀異第一) 고구려 『고려본기』	『삼국사기』 卷第十三 高句麗本紀 第一 시조 동명성왕
		주몽C3 이 가다가 모둔곡(毛屯谷)에 이르렀다. 『위서(魏書)』에서는 음술수(音述水)에 이르렀다고 하였다. 세 사람을 만났다. 그 중 한 사람은 마의(麻衣)를 입고, 한 사람은 납의(衲衣)를 입고, 한 사람은 수조의(水藻衣)를 입고 있었다. 주몽 이 "너희들은 어디 사람인가? 성은 무엇이고 이름은 무엇인가?" 하고 물었다. 朱蒙 行至 毛屯谷『魏書』云至 音述水 遇三人. 其一人着麻衣一人着衲衣一人着水藻衣. 朱蒙 問曰子等何許人也何姓何名乎?
		마의를 입은 사람이 말하기를 "이름은 재사(再思) 입니다." 하고, 납의를 입은 사람이 말하기를 "이름은 무골(武骨)입니다." 하고, 수조의를 입은 사람은 "이름은 묵거(默居)입니다."라 하였으나, 성(姓)은 말하지 않았다. 麻衣者曰名 再思 衲衣者曰名 武骨 水藻衣者曰名 默居 而不言姓.
3		주몽C3 이 재사C3 에게 극씨(克氏), 무골C3 에게 중실씨(仲室氏), 묵거C3 에게 소실씨(少室氏)의 성씨를 주고, 무리에 일러 말하기를 "내가 바야흐로 하늘의 크나큰 명령을 받아 나라의 기틀을 열려고 하는데 마침 이 3명의 현명한 사람을 만났으니 어찌 하늘이 주신 것이 아니겠는가?" 하였다. 마침내 그 능력을 살펴 그들과 함께 각기 일을 맡겼다. 朱蒙 賜 再思 姓克氏 武骨 仲室氏 默居 少室氏 乃告於衆曰 我方承景命欲啓元基 而適遇此三賢豈非天賜乎? 遂揆其能 各任以事與之俱.

13) 건국4

주몽C3은 서기전 37년에 건국4 하였다. 『삼국사기』에서 고구려의 건국연도는 서기전 37년이고, 주몽C3의 건국 때 연령은 22살이다.

14) 그 후 『삼국유사』 "고구려전[고려전]"에서는 고구려의 건국연도는 여전히 서기전 37년이지만 주몽의 건국 때 연령은 12살로 변경되었다.13)

	『삼국유사』 권1 제1 기이(紀異第一) 고구려 『고려본기』	『삼국사기』 卷第十三 高句麗本紀 第一 시조 동명성왕
3	그C3는 졸본주에 이르렀다. 至 卒本州.	그C3는 졸본천에 이르렀다. 至 卒本川.
3	현토군의 경계이다. 玄菟郡 之界.	『위서』에서 말한다 "흘승골성(紇升骨城)에 이르렀다. 그 토양이 기름지고 아름다우며, 산 과 물이 험하고 견고한 것을 보았다." 『魏書』 云至紇升骨城 觀其土壤肥? 山河險固
3	드디어 여기에 C3도읍을 하였다. 遂 都焉	드디어 여기에 C3도읍을 하려고 하였다. 遂欲都焉
3	미처 궁실을 지을 겨를이 없어 그저 비류수(沸流水)가에 오두막을 짓고 살았다. 未遑作宮室 但結廬於 沸流水上 居之	그리고 미처 궁실을 지을 겨를이 없어 비류수(沸流水)가에 오두막을 짓고 살았다. 而未遑作?室 ?結廬於 沸流水上 居之
3	나라 이름을 C3고구려(高句麗) 라 하였는데 이로 인하여 고(高)로 씨(氏)를 삼았다. 國號 高句麗 因以高爲氏	나라 이름을 C3고구려(高句麗) 라 하였는데 이로 인하여 고(高)로 씨(氏)를 삼았다. 國號 高句麗 因以高爲氏

13) 왜 『삼국유사』는 건국 때 연령을 변경하였을까? 뒤에 '18)'에서 자세히 설명하겠다. 이것은 『삼국유사』가 북부여의 건국 연도를 서기전 58년과 고구려의 건국 연도 서기전 37년을 설정할 때에 주몽 나이 22살을 설정한 것이 세대 기준으로 자체 모순이라는 것을 알았기 때문이다.

3	『삼국유사』 권1 제1 기이(紀異第一) 고구려 『고려본기』	『삼국사기』 卷第十三 高句麗本紀 第一 시조 동명성왕
3	본래 성은 해씨였다. 수: 스스로 말하기를 천제아들이고 햇빛을 계승해서 낳았다 하는 까닭에 스스로 고로써 씨를 삼았다 夲姓解也. 수 自言是天帝子 承日光 而生 故自以高 爲氏.	
3	이때 C3 나이가 C3-1. 12 살이요, 한 나라 효원제 건소 2년 갑신(甲申)년 C3[서기전 37년]에 즉위하고, 왕으로 일컬었다. 時D-1年十二歲 漢 孝元帝 建昭二年 甲申歲 卽位稱王	이때 C3 주몽 의 나이가 C3-2. 22살이요, 한 나라 효원제 건소 2년 신라 시조 혁거세(赫居世) 21년 갑신년 C3[서기전 37]이었다. 時D-1朱蒙 年二十二 ?是 漢 孝元帝 建昭二年 新羅始祖 赫居世 二十一年 甲申?也

15) 『삼국사기』 '고구려전'에서 주몽C3이 졸본부여 왕녀B3와 결혼해 건국2를 하였다. [『삼국사기』 '백제전'에서 주몽C3은 졸본부여왕B2의 둘째 딸 B3과 결혼하였다.] 졸본부여 동명왕B1은 동명제B1이고 고구려 주몽왕C3은 동명성제C3 혹은 동명성왕이다. 『삼국사기』 '고구려본기'에서 주몽이 도망쳐 온 나라는 "동부여"에서 『삼국사기』 '백제본기'에서 주몽이 도망쳐 온 나라는 "북 부여"로 변하였다. 『삼국사기』 '백제본기'의 온조왕 전승에서 졸본부여의 "부여왕(夫餘王)"은 『삼국유사』 '제2 기이 남부여, 전백제' 전승에서 졸본부여의 "주의 왕(州의 王)"으로 인식이 변하고 있다.

	『삼국유사(三國遺事)』 제1 기이(紀異第一) 북부여(北扶餘)	『삼국사기』 卷第十三 高句麗本紀 第一 시조 동명성왕
3	C3 곧 고구려(高句麗)의 C3시조이다. 卽 C3 高句麗之 C3始	혹은 말한다. "C3주몽이 B2 졸본부여 에 이르렀다. B2 왕이 아들이 없었다. C3주몽을, 보고는 보통사람이 아님을 알고 B3그 딸[『삼국사기』 백제본기, 둘째 딸B3]을 아내로 삼게 하였다. B2 왕[동명]이 죽자 C3 주몽이 자리[동명제]B2를 계승[동명성왕]C3하였다." 一云 朱蒙 至B卒本扶餘 王無子 見 朱蒙 知非常人 以其女妻之 王薨 朱蒙 嗣位

	『삼국유사(三國遺事)』 제2 기이(紀異第二) 남부여(南扶餘), 전백제(前百濟)	『삼국사기』 卷第二十三 卷第二十三 百濟本紀 第一 온조왕(溫祚王)
3	『[삼국]사기』 본기에서 말했다. 백제의 시조는 온조(溫祚)이니, 그의 아버지는 추모왕(雛牟王)인데 혹은 주몽(朱蒙)이라고도 한다. 북 부여(北 扶餘)에서 난리를 피하여 졸본부여(卒本扶餘)에 이르렀다. 그곳 왕은 아들이 없고 딸만 세 명 있었는데, 주몽을 보고는 보통 사람이 아닌 것을 알고 둘째 딸을 아내로 삼게 하였다. 얼마 안 되어 부여주(扶餘州)의 왕이 죽자 주몽이 왕위를 이어받았다. 두 아들을 낳았는데, 맏아들은 비류(沸流)라 하였고 둘째 아들은 온조(溫祚)라 하였다. 『史』 本記云 百濟始祖 溫祚 其父雛牟王 或云朱蒙 自北扶餘逃難 至卒本扶餘 州之王 無子 只有三女 見朱蒙知非常人 以第二女妻之 未幾 扶餘州王薨 朱蒙嗣位 生二子長日沸流 次日溫祚	백제의 시조는 온조왕(溫祚王)이니, 그의 아버지는 추모(鄒牟)인데 혹은 주몽(朱蒙)이라고도 한다. 북 부여(北 扶餘)에서 난리를 피하여 졸본부여(卒本扶餘)에 이르렀다. 부여 왕은 아들이 없고 딸만 세 명 있었는데 주몽을 보고는 보통 사람이 아닌 것을 알고 둘째 딸을 아내로 삼게 하였다. 얼마 안 되어 부여(夫餘)의 왕이 죽자 주몽이 왕위를 이어받았다. 두 아들을 낳았는데, 맏아들은 비류(沸流)라 하였고 둘째 아들은 온조(溫祚)라 하였다. 百濟始祖 溫祚王 其父鄒牟 或云朱蒙 自北扶餘逃難 至卒本扶餘 扶餘王 無子 只有三女子 見朱蒙知非常人 以弟二女妻之 未幾 扶餘 王薨 朱蒙嗣位 生二子長日沸流 次日溫祚

	『삼국유사』 권1 제1 기이(紀異第一) 고구려 『고려본기』	『삼국사기』 卷第十三 高句麗本紀 第一 시조 동명성왕
	『국사(國史)』 「고려 본기」에 이른다. 『國史』 高麗 本記云	
3	C3 시조 동명성제는 성이 고씨요 이름은 C3 주몽이다. 始祖 東明聖帝 姓高氏 諱 朱蒙	C3 시조 동명성왕은 성이 고씨요 이름은 C3 주몽이다. 始祖 東明聖王 姓高氏 諱 朱蒙
		추모(鄒牟) 또는 중해(衆解)라고도 한다. 一云 鄒牟 一云 衆解

16) 유화C2와 해부루A2 사이의 관계가 신묘제의(神廟祭儀)에서 모자관계(母子關係)인 '태후'(太后)라는 것은 '해모수A1'이 '해모수C1'과 같은 인물이라면 모순[14]이므로 두 인물이 다르다는 것을 입증한다. 만일 해모수가 유화C2의 남편(해모수C1)이자 해부루A2의 아버지(해모수A1)라면 금와왕A3에게 유화C2는 어머니뻘의 태후가 아니라 할머니뻘의 태태후(太太后)가 되어야 한다.

	『삼국유사』 권1 제1 기이(紀異第一) 고구려 『고려본기』	『삼국사기』 卷第十三 高句麗本紀 第一 시조 동명성왕
3		14년(서기전 24) 가을 8월에 C3 왕의 C2 어머니 유화가 A3 동부여에서 죽으니 그 A3 왕 금와가 태후[어머니] A2의 예로 장례를 치르고 마침내 신묘를 세웠다. 十四年秋八月 十四年秋八月王母 柳花薨於 東扶餘 其王 金蛙 以 D-2 大后禮葬之 遂立神廟.
		겨울 10월에 C3 사신을 부여A3 에 보내 토산물C3을 주어 그 덕A3에 보답하였다. 十四年 冬十月遣使 扶餘 饋方物以報其德

14) 박병섭(2010: 263-318); 새먼 Salmon(1983; 국역 2010); 쿤 Kuhn(1996; 국역 1980); 헴펠 Hempel(1966; 국역 2010).

17) 이상의 『삼국유사』 전승에서 '북부여 천제, 해모수A1의 건국연대'와 '졸본부여 동명B1의 건국연대', 그리고 '고구려 주몽C3의 건국연대(서기전 37년, 21세 건국)'를 분석해 보면, 북부여 천제 해모수A1의 건국연도로 서기전 59년을 설정하는 것은 정황상으로 불가능하다.

왜냐하면 사건을 순서대로 배치해 보면 『삼국사기』에서 서기전 37년에 주몽이 22세에 건국하니 주몽의 탄생은 서기전 59년이 가능하다. 즉, 서기전 59년에 해모수A1의 북부여 건국, 서기전 59년에 해모수A1의 아들 해부루A2에게 왕위세습, 서기전 59년에 해모수B1(동명)B1가 해부루A2로부터 왕위차지, 서기전 59년에 해부루A2가 아들 금와A3에게 왕위세습, 서기전 59년에 해모수C1이 유화C2와 만나 주몽C3을 임신시키고, (임신 1월 1일, 10개월 전 가정), 서기전 59년에 유화C2가 금와왕B3을 만나고, 서기전 59년에 유화C2가 주몽C3을 낳고, (최하 11월 31일 가정), 서기전 37년에 주몽C3이 22세가 되고, 또 고구려C3를 건국한다.

이것은 북부여A1-동부여A2-졸본부여B1 사건이 모두 서기전 59년에 모두 발생하고 있다. 이것은 논리적으로 불가능하지는 않지만 정황상 '해모수A1-해모수B1-해모수C1 사이의 사건들'이 1년 동안에 너무 몰려 있어 인간의 생물학적역량으로 불가능하다.[15] 이런 이유로 김부식의 『삼국사기』는 이야기를 합리적으로 전개하기 위해서 '괴력난신으로 보이는 북부여 천제 해모수A1'를 제거한 것이다. 따라서 북부여 천제 해모수A1의 건국연대를 추가하면 서기전 59년은 그 이전으로 상향되어야 한다.

18) 『삼국유사』는 주몽C3이 서기전 37년에 건국하지만, 그 건국연령을 12세로 상정한다. 이 경우에는, 서기전 59년에 해모수A1의 북부여 건국, 서기전 56년에 해모수A1의 아들 해부루A2에게 북부여 왕위 부자세습, 서기전 53년에 해모수B1(동명, 동명제)가 해부루A2로부터 북부여 구도의 왕위 차

15) 박병섭(2010: 263-318); 새먼 Salmon(1983; 국역 2010); 쿤 Kuhn(1996; 국역 1980); 헴펠 Hempel(1966; 국역 2010).

지, 서기전 51년에 해부루A2가 아들 금와A3에게 동부여 왕위 부자세습, 서기전 49년에 해모수C1이 유화C2와 만나 주몽C3을 임신시키고, (임신 1월 1일, 10개월 전 가정), 서기전 49년에 유화C2가 금와왕A3을 만나고, 서기전 49년에 유화C2가 주몽C3을 낳고, (최하 11월 31일 가정), 서기전 37년에 주몽C3이 12세가 되고, 또 고구려C3를 건국한다.

이제 왜 『삼국유사』가 『삼국사기』의 서기전 37년 건국과 22세 연령에 맞서 주몽C3의 서기전 37년 건국과 12세 건국설을 제기하였는지를 이해할 수 있다.

『삼국유사』의 견해는 논리적 모순은 아니지만, 서기전 59년에서 서기전 49년 사이에 해모수A1의 건국, 그 아들의 해부루A2의 왕위세습, 그가 기도로 아들 금와A3를 얻고, 또 그 아들 금와의 왕위 부자세습, 그 아들 대소A4 등은 주몽C3과 동년배라는 것은 현실적으로 사람의 생물학적 연령상 가능하지 않다.

19) 결국 북부여 해모수A1의 건국 연대는 상향되어야 한다. 『신당서』에서 당 가언충은 고구려의 유국기간을 900년간이라 해서 건국연대를 상향하고 있다.[16] 고구려 유국 900년은 고구려 선조 북부여 해모수A1가 건국한 연도라고 볼 수 있다. 그 연도는 서기전 232년이다.

20) 북부여 건국이 서기전 232년이라는 것은 『광개토왕비문』에서 고구려C3가 북부여A1에서 유래한다는 기록과 부합하는 것이다. 북부여A1 건국이 서기전 232년으로 교정한 것은 『사기』 "조선열전"과 『한서』 "조선전"에서 서기전 109년에서 서기전 108년 당시에 조선에 '기준조선-위만조선' 이외에

16) 『삼국사기』권 제29, 연표 상에서 김부식은 "당 가언충이 이르기를, 고구려는 한대 이래로 나라를 가져 지금 668년에 900년이 되었다고 하였다. 이는 잘못이다."고 하였다. 해모수의 왕호신구토픽법으로 보아 당 가언충의 견해에 진실의 일면이 감추어져 있고, 김부식의 견해는 근거 없이 단정한 것이다.

"진·번·방중국"="진·번·진국"의 고조선 3연방국이 존재하는데 진조선이 바로 북부여이고 '방중국'='진국'이 바로 삼한이라는 것과 부합한다. '방중국'='진국'은 『후한서』 동이열전과 『삼국지』 위지30, 동이전, '한전'에서 삼한이다. 이것은 결국 신채호의 『조선사 연구초』 "전·후삼한고", 『조선상고문화사』, 『조선상고사』의 고조선 3연맹국설을 지지하는 결정적인 축대가 된다.

5. 결론

해모수는 북부여 천제 해모수, 졸본부여 동명제 해모수, 고구려 주몽왕의 아버지 우발수의 해모수로 3명이다. 여기서 졸본부여 왕이 동명제이면서 해모수라는 두 개의 왕칭호를 사용하는 왕호신구토픽현상을 발견할 수 있다. 또 고구려 주몽왕은 주몽이면서 동명성제라는 두 개의 왕칭호를 사용하는 왕호신구토픽현상을 발견할 수 있다. 이 왕호신구토픽 현상이 바로 공자가 말하지 않았다는 "괴력난신(怪力亂神)"의 실상이다.

현대인의 인식은 고대인의 인식과는 다르다. 고대인은 현대인의 인식을 원리적으로 이해할 수 없다. 현대인도 고대인의 인식을 이해하기 어렵다. 한국고대에 고유의 인식론은 해모수의 건국신화 속에 있다. 해모수의 건국신화에는 왕호신구토픽 현상이 있다. 왕호신구토픽 현상은 왕호가 두 개인 인식구조이다. 이 인식구조가 한국고대에 고유철학의 독자성을 보여준다.

우리는 2000년간 간과되어 온 왕호신구토픽 현상의 발견 덕분에 진서-위서 논쟁의 상당수에서 진서를 구별할 수 있는 기회를 얻게 된다. 만일 어떤 저서에서 왕호신구토픽 현상이 발견된다면 우리는 잠정적으로 진서라고 평가할 수 있다.

【Abstract】

The Ancient Korean-Origin Philosophy in Haemosus

There are cases of original epistemology in Korea. You can see the example of an unique case of Haemosu king in Epistemology. King Haemosu appeared twice in 『*Samgukyusa*』 and twice in 『*Samguksagi*』. So far it has been mistaken for one person, and two of Haemosu is 'overlooked'. If you compare the two books you'll find that Haemosu is 3 people. There are three Haemosus: the first Haemosu is the King of Bukbuyeo(Northern Buyeo), the second Haemosu is the King 'Dongmyeng' of Jolbonbuyeo and the third Haemosu is the father of Goguryeo's King Jumong and the husband of Woobalsu's Yoohwa.

The connection between Gojoseon and three(four) Kingdoms period of Korean is lost. "Haemosu" is important to understand because it is the lost link between the two period. Now Korean history's genealogy consist of "Dangun" of Gojoseon, both king titles "Haemosu" and Dangun of Bukbuyeo(Northern Buyeo), both king titles "Dongmyeng" and "Haemosu" of Jolbonbuyeo, both king titles "Jumong" and "saint Dongmyeng" of Goguryeo in Korea History.

【Key words】: Two King Title Topic in One Person, Myths Epistemology, Haemosu, Dongmyeong, Jumong

Ⅲ부

고조선 3연맹체:
진 · 번 · 방중국(眞 · 番 · 旁衆國)

5장

『사기』의 "조선열전"과 『한서』의 "조선전"의 형식논리적 분석

【주제 분류】 한국고대사, 한국고대철학, 응용논리학

【주요어】 진·번·방중국(眞·番·旁衆國), "진·번·진국(眞·番·辰國)", "진·번 임둔", "임둔" "임둔진·번"

【요약문】

고조선의 3조선 연맹국설은 이제까지 『고려사』 '김위제열전'에 『신지비사』와 단재 신채호의 『조선상고사』, 『조선상고문화사』, 『조선사연구초』 중 '전·후 삼한고 연구편'에서 등장하였다. 『신지비사』의 고조선의 삼경인 부소량, 오덕지, 백아강에서 유래한다. 한국사학계는 이것이 풍수도참설에 연루되었다고 무시한다. 단재의 고조선 3연맹국설은 고조선이 신조선(眞朝鮮), 불조선(番朝鮮), 말조선(莫朝鮮)의 연맹 혹은 연합국가라는 것이다. 한국사학계는 단재가 잘못 해석하였다고 논거 없이 거부하였다. 본고는 고조선이 3조선 연맹국가라는 것을 『사기』 '조선열전'과 『한서』 '조선전' 사이의 상호비교 하면서 기존의 해석과 달리 "진·번·방중국(眞·番·旁衆國)"과 "진·번·진국(眞·番·辰國)"이 '진조선', '번조선', '방중국=진국'의 삼국연맹체 해석한다. 이런 해석의 최대 장애는 "진번(眞番)"이라는 교란요인을 일관성있게 해결하는 문제이다. 본고는 『사기』 전체에 출현하는 '조선 관련 단어들'과 '진번 관련 단어들'을 모두 해결한다. "조선", "예맥조선", "진번조선" 등은 모두 조선의 총칭 혹은 일부로 해석한다. "조선"을 표현하는 다른 명칭들이 많다. "진·번임둔", "진번", "임둔" "임둔진·번"등이 모두 국경수비대 '임둔'의 둔병이다. 그 유래는 진조선의 둔병 '진임둔'과 번조선의 둔병 '번임둔'의 변형이고, 총칭해서 '진·번임둔'이라 하였다. '진번'은 그 자체의 독자 실체가 없고 그것은 국경수비대 임둔 전체를 지시하는 이칭이다.

1. 고조선의 위상과 위치

역사연구란 (1) 기존 사료자료들에 대한 '술이부작'한 재해석으로서 자료를 한정하고, (2) 형식논리적으로 분석하여[1] 자연과학의 가설연역적 방법으로 검토하고 재해석해서[2] '술이부작'하게 (재)해석한다. 고조선에 대해 파악하기 위해 『신지비사』의 3조선설이 정당한 지 여부를 평가하기 위해 고조선 삼조선설을 가설로 설정하고 (1) 『사기』의 고조선 관련 전자료의 해석문과 『한서』 "조선전" 등의 해석문, 『후한서』와 『삼국지』의 해석문, 그리고 『삼국유사』의 『고기』로 자료를 한정하고, (2) 형식논리학으로 분석하고, 자연과학의 가설연역적 방법으로 검토하고 '술이부작'하게 (재)해석하겠다.

『사기』에서 고조선 관련 자료가 고조선의 역사전개에 따라 그 때마다 달리 서술되었다고 상정한다. 『사기』에서 고조선 관련기사는 선진 이전과 진 이후로 구분될 수 있다. 『사기』에서 진 이전의 고조선 기사로 진나라 시절의 고조선에 대해 추정할 수 있다. 그 기록은 본기, 서, 세가, 열전 등에서 볼 수 있다. 그 기사는 총 6가지이다.

1) 선진 시절의 고조선 기록: "조선"

이 때 무왕이 기자를 조선에 봉하고 신하로 여기지 않았다.

於是 武王 乃封箕子於朝鮮 而不臣也.(『사기』 38권 송미자세가 卷38, 宋微子世家)

이 기록은 기자가 조선 땅에 들어가 일부 거점을 차지한 것이 드러난다. 당시 주 무왕의 영역과 조선은 다른 통치영역이라는 것이 분명하다. 이 기록은 조작이라는 견해도 있다.

---

1) 새먼 Salmon(1983; 국역 2010) ***Logic***; 곽강제(옮긴이) 『논리학』.

2) 헴펠 Hempel(1966; 국역 2010) ***Philosophy of natural science***; 곽강제(옮긴이), 『자연 과학 철학』.

2) 열전

(1) 『사기』 권69, 제9 소진열전: "조선 요동"

연에 유세를 하고 1년이 흐른 후에 알현이 허락되어 연의 문후에게 말하였다. "연 나라는 동으로 조선의 요동이 있고 북에는 임호, 루번이 있고 서로는 운중, 구원이 있고 남으로는 호타(수), 역수가 있다. 토지는 사방 2,000여리이다. … 북으로는 대추와 밤의 이익이 있어 백성은 비록 전지농사를 짓지 않아도 대추와 밤으로 자급할 수 있으니 이것이 소위 하늘이 준 곳간이다.

遊燕, 歲餘而後得見. 說燕文侯[一]曰 : 「燕東有朝鮮[二]遼東, 北有林胡, 樓煩, [三]西有雲中, 九原, [四]南有嘑沱, 易水, [五]地方二千餘里, 帶甲數十萬, 車六百乘, 騎六千匹, 粟支數年. [六]南有碣石, [七]鴈門之饒, [八]北有棗栗之利, 民雖不佃作而足於棗栗矣. 此所謂天府者也.

[一]索隱說音稅, 下並同. 燕文侯, 史失名.

[二]索隱潮仙二音, 水名. (『史記』卷六十九 蘇秦列傳第九)

"조선요동"의 표현은 조선 중에 요동이 특별지역임을 보여준다. 조선은 국명이고 요동은 조선의 국경 지명이다. 조선과 요동은 별개 세력으로 구분하지 않았다.

(2) 권110, 흉노열전: "예맥조선"

흉노는 여러 좌방의 왕과 장이 동쪽 방면에 거주해서 바로 상곡으로 가면 동으로는 예·맥조선과 접하고 우방의 왕과 장은 서방에 거주하고 바로 상군의 서쪽이 월씨, 저, 강과 접한다. 또 선우의 터전은 바로 대[군]과 운중[군]과 마주 하고 있었다. 이들은 각각 일정한 영역이 있어서 물과 풀을 따라 옮겨 살고 있었다.

諸左方王將居東方, 直上谷[六]以往者, 東接穢貉朝鮮 ; 右方王將居西方, 直上郡[七]以西, 接月氏, 氐, 羌 ; [八]而單於之庭直代, 雲中 : [九]各有分地,逐水草移徙.

흉노의 동쪽 국경선에 "예맥 조선"은 조선을 종족 중심으로 보면 "예맥조선"이라 지칭한다. '조선'은 '조선' 혹은 '예맥조선'으로 호칭된다. 예맥과 조선을 별개 세력으로 구분하지 않았다.

(3) 『사기』 권129, 화식열전: "예맥조선 진번의 이익"

저 연[현 북경]은 발해와 갈석 사이의 큰 고을이다. 남으로 제, 조와 통하고 동북변에 호가 있다. 상곡에서 요동까지 이르는데 땅이 아무 멀고 인민은 적어 자주 약탈을 당한다. 풍속은 대체로 조와 대와 같고, 인민은 독수리처럼 억세서 사려가 적다. 물고기, 소금, 대추, 밤이 풍요하다. 북으로는 오환부여와 이웃하고 동으로는 예·맥조선 진번의 이익과 얽혀 있다.

夫燕亦勃, 碣之間[一]一都會也. 南通齊, 趙, 東北邊胡. 上谷至遼東, 地踔遠, [二]人民希, 數被寇, 大與趙, 代俗相類, 而民雕捍[三]少慮, 有魚塩棗栗之饒. 北鄰烏桓, [四]夫餘, 東綰穢貉朝鮮眞番之利. [六]

"오환부여"와 "예·맥조선 진번"이 모두 등장하고 있다. "오환 부여"는 부여족의 일족으로 오환부여이거나 오환과 부여로 두 국가일 수 있다. "예맥조선 진번의 이익"에서 '예맥조선 진번'의 해석이 문제이다. "예맥조선"은 이미 종족으로 보면 예맥족을 해석하고 국명으로 보면 조선이라 해석하니 동일 대상을 중첩적으로 표현한 것이다. "진번"은 조선의 국경지대로 "진번[임둔]"의 약자가 여기의 "진번"이다. 당시 "조선"은 "조선", "예맥조선", "예맥조선의 진번"으로 호칭된다. 조선의 국경지대가 "진·번임둔"이다. "진·번임둔"은 진조선의 둔병과 번조선의 둔병을 병칭해서 "진·번임둔"이라 하고 약자로 둔병을 총칭하면 "진번"이라 한다.

이 구절에서 진번은 이후 『사기』 '조선열전'에서 연의 전성시에 연이 침략한 "진·번조선"으로 연결된다. "진번[임둔]"은 조선의 일부로 조선의 연과의 국경지대 국경수비대의 영역이다.

3) 본기

진(秦)나라 황제 목록[편집]

대수	시호	성명	재위기간	생몰
제1대	진 시황제 (秦始皇帝)	영정(嬴政)	기원전 221년 ~ 기원전 210년	기원전 259년 ~ 기원전 210년
제2대	진 이세황제 (秦二世皇帝)	영호해(嬴胡亥)	기원전 209년 ~ 기원전 207년	기원전 229년 ~ 기원전 207년
제3대	진 삼세황제 (秦三世皇帝)	영자영(嬴子嬰)	기원전 206년	? ~ 기원전 206년

『사기』 진왕본기

진왕 21년(서기전 226년)

마침내 연나라 태자의 군대를 격파하고 연나라의 계성을 점령하였으며 태자 단의 목을 얻었다. 연왕이 동쪽으로 요동을 점령하고 그곳의 왕이 되었다.

진왕 25년(서기전 222년)

진왕은 크게 군사를 일으켜서 왕분으로 하여금 거느리게 하고, 연나라의 요동을 공격하여 연왕 희를 사로잡았다.

진왕 26년(서기전 221년)

[진왕이] 천하를 36군으로 나누어 통치하여 군마다 수, 위, 감을 두었다. … 당시에 영토가 동쪽으로는 바다와 조선에 도달하였고 서쪽으로는 임조, 강중에 이르렀고 남쪽으로는 북향호에 이르고, 북쪽으로는 [황]하에 요새를 세우고 음산을 아울러서 요동에까지 이르렀다.

(二十六年 서기전 221) 分天下以爲三十六郡, [一]郡置守, 尉, 監. [二]更名民曰「黔首」. [三]大酺. 收天下兵, [四]聚之咸陽, 銷以爲鍾鐻, [五]金人十二, 重各千石, [六]置廷宮中. 一法度衡石丈尺. 車同軌. 書同文字. 地東至海暨朝鮮, [七]西至臨洮, 羌中, [八]南至北嚮戶, [九]北據河爲塞, 並陰山至遼

東. (卷6, 秦始皇本紀)

진왕 본기에서는 진왕의 36군에 대한 해석이 문제이다. 36군이 접한 지역이 진의 내부이냐 외부이냐가 문제이다. 동쪽으로 바다에 미쳐서 조선에 이르렀을 때 진왕의 영토 밖에 조선이 존재한다. 그럼 북쪽으로 요새는 황하에 있는데 음산을 아울러 요동에 이를 때 '요동'이 진왕의 영토 안이냐 밖이냐가 문제이다. 진왕의 영토 밖이라 하자니 연왕 희가 차지했다는 요동을 점령하였다는 주장이 걸린다. 진왕의 영토 안이라 하자니 황하에 요새를 세우고 요동을 차지하였다는 주장에서 황하와 요동 사이의 거리가 너무 멀어서 설득력이 없다. 이런 이유로 연왕 희가 점령한 요동은 황하 근방이고 진왕이 차지한 영토도 황하 근방이라 추정하고, 진왕의 36군 밖에 국경선 요동이 존재한다고 해석한다.

『사기집해』의 36군[3] 중에 요동과 요서가 포함되어 있다.
진술1: 『사기』 진왕본기: 진의 36군 밖에 동쪽에 요동이 있다.
진술2: 『사기집해』 진의 36군 안에 요동과 요서가 있다.
해석: 진의 36군 안에 존재하는 요동은 요동의 일부이고 요서의 근방이다.
결론: 『사기집해』의 36군에 대한 주석에는 오류가 있다.

진시황은 6국을 정복하여 전국시대를 종식시키고 초기에 36군을 설치하였으며 지방관을 파견하였다. 주변정복에 따라 군이 추가되었다 여기서는 46개군(郡)으로 소개한다.[4]

3) 『사기집해』 36군이란 삼천군에서 … 장사군까지 35개 군, 그리고 내사(內史)를 합쳐 36군이다. 『사기정의』 … 진왕 초의 36군은 현이 감독한다. [一] 『集解』三十六郡者, 三川, 河東, 南陽, 南郡, 九江, 鄣郡, 會稽, 潁川, 碭郡, 泗水, 薛郡, 東郡, 琅邪, 齊郡, 上谷, 漁陽, 右北平, 遼西, 遼東, 代郡, 鉅鹿, 邯鄲, 上黨, 太原, 雲中, 九原, 鴈門, 上郡, 隴西, 北地, 漢中, 巴郡, 蜀郡, 黔中, 長沙凡三十五, 與內史爲三十六郡. 『正義』風俗通云 : 「周制天子方千里, 分爲百縣, 縣有四郡, 故『左傳』云上大夫受縣, 下大夫受郡. 秦始皇初置三十六郡以監縣也.」

4) 서

(1) 『사기』 권 25 율서: "조선"

시간에 흘러 효문제가 즉위하니 장군 진무 등이 의론하기 말하였다. 남월, 조선은 진나라의 전성기에 내적으로 속박되어 신하와 자식이 되더니 후에 또 병사를 기르고 막히고 험하니 기회를 선택하려 관망한다.

歷至孝文卽位, 將軍陳武等議曰: 南越 朝鮮 自全秦時 內屬爲臣子, 後且擁兵阻阸, 選蠕觀望(卷25, 律書)

진의 강성기에 대한 한나라 시절의 추억담이다. 이 발언은 이후 한왕 유철 때 멸망시키고 정벌할 지역에 대한 예고에 해당한다.

(2) 『사기』 권30 평준서: "조선"

평오가 조선과 길을 통하고 조선을 멸망시키고 창해군을 설치하니 연제의 사이가 복종하였다.

○ 彭吳[三]賈滅朝鮮, [四]置滄海之郡, 則燕齊之閒靡然發動.([주3]『[史記]索隱』彭吳始開其道而滅之也](史記卷三十 平準書第八)

팽오가 조선을 멸한 후에 창해군이 설치되고 그후에 조선이 존재하니 팽오가 조선의 일부인 창해군 지역을 멸망시켰다. 이 기록은 『후한서』의 예전에서 창해군 기록과 상통해서 연결할 수 있다. 『후한서』 예전에서는 예군

---

4) 관중 지방(關中地方)의 군(郡): 함양(咸陽), 북지군(北地郡), 안문군(雁門郡), 구원군(九原郡), 운중군(雲中郡), 농서군(隴西郡), 상군(上郡); 하북 지방(河北地方)의 군(郡): 요동군(遼東郡), 요서군(遼西郡), 태원군(太原郡), 거록군(鉅鹿郡), 한단군(邯鄲郡), 상곡군(上谷郡), 우북평군(右北平郡), 어양군(漁陽郡), 대군(代郡), 항산군(恒山郡), 광양군(廣陽郡); 하남 지방(河南地方)의 군(郡): 교동군(膠東郡), 낭야군(琅琊郡), 동해군(東海郡), 제북군(濟北郡), 임치군(臨淄郡), 하동군(河東郡), 하내군(河內郡), 동군(東郡), 설군(薛郡), 삼천군(三川郡), 탕군(碭郡), 영천군(潁川郡), 진군(陳郡), 사수군(泗水郡) ; 강남·파촉 지방(江南·巴蜀地方)의 군(郡): 남양군(南陽郡), 한중군(漢中郡), 구강군(九江郡), 회계군(會稽郡), 남군(南郡), 형산군(衡山郡), 촉군(蜀郡), 파군(巴郡), 검중군(黔中郡), 장사군(長沙郡), 민중군(閩中郡), 남해군(南海郡), 계림군(桂林郡), 상군(象郡).

남려가 자진해서 항복하였다고 한다. 결국 『사기』 평준서의 '팽오'는 예군 남려가 한나라에 귀부하게 할 때 무언가 큰 공을 세운 자로 보인다.

전한(前漢) 기원전 202년 ~ 서기 8년

대수	묘호	시호	성명	연호	재위기간	생몰	능호
제 1 대	한 태조 (漢太祖) 한 고조 (漢高祖)	고황제 (高皇帝)	유방 (劉邦)	-	기원전 202년 ~ 기원전 195년	기원전 247년 ~ 기원전 195년	장릉 (長陵)
제 2 대	-	효혜황제 (孝惠皇帝)	유영 (劉盈)	-	기원전 195년 ~ 기원전 188년	기원전 210년 ~ 기원전 188년	안릉 (安陵)
제 3 대	-	소황제 (少皇帝)	유- (劉-)	-	기원전 188년 ~ 기원전 184년	? ~ 기원전 184년	-
제 4 대	-	소황제 (少皇帝)	유홍 (劉弘)	-	기원전 184년 ~ 기원전 180년	? ~ 기원전 180년	-
제 5 대	한 태종 (漢太宗)	효문황제 (孝文皇帝)	유항 (劉恆)	전원(前元)전179년 ~ 전 164년 후원(後元)전163년 ~ 전 157년	기원전 180년 ~ 기원전 157년	기원전 202년 ~ 기원전 157년	패릉 (霸陵)
제 6 대	-	효경황제 (孝景皇帝)	유계 (劉啓)	전원(前元) 전 156년 ~ 전 150년 중원(中元) 전 149년 ~ 전 144년 후원(後元) 전 143년 ~ 전 141년	기원전 157년 ~ 기원전 141년	기원전 188년 ~ 기원전 141년	양릉 (陽陵)

2. 고조선의 삼조설을 지지하는 논변

『사기』 권115, 제55 조선열전

『史記』 卷一百一十五 朝鮮列傳第五十五

연나라 태자 단[의 세력]이 요한[요동의 일부]으로 산란하니[달아날 때] 만은 그 망민들을 거둬 해동에 모으고 진번보새[임둔 국경수비대를 평정한 요새]를 확보함으로써 한나라 외신이 되었다. 그래서 '조선열전 제55'를 지었다.

燕丹散亂遼閒, 滿收其亡民, 厥聚海東 以集眞藩葆塞, 爲外臣. 作朝鮮列傳第五十五.

『사기』 "조선열전"에 등장하는 "조선"은 조선의 일부이고 원래 "조선 요동"(권69, 소진열전)의 '요동' 중 일부이고, "예맥조선 진번"(권129, 화식열전)에서 조선의 국경의 "진번[임둔병]"이 있는 지역이고, 연 태자가 차지한 계성 근방지역이고 연왕 희가 진에게 쫓겨 도망치다 차지한 요동지역(진왕 21년, 서기전 226년)이고, 진왕에게 사로잡힌 연왕 희의 영토(진왕 25년, 서기전 222년)이다가 그곳이 황하의 요새 근방의 지역(진왕 26년, 서기전 221년)으로 진왕의 36군중에 하나이니, 요동 중에 황하 근방이다.

『사기』 "조선열전"과 『한서』 "조선전"의 비교

『사기』의 "조선열전"과 『한서』의 "조선전"은 동일 대상 고조선에 대한 다른 표현이다. 두 "조선"이 동일하다고 가정하면, 상호 의존해석법을 적용할 수 있다. 상호 의존해석법은 자료들을 순차적으로 활용해서 점점 구체화해서 해석한다.

첫째, 『사기』의 "조선열전"과 『한서』의 "조선전"의 원문들만을 비교한다. 둘째, 『사기』의 "조선열전"은 앞 시대의 인식이고 『한서』의 "조선전"은 뒷 시대의 인식이다. 셋째, 『사기』의 "조선열전"의 주를 보충자료로 추가로 이용한다. 넷째, 『한서』의 "조선전"의 주를 보충자료로 추가로 이용한다. 다섯째, 『사기』의 "조선열전"과 『한서』의 "조선전"의 "진번조선"에 대해 파악하기 위해 세 가지 보충자료를 추가로 활용한다. 즉, 『사기』의 "흉노열전"의 "예맥조선" 기록,[5] "연장 진개의 동호침략" 기록, 그리고 『삼국지』의 『위략』

5) 『제왕운기』 『전조선기』에도 '남·북옥저'-'동·북부여'-예·맥조선'는 남옥저와 북옥저, 동부여와 북부여, 그리고 예[조선]와 맥[조선]이다. 『本紀』曰 … 名檀君 據朝鮮之域爲王 故 尸羅 高禮南北沃沮 東北扶餘 穢與貊 皆檀君之壽也 理一千三十八

의 조선침략 인용부분 등이다. 여섯째, 『사기』의 "조선열전"과 『한서』의 "조선전"의 "진·번·방중국"="진·번·진국"에서 이해하기 위해 『후한서』의 "동이전"의 "예"와 『삼국지』의 "동이전"의 "동예" 기록을 보충자료로 활용한다.

위의 주제들을 순서대로 다루겠다. 첫째, 『사기』의 "조선열전"과 『한서』의 "조선전"의 원문들만을 비교한다. 양 기록들을 비교해 결합해 보면, "조선"="조선", "진·번조선"="진·번조선", "진·번임둔"="진·번임둔", "진·번·방중국"="진·번·진국", "사군"="진·번임둔·현토·낙랑 사군" 등이다.

가능한 해석은 "진번조선"을 "진조선과 번조선" 혹은 "진번과 조선"으로 해석할 수 있고, "진번임둔"을 "진임둔과 번임둔" 혹은 "진번과 임둔"으로 해석할 수 있고, "진번방중국과 진번진국"도 '진조선, 번조선 그리고 방중국' '진조선, 번조선, 그리고 진국' 혹은 '진번과 방중국' '진번과 진국'으로 해석할 수 있고, 그리고 "사군=진번임둔, 낙랑, 현토 사군"은 '진임둔, 번임둔, 낙랑, 현토' 혹은 '진번, 임둔, 낙랑, 현토'로 해석이 가능하다.[6]

둘째, 『사기』의 "조선열전"은 앞 시대의 인식이고 『한서』의 "조선전"은 뒷 시대의 인식이다. 간단히 말해, 세상이 변해서 진·번·방중국(眞·番·旁衆國)은 진·번·진국(眞·番·辰國)으로 국명이 변하는 인식변화를 보이고 있다. 그 사이에 방중국이 진국으로 통일되고 있다.

셋째, 『사기』의 "조선열전"의 주를 보충자료로 추가로 이용한다. "진번"은 『집해』 서광의 주석에 의하면, 막도 가능하다. 조선은 『색은』에 주석에 의하면 2국이다. "진번조선"이 2국이라면 "진조선"국과 "번조선"국이다. 결국 "진번"이라는 단위는 국명이든 족명이든 단일 단위로 존재할 수 없다. "진·번조선"은 『색은』의 주석에 의하면 이전에 연이 점령한 2국의 지역이다. 즉, "진번조선"은 연나라가 침략한 조선 땅이고, "진번조선"은 진조선과 번조선의 2개국이다. 응소가 주석한 "현토가 본래 진번국"이라는 것은 이후 쟁점에

年 入阿斯達山爲神 不死故也.

6) 원자료는 국사편찬위원회 http://db.history.go.kr/url.jsp?ID=jo 것이고, 해석은 필자가 상당히 고친 것이다.

서 다룬다.(원자료에서 교감은 신뢰하였지만 한글 번역자의 주석은 이용하지 않았다. 교감은 해석의 대세에 영향을 주는 경우가 없다.)

넷째, 『한서』의 "조선전"의 주를 보충자료로 추가로 이용한다. 『한서』에서도 "조선", "진·번조선"과 "진·번임둔", "진·번·진국"을 어떻게 해석하느냐에 따라 고조선의 수도의 수가 달라진다. "진·번조선"과 "진·번임둔"의 해석이 문제이다. "진·번조선"은 과거 연나라가 점령했던 지역이고 "진·번임둔(眞·番臨屯)"에서 "둔"은 "둔병(屯兵)"의 의미라면 "진·번임둔"은 진조선과 번조선의 국경에 임[접]한 진번의 둔병[국경수비대, 즉 진임둔과 번임둔]이 위만조선에 항복하였다는 의미이다.

"진번방중국"은 "진번진국"이다. 『한서』의 "조선전"에서 선겸의 주석에 의하면, "진·번·진국" = "진·번·방중국"이고, 자기 준거의 패러다임으로 해석해 보면 "조선"이다. 사고의 주석에 의하면, "진·번·진국(眞番辰國)"의 "진(辰)"은 진한(辰韓)의 진국이다. 결국 고조선은 3국 연맹국이고 '진조선/ 번조선/ 진국조선'이다.

"사군" = "진번임둔, 낙랑, 현토 사군"은 '진임둔, 번임둔, 낙랑, 현토'로 해석할 수 있다. 당시 지역은 네 가지 개념요소들 '요동도위', '요하[요수]', '패수', '수도 왕험' 등을 이용해서 추정할 수 있다. 두 가지 가정으로 추정할 수 있다. 하나는 '수도 왕험'을 평양으로 주석한 시기는 수와 당 시기이다. 수와 당 시기는 "삼한"을 역사왜곡해서 고구려 침략을 시도하는 시기이다(『수서』 돌궐에서 수 사신과 고구려 사신의 만남에서 역사왜곡: "고구려는 후삼한에서 일어났다."). 패수를 대동강으로 후대에 주석한 것을 주목하는 것이다. 이 경우에 한 군현은 한반도 평양 근처에 있게 된다. 이것은 논리적으로 요동 지명[요동도위 등]과 충돌한다.

다른 하나는 '왕험성'을 발해 근처로 추정하는 것이다. 이것은 요동 지명['요동 도위' 등]과 호응한다. 이 경우에 지도상의 배치는 한나라가 양자강과 황하 사이쯤에 존재하고, 그 북쪽에 '기준조선 = 위만조선 = 한군현'이 위치하고, 한 군현에서 위치는 한과 조선의 국경선 근방에 진임둔과 번임둔이 있고, 그 후 낙랑이 있고, 그 후에 북방에 현토가 있다. 그 북쪽에는 다시 "진·번·방중국=진·번·진국"이 있다. "진·번·방중국=진·번·진국"의 위치는 순차적 혹은 동차적으로 진조선과 번조선이 있고 한반도 남부지역에 '방중국=진국'이 마한, 변한, 진한의 78개국으로 위치한다.

『사기』는 사마담이 태사공의 직분에서 편사의 일을 맡아 완성하지 못 하고 죽자 사마천이 태사령(서기전 108) 후인 서기전 104년 전후부터 편찬하여 서기전 99년 궁형을 당하였지만 서기전 91년경에 초고를 완성하였다. 『사기』의 주는 남조 송의 배인(裵絪)의 『사기집해』, 당의 장수절의 『사기정의』, 당의 사마정의 『사기색은』이 대표적인 것으로 '사기 삼가주'라 불린다.

	『史記』	『漢書』
	『史記』 卷 115 朝鮮列傳 第 055 ○ 『史記』 卷一百一十五, 朝鮮列傳 第五十五[7]	『漢書』 卷 095 朝鮮傳 第 065 ○ 『漢書』 卷九十五, 西南夷兩粤朝鮮傳, 第六十五 朝鮮
	○ 조선왕 만은 옛날 연나라[한의 노관의 연] 사람이다. (朝鮮) 【集解】張晏曰: 「朝鮮有濕水·洌水·汕水, 三水合爲洌水, 疑樂浪·朝鮮取名於此也.」【索隱】案, 朝音潮, 直驕反. 鮮音仙. 以有汕水, 故名也. 汕一音訕. ○ 朝鮮 【正義】潮仙二音. 括地志云: 「高驪都平壤城, 本漢 樂浪郡 王險城, 又古云朝鮮地也.」 王滿者, 故燕人也. 【索隱】案漢書, 滿, 燕人, 姓衛. 擊破朝鮮而自王之.	○ 조선왕 만은 연나라 사람이다. ○ 朝鮮王滿, 【補注】齊召南曰, 案, 滿姓衛氏. 朝鮮, 自周封箕子後, 傳四十餘世, 至朝鮮侯準, 始稱王. 漢初, 其國大亂, 燕人衛滿, 擊破準而自王也. 後書傳, 正補此傳之缺. 先謙曰, 索隱, 案漢書, 滿, 燕人, 姓衛, 擊破朝鮮王, 而自王之. 今漢書, 無姓衛兩字. 是, 小司馬所見本異. 燕人.
	○ 처음 연나라의 전성기로부터 일찍이 진·번조선을 침략하여 복속시키고, 군리를 두어 국경 요새를 쌓았다. ○ 自始全燕時, 【索隱】始全燕時, 謂六國 燕方全盛之時. 嘗略屬眞·番【集解】徐廣曰: 「一作莫. 遼東有番汗縣. 番音普寒反.」 【索隱】 徐氏 據地理志而知也.	○ 처음 연나라 때부터 일찍이 진·번조선을 침략하여 복속시키고, 군리를 두기 위하여 방어막을 쌓았다. ○ 自始燕時, 嘗略屬眞·番朝鮮, 師古曰: 「戰國時燕國略得此地.」 【補注】 王念孫曰, 案始燕時, 本作始全燕時. 全燕者, 指戰國時燕國言之, 所以別於漢之燕國也.

	『史記』	『漢書』
	番音潘, 又音盤. 汗音寒. 朝鮮, 【索隱】如淳云: 「燕嘗略二國以屬己也.」 應劭云: 「玄菟本眞番國.」 爲置吏, 築鄣塞.	[鄒陽傳, 全趙之時. 枚乘傳, 今漢據全秦之地.]今本脫全字, 則文義不明. 後書東夷傳注, 引此, 正作全燕時. 史記·通典·通鑑同. 爲置吏 築障. 師古曰: 「障, 所以自障蔽也, 音之亮反.」
		○ 진나라가 연을 멸한 뒤에는 료동외요에 소속시켰는데, 한이 일어나서는 [그곳이] 멀어 지키기 어려우므로, 다시 료동의 옛 요새를 수리하고 패수에 이르는 곳을 경계로 하여 [노관의] 연에 속하게 하였다. ○ 秦滅燕, 屬遼東外徼. 漢興, 爲遠難守, 復修遼東故塞, 至浿水爲界, 師古曰: 「浿水在樂浪縣,音普蓋反.」【補注】沈欽韓曰, 紀要大通江, 在平壤城東. 亦曰大同江. 舊名浿水. 屬燕.
	○ 연왕 로관이 [한을] 배반하고 흉노로 들어가자, 만도 망명하였다. 무리 천여인을 모아 북상투에 만이의 복장을 하고서, 동쪽으로 도망하여 요새를 나와 패수를 건너 진의 옛 공지인 상하장에 살았다. 점차 진·번조선의 만이 및 옛 연나라·제나라의 망명자를 복속시켜 거느리고 王이 되었으며, 왕험에 도읍을 정하였다. ○ 燕王盧綰反, 入匈奴, 滿亡命, 【正義】命謂教令. 聚黨千餘人, 魋結蠻夷服而東走出塞, 渡浿水, 居秦故空地上下鄣, 【索隱】案, 地理志, 樂浪有雲鄣. 稍役屬眞·番朝鮮蠻夷及故燕·齊亡命者王之, 都王險.【集解】徐廣曰: 「昌黎有險瀆縣也.」【索隱】韋昭云, 「古邑名.」應劭注「地理志, 遼東 險瀆縣, 朝鮮王舊都.」臣瓚云「王險城在樂浪郡 浿水之東.」也.	○ 연왕 로관이 [한에] 배빈하여 흉노로 들어가자, 만도 망명하였다. 무리 천여인을 모아 북상투에 만이의 복장을 하고서 동쪽으로 도망하여 요새를 나와 패수를 건너 진의 옛 공지인 상하장에 살았다. 점차 진조선과 번조선의 만이와 옛 연나라·제나라의 망명자를 복속시켜 거느리고 왕이 되었으며, 왕험에 도읍을 정하였다. ○ 燕王 盧綰反, 入匈奴, 滿亡命, 聚黨千餘人, 椎結蠻夷服而東走出塞, 度浿水, 居秦故空地上下障, 稍役屬眞·番朝鮮蠻夷【補注】先謙曰, 官本, 役作役. 及故燕·齊亡在者, 王之, 師古曰: 「燕·齊之人亡居此地, 及眞·番朝鮮蠻夷皆屬滿也.」【補注】先謙曰, 亡在, 史記作亡命. 都王險. 李奇曰: 「地名也.」【補注】沈欽韓曰, 『隋書』高麗傳, 都於平壤城, 亦曰長安城, 東北六里, 隨山屈曲, 南臨浿水. [『新唐書』, 平壤在鴨淥水東南.]朝鮮國志, 平安道治平壤府, 東南去王京五百餘里. 杜佑云, 平壤, 卽王險城也.
	○ 이 때는 마침 [한의] 효혜·고후의 시대로서 天下가 처음으로 안정되니, 료동태수	○ 이 때는 마침 [한의] 효혜 ·고후의 시대로서 천하가 처음으로 안정되니, 료동태수

	『史記』	『漢書』
	는 곧 만을 외신으로 삼을 것을 약속하여, 국경 밖의 만이를 지켜 변경을 노략질하지 못하게 하는 한편, 모든 만이의 군장이 [중국에] 들어와 천자를 알현코자 하면 막지 않도록 하였다. 상도 이를 듣고 허락하였다. 이로써 만은 군사의 위세와 재물을 얻게 되어 그 주변의 소읍들을 침략하여 항복시키니, 진·번림둔도 모두 와서 복속하여 [그 영역이] 사방 수천리가 되었다. ○ 會孝惠·高后時天下初定, 遼東太守卽約滿爲外臣, 保塞外蠻夷, 無使盜邊, 諸蠻夷君長欲入見天子, 勿得禁止. 以聞, 上許之, 以故滿得兵威財物侵降其旁小邑, 眞·番臨屯 【索隱】東夷小國, 後以爲郡. 皆來服屬, 方數千里. 【正義】括地志云:「朝鮮·高驪·貊·東沃沮五國之地, 國東西千三百里, 南北二千里, 在京師東, 東至大海四百里, 北至營州界九百二十里, 南至新羅國六百里, 北至靺鞨國千四百里.」	는 곧 만을 외신으로 삼을 것을 약속하여, 국경 밖의 만이를 지켜 변경을 노략질하지 못하게 하는 한편, 만이의 군장들이 [중국에] 들어와 천자를 알현코자 하면 막지 않도록 하였다. 왕도 이를 듣고 허락하였다. 이로써 만은 군사의 위세와 재물을 얻게 되어 그 주변의 소읍들을 침략하여 항복시키니, 진·번임둔도 모두 와서 복속하여 [그 영역이] 사방 수천리가 되었다. ○ 會孝惠·高后 天下初定, 【補注】先謙曰, 后下史記有時字, 不可省. 遼東太守卽約滿爲外臣, 保塞外蠻夷, 毋使盜邊, 蠻夷君長欲入見天子, 勿得禁止. 以聞, 上許之, 以故滿得以兵威財物侵降其旁小邑, 眞·番臨屯皆來服屬, 方數千里.
	○ 아들을 거쳐 손자 우거 때에 이르러서는 유인해 낸 한나라 망명자 수가 대단히 많게 되었으며, 천자에게 입견치 않을 뿐만 아니라 진·번·방중국(진·번·방중국)이 글을 올려 천자에게 알현하고자 하는 것도 또한 가로막고 통하지 못하게 하였다. ○ 傳子至孫右渠, 【正義】其孫名也. 所誘漢亡人滋多, 又未嘗入見, 眞·番·旁衆國欲上書見天子, 又擁閼不通.	○ 아들을 거쳐 손자 우거 때에 이르러서는 유인해 낸 한나라의 망명자수가 대단히 많게 되었으며, 천자에게 들어와 현하지 않을 뿐만 아니라, 진·번진국(진·번·진국)이 글을 올려 천자를 알현하고자 하는 것도 또한 가로막고 통하지 못하게 하였다. ○ 傳子至孫右渠, 師古曰:「滿死傳子, 子死傳孫. 右渠者, 其孫名也.」所誘漢亡人滋多, 師古曰:「滋, 益也.」又未嘗入見, 師古曰:「不朝見天子也.」眞·番·辰國 欲上書見天子, 又雍閼弗通. 師古曰:「辰謂辰韓之國也. 雍讀曰壅.」【補注】先謙曰, 史記作眞番旁衆國.
	○ 元封 2년(B.C.109) 에 한나라는 사신 섭하를 보내어 우거를 꾸짖고 회유하였으나, [우거는] 끝내 명을 받들려고 하지 않았다. … 上이 그 공을 기려 꾸짖지 않고 [섭]하에게 료동동부도위의 벼슬을 내렸	○ 원봉 2년(B.C.109) 에 한나라는 사신 섭하를 보내어 우거를 꾸짖고 회유하였으나, [우거는] 끝내 받들려고 하지 않았다. … 상이 그 공을 기려 꾸짖지 않고 [섭]하에게

	『史記』	『漢書』
	다…. ○ 元封二年(B.C.109), 漢使涉何譙 諭右渠, 終不肯奉詔. ... 上爲其名美, 卽不詰, 拜何爲遼東東部都尉. ...	료동동부도위의 벼슬을 내렸다. … ○ 元封二年(B.C.109), 漢使涉何譙諭右渠, 終不肯奉詔. ... 上爲其名美, 弗詰, 拜何爲遼東東部都尉. ...
	○ 원봉 3년(B.C.108) 여름, 니계상 참이 사람을 시켜 조선왕 우거를 죽이고 항복하여 왔으나, 왕험성은 함락되지 않았다. 죽은 우거의 대신 성이가 또 [한에] 반하여 다시 군리들을 공격하였다. 좌장군은 우거의 아들 장강(降)과 상 로인의 아들 최로 하여금 그 백성을 달래고 성이를 주살하도록 하였다. 이로써 드디어 조선을 평정하고 사군을 설치하였다. ○ 元封三年(B.C.108)夏, 尼谿相參乃使人殺朝鮮王右渠來降. 王險城未下, 故右渠之大臣成已又反, 復攻吏. 左將軍使右渠子長降·【集解】徐廣曰:「表云長 路. 漢書表云, 長路, 音各.」【索隱】案, 路, 音姑落反. 相路人之子最 【索隱】路人子也, 名最. 告諭其民, 誅成巳, 以故遂定朝鮮, 爲四郡. 【集解】眞番·臨屯·樂浪·玄菟也.	○ 원봉 3년(B.C.108) 여름, 니계상 참이 사람을 시켜 조선왕 우거를 죽이고 와서 항복하였다. [그러나] 왕험성은 함락되지 않았다. 죽은 우거의 대신 성이가 또 [한에] 반하여 다시 군리들를 공격하였다. 좌장군이 우거의 아들 장과 항복한 상 로인의 아들 최로 하여금 그 백성을 달래고 성이를 주살하도록 하였다. 이리하여 드디어 조선을 평정하고 진·번림둔 ·낙랑 ·현토의 사군을 설치하였다. ○ 元封三年(B.C.108)夏, 尼谿相參乃使人殺朝鮮王右渠來降. 王險城未下, 故右渠之大臣成已又反, 復攻吏. 【補注】先謙曰, 官本, 攻作政引. 宋祁曰, 政當作攻. 一本作改字. 左將軍使右渠子長·師古曰:「右渠之子名長.」降相路人子最, 師古曰:「相路人前已降漢而死於道, 故謂之降相. 最者, 其子名.」告諭其民, 誅成已. 故遂定朝鮮爲眞·番臨屯·樂浪·玄菟四郡.
	○ 참을 봉하여 홰청후로, [한]음은 적저후, [왕]겹은 평주후, 장은 기후 로 삼았으며, 최는 아버지가 죽은데다 자못 공이 있었으므로 온양후로 삼았다. ○ 封參爲澅淸侯, 【集解】韋昭曰:「屬齊.」【索隱】參, 澅淸侯. 韋昭云:「縣名, 屬罪.」 顧氏澅音獲. 陰爲荻苴侯, 【集解】韋昭曰:「屬勃海.」【索隱】陰, 狄苴侯. 晉灼云:「屬勃海.」荻音狄, 苴音子餘反. 唊爲平州侯, 【集解】韋昭曰:「屬梁父.」【索隱】唊, 平州侯. 韋昭云,「屬梁父.」長[降]爲幾侯. 【集解】韋昭曰:「屬河東.」【索隱】長, 幾侯. 韋昭云:「縣名, 屬河東.」 最以父死頗有功, 爲溫陽侯. 【集解】韋昭曰:「屬齊.」【索隱】最, 涅	○ 참을 봉하여 홰청후로 삼고, [한]도는 추저후로, [왕]겹은 평주후로, 장은 기후로 삼았다. 최는 아버지가 죽은데다 자못 공이 있었으므로 저양후로 삼았다. ○ 封參爲澅淸侯, 師古曰:「澅音獲.」陶爲秋苴侯, 晉灼曰:「功臣表秋苴屬勃海.」師古曰:「苴音 千 餘反.」【補注】先謙曰, 史記, 秋作萩, 同. 表作荻, 誤. 官本, 千作子. 唊爲平州侯, 長爲幾侯. 【補注】先謙曰, 表作幾侯張路. 最以父死頗有功, 爲沮陽侯. 【補注】王念孫曰, 案沮陽, 史記作溫陽. 沮溫, 皆涅字之誤. 隸書, 沮字, 或作涅, 與涅相似.] 景武昭宣元成功臣表, 涅陽康侯最, 以父朝鮮相路人, 漢兵至, 首先降, 道死, 子侯. [史表略同.] 湍水注涅水, 東南

	『史記』	『漢書』
	陽侯. 韋昭云: 「屬齊.」也.	逕涅陽縣故城西. [地理志, 涅陽, 屬南陽郡.]漢武帝, 元封四年, 封路最爲侯國, 皆其證, 舊本北堂書鈔封爵部中, 引此, 正作涅陽侯.[陳禹謨, 依俗本, 改涅爲沮.]先謙曰, 官本, 沮作沮.
	○ 좌장군을 불러 들여 [그가] 오자, 功을 다투고 서로 시기하여 계획을 어긋나게 한 죄로 기시하였다. 루선장군도 병사를 거느리고 렬구에 이르렀다면 마땅히 좌장군을 기다려야 할 것인데도 제멋대로 먼저 군사를 풀어 많은 병사들을 잃어버렸으므로 주살함이 마땅하나 속전을 받고 庶人으로 삼았다. ○ 左將軍徵至, 坐爭功相嫉, 乖計, 弃市. 樓船將軍亦坐兵至洌口, 【索隱】蘇林曰: 「縣名. 度海先得之.」當待左將軍, 擅先縱, 失亡多, 當誅, 贖爲庶人.	○ 좌장군을 불러 들여 [그가] 이르자 공을 다투고 서로 시기하여 계획을 어그러지게 한 죄로 기시하였다. 루선장군도 병사를 거느리고 렬구에 이르렀다면 좌장군을 기다렸어야 당연한데, 함부로 먼저 군사를 풀어 많은 병사들을 잃어 버렸으므로 주살함이 마땅하나 속전을 받고 서인으로 삼았다. ○ 左將軍徵至, 坐爭功相嫉乖計, 棄市. 樓船將軍亦坐兵至列口當待左將軍, 蘇林曰: 「列口, 縣名也. 度海先得之.」【補注】先謙曰, 胡注, 其地當洌水入海之口. 齊召南云, 案樂浪郡, 有列口縣, 然非洌水入海之口也. 志曰, 呑列縣分黎山, 列水所出, 西至黏蟬入海, 然則列口在黏蟬縣矣. 沈欽韓云, 紀要, 列口城, 在朝鮮國王京西南. 擅先縱, 失亡多, 當誅, 贖爲庶人.

(교감은 생략하였다. '국사편찬위원회'의 교감은 해석의 대세에 영향을 미친 것이 없어 일단 그대로 수용한다.)

『후한서』 "한"전과 『삼국지』 "한"전

여섯째, 『사기』의 "조선열전"과 『한서』의 "조선전"에서 "진번방중국" = "진번진국"을 이해하기 위해 『후한서』의 "동이전"의 "한"과 『삼국지』의 "동이전"의 "한" 기록을 보충자료로 활용한다. 『후한서』와 『삼국지』는 동일 대

7) 연나라 태자 단이 요동으로 달아날 때 만은 그 망민들을 거둬 해동에 모으고 진번[임둔 국경수비대]을 평정해 요새를 확보함으로써 한나라 외신이 되었다. 그래서 조선열전 제55를 지었다. 燕丹散亂遼閒, 滿收其亡民, 厥聚海東 以集眞藩葆塞, 爲外臣. 作朝鮮列傳第五十五. 연나라 태자 단이 요간[요동]에 산란하니[달아나니] [연나라] 위만이 그 망국민을 수합해서 진번보새[=진번임둔=진번국경수비대]를 집결해서 해동을 취하여 [한나라의] 외신이 되었으니 '조선열전 제55'를 작성한다.

상 "한", "삼한", "옛 진국"을 다르게 표현하고 있다. 기록시대는 『후한서』가 빠르고 『삼국지』가 늦고 저작 시기는 『삼국지』가 빠르고 『후한서』가 늦다. 상호의존 해석법으로 『한서』의 진·번·진국(眞/番/辰國)의 진국(辰國)과 『삼국지』와 『후한서』의 "옛 진국(古 辰國)"은 동일대상이라 설정한다.

	『三國志』	『後漢書』
	『三國志』 卷030 魏書 30東夷傳 第 030 ○ 한은 세 종족이 있으니, 하나는 마한, 둘째는 진한, 세째는 변한인데, 진한은 옛 진국(辰國)이다. ○ 마한은 [삼한 중에서] 서쪽에 위치하였다. … 모두 5십여국이 있다. …진왕은 월지국을 통치한다. ○ 변진도 12국으로 되어 있다. … 변한과 진한의 합계가 24국이나 된다. …그 중에서 12국은 진왕에게 신속되어 있다. 진왕은 항상 마한사람으로 왕을 삼아 대대로 세습하였으며, 진왕이 자립하여 왕이 되지는 못하였다. 『三國志』 卷 030 魏書 30 東夷傳 第 030, 韓, ○ 韓傳, 韓在帶方之南, 東西以海爲限, 南與倭接, 方可四千里. 有三種, 一曰馬韓, 二曰辰韓, 三曰弁韓. 辰韓者, 古之辰國也. ○ 馬韓在西. 其民土著, …凡五十餘國. …辰王治月支國. ○ 弁辰傳, 弁辰亦十二國, … 弁·辰韓合二十四國, … 其十二國屬辰王. 辰王常用馬韓人作之, 世世相繼. 辰王不得自立爲王.	『後漢書』 卷 085 東夷列傳 第 075 ○ 한은 세 종족이 있으니, 하나는 마한, 둘째는 진한, 셋째는 변진이다. 모두 78개 나라이다. 모두 옛 진국(辰國)이다. 마한이 [한족 중에서] 가장 강대하여 그 종족들이 함께 왕을 세워 진왕으로 삼아 목지국에 도읍하여 전체 삼한 지역의 왕으로 군림하는데, [삼한의] 제국왕의 선대는 모두 마한 종족의 사람이다. 『後漢書』 卷 085 東夷列傳 第 075, 韓, ○ 韓, 韓有三種, 一曰馬韓, 二曰辰韓, 三曰弁辰. ○ 馬韓在西, 有五十四國, 其北與樂浪, 南與倭接. 辰韓在東, 十有二國, 其北與濊貊接. 弁辰在辰韓之南, 亦十有二國, 其南亦與倭接. 凡七十八國, 伯濟是其一國焉. 大者萬餘戶, 小者數千家, 各在山海間, 地合方四千餘里, 東西以海爲限, 皆古之辰國也. 馬韓最大, 共立其種爲辰王, 都目支國, 盡王三韓之地. 其諸國王先皆是馬韓種人焉.

다음은 자기 준거 패러다임에 의한 설정이다. 자기 준거 패러다임이란 보조가설을 가능하면 최소화해서 오캄의 면도날처럼 설정을 최소화하려는 것이다. 진국은 『삼국지』와 『후한서』에서 두 가지 해석 가능한 변항으로 등장한다. 『삼국지』의 "한", "삼한", "옛 진국"의 해석이 문제이다. "한" = "삼한"

="옛 진국"이 바로 "진·번·진국"에서 "진국"이다. 『한서』의 "진·번·진국"에서 진국이 『삼국지』의 "한", "삼한" 중에서 진한만 "옛 진국"이다. 한은 마한, 변한, 진한이 있고, 진한은 옛 진국이다. 옛 진국에는 오직 진한만 포함되고 마한과 변한은 포함되지 않는다.

『후한서』의 "한", "삼한", "옛 진국"의 해석이 문제이다. "한"="삼한"="옛 진국"이 바로 "진·번·진국"에서 "진국"이다. 『한서』의 "진·번·진국"에서 진국이 『후한서』의 "한", "삼한", "옛 진국"이다. 한은 마한, 변한, 진한은 모두 옛 진국이다. 옛 진국에는 마한, 변한, 진한이 모두 소속된다.

1. "조선(열)전"에서 과소 결정된 불확정 미지개념들

자기준거 패러다임으로 해석한다. 양 기록에서 "조선"="조선", "진번조선"="진번조선", "진번임둔"="진번임둔", "진번방중국"="진번진국", "사군"="진번임둔, 낙랑, 현토" 등은 조선개념의 항등식에서 불확정의 미지개념들이다. 미지 개념이란 그 의미의 관계가 확정되지 않았고, 그 의미의 관계가 어느 쪽으로 확정되느냐에 따라 전체맥락이 달라지는 개념들이다.

『사기』의 "조선열전"과 『한서』 "조선전"에서는 "조선", "진·번조선", "진·번임둔", "진·번·방중국"을 어떤 관계로 해석하느냐에 따라 고조선의 수도의 수가 달라진다. 그리고 이후 한국사의 시발이 달리 설정된다.

조선개념의 방정식에서 "진번조선"="진번조선", "진번임둔"="진번임둔", "진번방중국"="진번진국", "사군"="진번임둔, 낙랑, 현토" 등은 조선의 내부일 수도 있고 외부일 수도 있다. 조선의 관련 패러다임에서 내부로 해석하느냐, 외부로 해석하느냐에 따라 그 함의가 전적으로 달라진다. 조선의 속성으로서 조선의 내부요소일 수도 있고 조선의 외부요인들로서 조선의 외부일 수도 있다.

조선 개념의 항등식(『사기』 "조선열전" = 『한서』 "조선전")

조선 개념		변수들	경우의 수?
"조선" = "조선"	=	"진번조선" = "진번조선"	연이 침략한 조선 땅; 2국
			"진·번조선" = "진·번조선" 혹은 "진번·조선" = "진번·조선"
	=	"진번임둔"	"진·번임둔" 혹은 "진번·임둔"
	=	"진번방중국" = "진번진국"	"진·번·방중국" = "진·번·진국" 혹은 "진번·방중국" = "진번·진국"
		"사군" = "진번임둔, 낙랑, 현토 사군"	"사군" = "진·번임둔, 낙랑, 현토 사군" 혹은 "사군" = "진번·임둔, 낙랑, 현토 사군"
고조선 이후		『후한서』 "동이전"	序 / 夫餘 / 挹婁 / 高句驪 / 東沃沮 / 濊 / 韓 / 撰者評
고조선 이후		『삼국지』 "동이전"	序 / 夫餘 / 高句麗 / 東沃沮 / 挹婁 / 濊 / 韓 / 撰者評

만일 "진·번·방중국" = "진·번·진국"이 조선의 내부가 옳다면 『후한서』 "동이전"과 『삼국지』 "동이전"은 진조선의 후속국가들이 "부여", "읍루", "동옥저"이고, 번조선의 후속국가들이 "예"와 '위만조선'이고, 막조선의 후속국가들이 "고구려"와 "방중국" = "진국" = "한"이다.

2. 불확정 미지개념의 해석에서 3가지 경우의 수

0) 조선 개념의 항등식에서 다음은 과소 결정된 미지 개념들이다.

(1) "조선" = "조선"은 무전제의 전제로서 동일률이다.

(2) "조선" = "조선"과 "진번조선" = "진번조선" 사이의 관계는 미지이다.

(3) "조선" = "조선"과 "진번임둔" 사이의 관계는 미지이다.

(4) "조선" = "조선"과 "진번방중국" = "진번진국" 사이의 관계는 미지이다.

(5) "조선" = "조선"과 "사군" = "진번임둔, 낙랑, 현토 사군" 사이의 관계는 미지이다.

다음은 헴펠의 가설연역적 방법이다.

헴펠의 가설-연역적 방법

보조가설			
가설	A진술[명제]	좌우 반대관계 A ↔ E	E 진술[명제]
	상하 포함관계 ∪	A ↔ O 사선 모순관계 E ↔ I	상하 포함관계 ∪
관찰명제	I진술[명제]	좌우 반대관계 I ↔ O	O 진술[명제]

미지개념들의 해석은 세 가지 경우의 수로 해석할 수 있다.

1) "조선"은 "조선"이라 해석할 경우:

(1) "조선" = "조선"은 무전제의 전제로서 동일률이다.

(2) "조선" = "조선"과 "진번조선" = "진번조선" 사이의 관계는 미지이다.

(3) "조선" = "조선"과 "진번임둔" 사이의 관계는 미지이다.

(4) "조선" = "조선"과 "진번방중국" = "진번진국" 사이의 관계는 미지이다.

(5) "조선" = "조선"과 "사군" = "진번임둔, 낙랑, 현토 사군" 사이의 관계는 미지이다.

"조선"이 "조선"이라는 것은 무전제의 전제이다. "조선"은 "조선"만 "조선"이라는 동일률을 적용하면, 그 이외에 "진번조선", "진번임둔", "진번방중국" = "진번진국"은 조선 밖의 미지 개념들로 남는다. 미지 개념들 중에서 다시 "진번"이라는 공통요소를 추출해 보아도 여전히 조선 밖의 미지 개념으로 남는다. 이 경우에 조선은 1개 국가이다. 오직 "조선"만 "조선"이고 그 이외는 모두 "조선"이 아니다.[8)]

---

8) 만일 누군가가 『사기』와 『한서』의 "조선[열]전"과 『삼국지』와 『후한서』의 "예"와 "맥" 사이에 연속성을 부정한 경우라면, 이 주장은 예와 맥이 조선 땅에서 유래하

2) "조선"은 "진번조선"이라 해석할 경우:

"조선"이 "조선"이라는 것은 무전제의 전제이다. "조선"이 "진번조선"이라 가정하는 해석의 경우는 두 가지가 가능하다. 첫째 해석은 "조선" 속에 "진번"과 "조선"이 포함되는 경우이다. 다시 말해 조선 속에 진번이라는 독자 영역과 조선 영역이라는 독자 영역이 구분된다. 둘째 해석은 "조선" 속에 "진조선"과 "번조선"이 포함되는 경우이다. 다시 말해 조선은 구성요소가 진조선과 번조선이라는 것이고 조선은 그 핵심으로서 진번이라 표현될 수 있다.

첫째 해석에서는 "조선"은 "조선"이고, "진번조선"은 "진번"과 "조선"이고, "진번임둔"은 "진번"과 "임둔"이고, "진번방중국"은 "진번"과 "방중국"이고, "진번진국"은 "진번"과 "진국"에서 "조선"과 "진번"은 모두 조선에 속한다. 이 해석은 "조선"이 "조선"이라는 무전제 해석의 연장에 속한다. 이 경우에 조선은 1개 국가이다. 큰 조선 하나 속에 작은 진번 영토와 작은 조선 영토가 포함된다.

(1) "조선" = "조선"은 무전제의 전제로서 동일률이다.

(2) "조선" = "조선"과 "眞番조선" = "眞番조선" 사이의 관계는 "조선"에 "진번(眞番)"과 "조선"이 속한다.

(3) "조선" = "조선"과 "眞番임둔" 사이의 관계는 "조선"에 "진번(眞番)"과 "임둔"이 속한다.

(4) "조선" = "조선"과 "진번방중국" = "진번진국" 사이의 관계는 "조선"에 "진번(眞番)"과 "방중국" = "진국"이 속한다.

(5) ' "조선" = "조선" '과 ' "사군" = "眞番임둔, 낙랑, 현토 사군" ' 사이의 관계는 사군 속에 진번(眞番), 임둔, 낙랑, 현토가 존재한다. 검증대상은 이후 "진번(眞番)"도 독자 영토 단위로 존재하여야 한다.

둘째 해석에서는 "조선"은 "조선"이고, "眞番조선"은 "眞조선"과 "番조선"이고, "眞番임둔"은 "眞임둔"과 "番임둔"이고 "眞番방중국" = "眞番진국"은

였다는 것과 종족의 연속성을 인정하지만, 그 근거로서 '유물의 불연속성'을 제시할 것이다. 송호정은 조선인과 예맥인이 서로 다르다고 주장한다.

다시 "眞방중국"과 "番방중국", "眞진국"과 "番진국"이 된다. 이 경우에 조선은 2개 국가이다. 즉 조선 연방국가 속에 진조선(眞조선)과 번조선(番조선)이 포함된다.

(1) "조선" = "조선"은 무전제의 전제로서 동일률이다.

(2) "조선" = "조선"과 "진번조선" = "진번조선" 사이의 관계는 "조선"이 "진조선"과 "번조선"으로 분할된다. '진번(眞番)'은 독자영토 단위로서 실체가 없다.

(3) "조선" = "조선"과 "진번(眞番)임둔" 사이의 관계는 "조선"이 "眞임둔"과 "番임둔"으로 분할된다. '진번(眞番)'은 독자영토 단위로서 실체가 없다.

(4) "조선" = "조선"과 "진번방중국" = "진번진국" 사이의 관계는 "眞방중국"과 "番방중국"이고 "眞진국"과 "番진국" 이다. '진번(眞番)'은 독자영토 단위로서 실체가 없다.

(5) "조선" = "조선"과 "사군" = "진번임둔, 낙랑, 현토 사군" 사이의 관계는 이후 "진번임둔"이 '眞임둔'과 '番임둔'으로 분할되고 '진번(眞番)'은 독자영토 단위로서 실체가 없다. 검증대상은 이후 "진번(眞番)"이 독자영토 단위로서 존재하지 않아야 한다.(이것은 『사기』 "조선열전"에서 응소가 주석한 '현토가 본래 진번국'이라는 것을 재해석하고 의심하게 만든다.)

3) "조선"은 "진번방중국" = "진번진국"이라 해석할 경우:

(1) "조선" = "조선"은 무전제의 전제로서 동일률이다.

(2) "조선" = "조선"과 "진번조선" = "진번조선" 사이의 관계는 "조선"이 "眞조선"과 "番조선"으로 분할된다.

(3) "조선" = "조선"과 "眞番임둔" 사이의 관계는 "조선"이 "眞임둔"과 "番임둔"으로 분할된다.

(4) "조선" = "조선"과 "眞番방중국" = "眞番진국" 사이의 관계는 "조선"이 "眞조선", "番조선", "방중국" = "진국"으로 분할된다.

(5) "조선" = "조선"과 "사군" = "진번임둔, 낙랑, 현토 사군" 사이의 관계는

"眞番임둔"이 眞임둔과 番임둔으로 분할되고,[9] 낙랑과 현토가 있다. 검증대상은 이후 "진번(眞番)"이 독자 영토 단위로 존재하지 않아야 한다.

3.1) 조선은 삼조선이다. 조선은 '진조선', '번조선' 그리고 '"방중국" = "진국"'으로 삼 조선이다.

첫 번째는 A 진술로 "조선은 조선이다" 라고만 해석한다. 조선 이외의 개념은 모두 조선과는 무관하다는 보조가설을 설정한 것이다.

A 진술: 모든 조선은 조선이고, 모든 진번은 진번이다.

고조선은 1조선이고, 기비-기준 조선이고 이후 위만-우거-성기 조선이고 망해서 한 사군이다. "진번조선", "진번임둔", "진번방중국" = "진번진국", "한4군" = 한 "진번임둔, 낙랑, 현토 4군"의 조건에서 조선만 조선 즉 "조선" = "조선"이라면 "진번"이 독자영토 단위로 존재하여야 한다.

I 진술: 약간의 조선은 조선이고, 약간의 진번은 진번이다.

우거조선 이후에 조선이 없다. 이 견해는 고조선이 단군조선-기자조선으로 계승된 것을 보여준다. 다시 말해서 위만조선이 망한 이후 고조선이 없다. "진번"은 위만조선의 붕괴 이전에도 독자영토 단위로 존재하여야 하고, 적어도 붕괴 이후에 "진번"이 독자영토 단위로 4군 중에 존재하여야 한다.

고조선과 포스트고조선

	『후한서』 "동이전"	序 / 夫餘 / 挹婁 / 高句驪 / 東沃沮 / 濊 / 韓 / 撰者評
	『삼국지』 "동이전"	序 / 夫餘 / 高句麗 / 東沃沮 / 挹婁 / 濊 / 韓 / 撰者評

9) 복기대, "臨屯太守章 封泥를 통해 본 漢四郡의 위치" 1997년 요령성 금서시(遼寧省 錦西市) 연산구 여아가(連山區 女兒街) 태집둔 소황지(邰集屯 小荒地)에 위치한 옛 성터를 발굴하는 과정에서 '임둔태수장(臨屯太守章)'자 봉니(封泥)와 '승(丞)'자 봉니(封泥)가 각 각 1점씩 수습되었다.

O 진술: 약간의 조선은 조선이 아니고, 약간의 진번은 진번이 아니다.

일반가설 A 진술과 관찰진술 O 진술 사이에 모순이 발생하였으니 이제 새로운 일반가설 E 진술이 필요하다. "사군" = "진번임둔, 낙랑, 현토 사군" 중에 이후 낙랑과 현토만 있고 "진번"과 "임둔"이 독자영토 단위로 없고, 특히 "진번"이 독자영토 단위로 없다. 다시 말해서 "진번조선", "진번임둔", "진번방중국" = "진번진국" "사군" = "진번임둔, 낙랑, 현토"에서 이후 용어 '진번'이 독자영토 단위로 등장하여야 하지만 '진번'이 독자영토 단위로 없다. 즉,

E 진술: 모든 조선에는 "진번"이 독자영토 단위로 존재하지 않는다.

이후 관찰명제(진술)로는 O 진술만 등장하여야 상하 포함관계가 된다.

O 진술: 약간의 진번이 독자 영토 단위로 존재하지 않는다.

"사군" = "진번임둔, 낙랑, 현토 사군"은 『사기』 "사군", 『한서』, 『삼국지』, 『진서』, 『자치통감』 그리고 『후한서』, 『무릉서』, 『규원사화』 등에 등장한다. 이중에 『사기』, 『한서』, 『삼국지』, 『진서』 등은 "진번"이 존재하지 않고 "진"과 "번" 이국만 존재하는 것으로 해석하여도 무방하다.

O 진술 1: 『사기』 '조선열전'에는 "사군"만 거론되고 구체적 명칭은 없다. '남월열전', '서남이열전' 등에도 설치된 군의 이름이 기록되지 않았다.

O 진술 2: 『한서』 '지리지'에는 낙랑군은 원봉3년(BC108), 현도군은 원봉 4년(BC 107)으로 설치된 연도가 다르게 나타난다. "진번"은 없다.

O 진술 3: 『삼국지』 '동이전'에 건안(建安) 연간(196～220)에 요동의 군벌 공손강이 낙랑의 둔유현(屯有縣) 이남을 분할하여 대방을 설치했으며, 경초(景初) 연간(237～239)에 사마의가 공손연을 공격하여 복속시켰다. "진번"

은 없다. 둔유현은 "임둔"에서 유래한 것이다.

O 진술 4: 『진서』 '지리지'에 276년에 평주(平州)를 신설하고 낙랑군을 소속시켰다고 한다. "진번"은 없다.

O 진술 5: 『자치통감』 '진기(晉紀)'에 313년에 낙랑, 대방 지역의 군벌 장통(張統)이 미천왕의 공격을 받아 견디지 못하고 백성들을 이끌고 선비족의 모용외에게 항복하였다고 한다. 모용외는 자신의 세력권인 요서·요동 지역에 낙랑군을 설치하고 장통을 태수로 삼았다. "진번"은 없다.

본기

이 때 이미 남월을 멸망시켰다. 그 다음 해에 조선을 정벌하였다.

『史記』 卷十二 孝武本紀第十二

是時旣滅南越,

其明年, 伐朝鮮. 夏, 旱. 公孫卿曰 : 「黃帝時封則天旱, 乾封[一]三年.」上乃下詔曰 : 「天旱, 意乾封乎? 其令天下尊祠靈星焉.」[二]

서

월이 망할 때 형혹이 두성을 지켰다. 조선을 빼내 차지할 때 성불이 하에서 지켰다.

越之亡, 熒惑守斗 ; [四]朝鮮之拔, 星茀[五]于河戍 ; [六]兵征大宛, 星茀招搖 : [七]此其犖犖[八]大者. 若至委曲小變, 不可勝道. 由是觀之, 未有不先形見而應隨之者也.(권 27, 천관서)

그 다음 해에 조선을 정벌하였다.

其明年, 伐朝鮮. 夏, 旱. 公孫卿曰 : 「黃帝時封則天旱, 乾封三年.」上乃下詔曰 : 「天旱, 意乾封乎? 其令天下尊祠靈星焉.」(권 28, 봉선서)

열전

원정 5년 가을, 승상이 죄가 있어 파직하였다. … 이 때 한나라가 남으로 양월을 주살하고 동으로 조선을 치고 북으로 흉노를 쫓아내고 서로 대완을 정벌하니 중국이 일이 많았다.

『史記』 卷一百三 萬石張叔列傳第四十三

元鼎五年秋, 丞相有罪, 罷. [一]制詔禦史 :「萬石君先帝尊之, 子孫孝, 其以禦史大夫慶爲丞相, 封爲牧丘侯.」是時漢方南誅兩越, 東擊朝鮮, 北逐匈奴, 西伐大宛, 中國多事.

전한(前漢) 기원전 202년~서기 8년

제7대	한 세종(漢世宗)	효무황제(孝武皇帝)	유철(劉徹)	건원(建元)전140년~전 135년 원광(元光)전134년~전 129년 원삭(元朔)전128년~전 123년 원수(元狩)전122년~전 117년 원정(元鼎)전 116년~전111년 원봉(元封)전 110년~전105년 태초(太初)전104년~전 101년 천한(天漢)전100년~전97년 태시(太始)전96년~전93년 정화(征和)전92년~전89년 후원(後元)전88년~전87년	기원전 141년~기원전 87년	기원전 156년~기원전 87년	무릉(茂陵)
제8대	-	효소황제(孝昭皇帝)	유불릉(劉弗陵)	시원(始元) 전 86년~전 80년 원봉(元鳳) 전 80년~전 75년 원평(元平) 전 74년	기원전 87년~기원전 74년	기원전 94년~기원전 74년	평릉(平陵)
제9대	-	폐황제(廢皇帝)(창읍왕(昌邑王), 해혼후(海昏侯))	유하(劉賀)	-	기원전 74년	기원전 92년~기원전 59년	-
-	-	효도황제(孝悼皇帝)(한 선제 추숭)	유진(劉進)	-	-	-	-
제10대	한 중종(漢中宗)	효선황제(孝宣皇帝)	유순(劉詢)	본시(本始) 전 73년~전 70년 지절(地節) 전 69년~전 66년 원강(元康) 전 65년~전 61년 신작(神爵) 전 60년~전 58년 오봉(五鳳) 전 57년~전 54년 감로(甘露) 전 53년~전 50년 황룡(黃龍) 전 49년	기원전 74년~기원전 49년	기원전 91년~기원전 49년	두릉(杜陵)

제11대	한 고종 (漢高宗)	효원황제 (孝元皇帝)	유석 (劉奭)	초원(初元) 전 48년~전 44년 영광(永光) 전 43년~전 39년 건소(建昭) 전 38년~전 34년 경녕(竟寧) 전 33년	기원전 49년 ~기원전 33년	기원전 75년 ~기원전 33년	위릉 (渭陵)
제12대	한 통종 (漢統宗)	효성황제 (孝成皇帝)	유오 (劉驁)	건시(建始) 전 32년~전 29년 하평(河平) 전 28년~전 25년 양삭(陽朔) 전 24년~전 21년 홍가(鴻嘉) 전 20년~전 17년 영시(永始) 전 16년~전 13년 원연(元延) 전 12년~전 9년 수화(綏和) 전 8년~전 7년	기원전 33년 ~기원전 7년	기원전 52년 ~기원전 7년	연릉 (延陵)
-	-	효공황제 (孝恭皇帝) (한 애제 추숭)	유강 (劉康)	-	-	-	-
제13대	-	효애황제 (孝哀皇帝)	유흔 (劉欣)	건평(建平) 전 6년~전 3년 원수(元壽) 전 2년~전 1년	기원전 7년 ~기원전 1년	기원전 26년 ~기원전 1년	의릉 (義陵)
제14대	한 원종 (漢元宗)	효평황제 (孝平皇帝)	유간 (劉衎)	원시(元始) 서기 1년~5년	기원전 1년 ~5년	기원전 9년 ~5년	강릉 (康陵)
제15대	-	유자 (孺子) (정안공 (定安公))	유영 (劉嬰)	거섭(居攝) 6년~8년 초시(初始) 8년	6년~8년	5년~25년	-
비고: 제3대 황제인 소제의 휘는 공(恭)으로 알려져 있으나, 후대의 기록으로 근거는 알 수 없다.							

『사기』 권110, 흉노열전

한나라 사신 양이 흉노에서 신임을 얻었다. 이 때 한나라는 동으로 예·맥 조선을 발취해서 군을 삼았다. 그리고 서로 주천군을 두고 호와 강의 통로를 격절시켰다.

漢使楊信於匈奴. 是時漢東拔穢·貉朝鮮以爲郡, [一]而西置酒泉郡[二]以鬲絶胡與羌通之路.

대장군이 단오를 포위한 지 14년 후에 죽었다. 마침내 흉노를 다시 공격하지 못하니 말이 없어서다. 그리고 바야흐로 남으로 양월을 주살하고 동으로 조선을 정벌하고 강과 서남이를 격퇴하니 이런 까닭으로 오랫동안 호를 정벌하지 못하였다.

自大將軍圍單於之後, 十四年而卒. 竟不複擊匈奴者, 以漢馬少, 而方南誅兩越, 東伐朝鮮, 擊羌, 西南夷, 以故久不伐,胡.

『사기』 권111 위장군표기열전 제51

장군 순체는 태원 광무인이다. 어견 시중으로써 교위가 되고 수차에 걸쳐 대장군을 따랐다. 원봉 3년에 좌장군이 되어 조선을 공격하였으나 공이 없었다. 루선장군을 잡아 좌형으로 죽였다.

『史記』 卷一百一十一 衛將軍驃騎列傳第五十一

將軍荀彘, 太原廣武人. 以禦見, [一]侍中, 爲校尉, 數從大將軍. 以元封三年爲左將軍擊朝鮮, 毋功. 以捕樓船將軍坐法死.

『사기』 권115 제55 조선열전

『史記』 卷一百一十五 朝鮮列傳第五十五

3. 고조선 삼조선설의 장애물: 독자영토 “진번”의 가능성

그런데, 일반가설 E 진술은 모순관계인 I 진술이 등장하지 않아야 한다. 이 경우를 검토 해 보자.

I 진술: 약간의 진번이 독자영토 단위로 존재하고 있다.

이중에서 『사기』 “화식열전”, 『후한서』 “군국지”, 『무릉서』, 『삼국유사』 “4군2부”, 『규원사화』는 “진번”을 독자영토 단위로 상정하고 있다. 이 경우에 진번이 독자영토 단위가 아니라는 E진술은 성립할 수 없다. I 진술이 확실히 성립하는지 검토해 보아야 한다.

고조선과 "진·번"

	『사기』 "화식열전"
	○ 연국(燕國)은 발해와 갈석산 사이에 있는 큰 고을 이다. 연나라는 남쪽으로는 제/ 조(齊, 趙)와 통하고, 동북쪽은 호(胡)와 경계를 접하며, 상곡으로부터 요동에 이르고 있다. 변두리 땅은 아주 먼 곳에 있어서 주민이 적고 자주 침범을 당하였다. 민속은 조/ 대(趙, 代)와 대단히 닮아 있으나 이곳 백성은 독수리처럼 사납고 사려가 얕다. 물고기, 소금, 대추, 밤이 많이 난다. 북쪽은 오환부여(烏桓夫餘)와 이웃해 있고, 동쪽은 예·맥조선의 진번[임둔](穢貉朝鮮 眞番[臨屯])의 이득을 관장한다.
	『史記』"貨殖列傳"
	○ 夫燕亦勃, 碣之間一都會也. 南通齊, 趙, 東北邊胡. 上谷至遼東, 地踔遠, 人民希, 數被寇, 大與趙, 代俗相類, 而民雕捍少慮, 有魚鹽棗栗之饒. 北鄰烏桓夫餘, 東綰穢·貉朝鮮眞·番[臨屯]之利.

I 진술1: 『사기』 "화식열전"에 "예맥 조선 진번"이 존재한다.

참고로 『사기』 "조선열전"에서는 "진번임둔"과 "4군"만 등장해서 "진번"군을 상정하지 않아도 된다. 그러나 『사기』 "화식열전"에는 "오환부여"와 "예맥조선진번"이 등장해서 어떻게 끊어 읽어야 하느냐의 문제에 직면한다. 『사기』 "화식열전"에서 "오환부여"는 '오환'과 '부여'로 해석하거나 부여 중에 '오환부여'라는 부여족의 별종으로 해석할 수 있다. "예맥조선진번"은 "예맥조선"을 예족과 맥족으로 구성된 단일 조선으로 해석하고 이후 "진번"을 '예맥조선'의 진조선("북부여")과 번조선("예")의 임둔[국경수비대]으로 해석하면 '진번'은 독자영토 단위로 상정되지 않는다. 또 당시 조선을 "예맥조선진번"으로만 표현한 이유는 조선 중에 "방중국" = "진국"과 "맥구려"는 연과 거리가 멀어 접촉하지 않아서 기술하지 않는 것이다. 결국 독자영토 단위 '진번'은 존재한다는 I 진술은 입증될 수 없다. 이 "예맥조선진번[임둔臨屯]"은 예조선과 맥조선에서 진임둔과 번임둔에서 임둔을 생략하고 진/번이라 한 것이다.

『후한서』 "군국지", 『삼국유사』 "4군2부"

“진·번”의 성립여부

	『後漢書』	『三國유사』
	『後漢書』 卷 085 東夷列傳 第 075 ○ 濊	○ 『삼국유사』 卷 第一 제1 기이(紀異第一) 2부(二府)
	○ 원봉 3년(B.C.108)에 이르러서는 조선을 멸망시키고, 그 땅을 나누어 낙랑·림둔·현토·진번의 사군을 두었다. 소제 시원 5년(B.C.82)에는 임둔진과 임둔번을 폐지하여 낙랑과 현도에 합병하였다. 현도는 다시 [고]구려로 옮겼으며 단단대령의 동쪽의 옥저와 예맥은 모두 낙랑에 예속되었다. 뒤에 그 지역이 넓고 멀리 떨어져 있어서, 다시 [대]령의 동쪽 7현을 떼어 낙랑군에 속한 동부도위를 두었다. [예가 한에] 복속된 후부터 풍속이 점점 나빠짐에 따라, 법령도 점차 늘어나 60여조나 되었다. [후한] 건무 6년(A.D.30; 고구려 대무신왕 13)에 [동부]도위의 관직을 폐지하고, [대]령 동쪽의 지역을 포기한 뒤, 그 지방의 거수들을 봉해 현후로 삼으니, 세시마다 모두 와서 조하하였다.	○ 『전한서(前漢書)』에 “소제(昭帝) 시원(始元) 5년 기해(82년 미상 음력)에 두 개의 외부(外府)를 두었다.”라고 하였는데 이는 조선 의 옛 땅인 평나(平那)와 현토군(玄菟郡) 등이 평주도독부(平州都督府)로 되고 임둔·낙랑 등 두 군 지역에 동부도위부(東部都尉府)를 둔 것을 말함이다. 내 생각으로는 「조선전(朝鮮傳)」에는 진번·현토·임둔·낙랑 등 4군으로 되어 있는데 지금은 평나가 있고 진번이 없으니 아마 같은 지방의 두 이름일 것이다.
	○ 元朔元年(B.C.128), 武帝年也. 濊君南閭等 畔右渠, 率二十八萬口詣遼東內屬, 武帝以其地爲蒼海郡, 數年乃罷. 至元封三年, 滅朝鮮, 分置樂浪·臨屯·玄菟·眞番四(部)[郡]. 至昭帝 始元五年, 罷臨屯眞·番, 以幷樂浪·玄菟. 玄菟復徙居句驪. 自單單大領已東, 沃沮·濊貊悉屬樂浪. 後以境土廣遠, 復分領東七縣, 置樂浪東部都尉. 自內屬已後, 風俗稍薄, 法禁亦浸多, 至有六十餘條. 建武六年, 省都尉官, 遂棄領東地, 悉封其渠帥爲縣侯, 皆歲時朝賀.	○『三國遺事』 卷 第一 紀異第一 二府 [규장각본1512년국보 306-2호]二府 『前漢書』昭帝始元五年己亥 置二外府謂 朝鮮 舊地 平那 及 玄菟郡 等爲 平州都督府 臨屯 樂浪 等兩郡之地置 東部都尉府 私曰 朝鮮傳則 眞畓 玄菟 臨屯 樂浪 等四今有 平那 無 眞畓 盖一地二名也

I 진술 2: 『후한서』 “예전”에 ‘임둔 진번이 존재한다.’(I 진술)

『후한서』 “군국지”에 낙랑군과 현도군에 대한 간략한 건치연혁과 함께 낙양과의 거리를 각각 5000리, 4000리로 기록하고 있다. 이 경우는 "진번"을 독자영토 단위로 상정할 필요가 없다.

그러나 『후한서』 "예전"에서 사군은 낙랑, **임둔**, 현토, **진번**으로 등장순서가 달라지고 또 그 후 108-82 = 26년 후에 임둔 진번을 폐지하여 낙랑과 현토에 병합하였다고 한다. 이 경우에 진번이 독자영토 단위로 존재할 수 있다. 그러나 이런 서술은 진번이 독자영토 단위라는 것을 보증한다기보다는 부지불식간에 노출된 부주의한 서술의 결과로 보인다.

논리적으로 『한서』의 "진번임둔, 낙랑, 현토 4군"을 『후한서』처럼 "낙랑, 임둔, 현토, 진번 4군"으로도 쓸 수 있다면 "진번"이 독자영토 단위로 존재할 수 있다. 이 경우에 O 진술로 '"진번임둔"이란 실은 "진임둔"과 "번임둔"이므로 "진번"은 독자 영토단위일 수 없다.' 라 해석한 독법은 성립할 수 없다.

그렇지만 "임둔" [독자영토 단위]과 "진번" [독자영토 단위]을 폐하고 "낙랑"과 "현토"에 병합한 대목은 "임둔진" [독자영토 단위]과 "임둔번"[독자영토 단위]을 폐지해 "낙랑"과 "현토"에 병합하였다고 해도 대세에 전혀 변화가 없다. 이런 이유로 『후한서』에서 갑자기 처음 등장한 이 "임둔"과 "진번"을 분리한 개념은 『한서』 "진번임둔"의 부주의한 착각으로 보아도 무방하다. 결국 독자영토 단위 '진번'은 존재한다는 I 진술은 입증될 수 없다.

I 진술 3: 『무릉서』 사마상여에 의하면, '임둔군, 진번군의 위치를 장안으로부터 각각 6138리, 7640리 떨어져 있다' 고 한다. [즉 진번군이 독자영토 단위로 존재하고 있다.] 혹은 '임둔진번군의 위치를 장안으로부터 각각 6138리, 7640리 떨어져 있다' 의 착간으로 해석하면, '임둔진'군과 '임둔번'군으로 해석할 수 있다.

또 사마상여는 무제가 조선을 군현을 설치하기 9년 전에 죽었기에 『무릉서』의 이 I 진술 기록은 논리적으로 신뢰할 수 없는 것이다. 결국 독자영토 단위 '진번'은 존재한다는 I 진술은 입증될 수 없다.

Ⅰ 진술 4: 『삼국유사』 "4군2부"에서 진번의 존재를 묵시적으로 전제한 후에 논리를 전제하고 있다.

『삼국유사』에는 『전한서』 지리지를 인용하는데, "4군2부"는 낙랑과 현토만 존재한다.

일연은 4군으로 평나와 낙랑, …와 현토만 등장하는 것을 보고 왜 "평나"만 존재하고 "진번"이 없는지 묻고 있다. 왜 진번이 존재하지 않을까 라는 의문은 진번이 당연히 독자영토 단위로 존재해야 한다는 믿음이 전제되어 있다[일연의 마음 속에 '진번이 독자영토 단위로 존재한다']. 이것은 일연이 『사기』 "조선열전"과 『한서』 "조선전"의 "진번임둔"을 "진번" [독자영토 단위]과 "임둔"[독자영토 단위]으로 독해할 때만 가능한 의문이다.

일연은 『삼국유사』에서"진번군"이 독자영토 단위로 존재하는 것으로 잘못 해석하고 있고 그 결과 위만조선 이외에 존재하는 "진번조선", "진번방중국" = "진번진국"에서의 삼조선을 간과한다.

다음은 이 책 Ⅰ부 2장 해모수 신화 분석에서 이미 입증하여 둔 것이다. 이런 해석은 일연이 고조선의 후속 국가 북부여의 건국 연대인 임술년(壬戌年)을 재해석하게 만든다. 일연은 당시 조선 땅에 한사군 이외는 없다고 오독하였기 때문에 당시 그곳에서 건국하였다는 『고기』의 북부여 천제 해모수의 임술년 건국 기록을 그대로 수용하기 어려웠다. 일연은 북부여 건국연도 임술년을 늦추어 파악하여 서기전 59년으로 추가하였다. 북부여의 건국 연대에 나타나는 이런 오류는 '해모수-동명-주몽의 비교분석'[이 책 Ⅰ부 4장 해모수 신화 분석 논문]으로 논리적으로 입증할 수 있다. 결국 일연이 마음속으로 전제한 Ⅰ 진술은 입증될 수 없다.

Ⅰ 진술 5: 『규원사화』 "단군기"에 진번후가 존재한다.

『규원사화』 "단군기"에는 진번후 기사가 빈번하게 등장한다. 『규원사화』의 진번후는 진번임둔후에서 임둔을 생략한 표현이고 결국 진임둔과 번임둔의 후, 즉 국경수비대장이라는 의미이다. 적어도 『규원사화』의 Ⅰ 진술은 다른 근거 없이 그 자체로 인정할 수 있는 것은 아니다.

도대체 『규원사화』 "단군기"의 진번후 기사는 무슨 의미일까? 『삼국유사』에서 일연이 "평나"와 "진번"이 '1지역 2명칭' 이라 주장한 연결고리로 파악해 보면 진번후는 평나후이고, 평나후는 서안평의 맥구려이다. 다시 말해 『규원사화』 "단군기"의 진번후는 평나-맥구려 대인이 원형이라 추정할 수 있다. 이후 추가 연구가 필요하다.

결국 이상의 논증을 총정리하면, O 명제로 '진번이 독자영토 단위로 존재하지 않는다' 는 것은 입증할 수 있었다. 국경수비대 '임둔'은 경우의 수로서라도 독자영토로 존재 가능하지만 '진번'은 독자영토 단위로 그 실체가 존재할 수 없다.

이중에 『사기』 "화식열전"에서 "예맥조선진번"은 조선의 나열형 총칭이고, 진번과 임둔을 독자영토 단위인 것처럼 순서를 바꾸어 표현한 『후한서』 "예"전은 부지불식간에 저지른 착오이고, 『무릉서』는 위서이다.

만일 일반가설 E 진술로 ['모든 "진번"이 독자영토 단위로 존재하지 않는다']이 관찰명제로 O 진술로 ['약간의 진번이 독자영토 단위로 존재하지 않는다.']만 유지되는 동안은 입증되었고, 이것은 이후 새로운 가설이 필요하다.

3.2) 두 번째는 A 진술로 "조선이 진번조선을 포함한다."고 해석한다. 조선 이외의 개념 중에 '"진번조선" = "진번조선"'만 조선에 포함되고 나머지는 모두 조선과는 무관하다는 보조가설을 설정한 것이다.

A 진술: 조선에서 모든 진번은 진과 번으로 분할할 수 있다.

고조선은 2조선이고, "진번조선"이 포함되고, 그것은 진조선과 번조선이다.

I 진술: 약간의 진번은 진과 번의 단위로 분할된다. [즉, "진번조선"이 '진조선'과 '번조선'이고, "진번임둔"이 '진임둔'과 '번임둔'이고, "진번방중국"은

'진방중국'과 '번방중국'이고, "진번진국"이 '진진국'과 '번진국'이다. 다시 말해 진조선은 "부여"이고 번조선은 "예"이다.]

진번은 독자영토 단위에서 진조선과 번조선으로 분할된다. 진조선이 부여라는 것은 『삼국유사』에서 고조선 이후 최초 국가가 "북부여"인 것으로 알 수 있다. 진조선이 부여라는 것은 『후한서』와 『삼국지』 "동이전"에서 "부여"가 처음 등장하고 강국인 것으로 확인할 수 있다.

번조선이 "예"라는 것은 『후한서』와 『삼국지』 "예전"에 기준왕-위만조선-한군현 기록이 등장하는 것으로 알 수 있다.

'진/번/방중국＝진번진국' 중의 진조선[부여]/ 번조선[예]

	『후한서』 "동이전"	序 / 夫餘 / 挹婁 / 高句驪 / 東沃沮 / 濊 / 韓 / 撰者評
	『삼국지』 "동이전"	序 / 夫餘 / 高句麗 / 東沃沮 / 挹婁 / 濊 / 韓 / 撰者評

O 진술: 조선은 진과 번의 독자영토 단위로만 양분되어 분할되는 것이 아니라 적어도 3분되어 분할된다. "진번방중국"＝"진번진국"이 진조선과 번조선 그리고 진국이다. 진조선은 "부여"이고 번조선은 "예"이고 막조선은 ' "방중국"＝"진국"＝"한" '이다. 조선은 3조선이다.

A 진술은 조선이 "진번조선"의 '2조선'이라 하고, O 진술은 조선이 ' "진번방중국"＝"진번진국" '의 '3조선'이라 하면 조선이 2분할과 3분할 사이에 상호 모순관계에 직면한다. 이 견해는 관찰명제로 O 진술에 봉착하면 새로운 가설이 필요하다.

3.3) 세 번째는 A 진술로 "조선이 진번방중국을 포함한다"고 해석한다. 조선 이외의 개념 중에 ' "진번방중국"＝"진번진국" '만 조선에 포함되고 나머지

는 모두 조선과는 무관하다는 보조가설을 설정한 것이다.

A 진술: 고조선은 3조선이고, "진번방중국"이고, 그리고 "진번진국"이다. 즉 조선은 진조선, 번조선, '방중국=진국'이다.

I 진술: 고조선은 진조선, 번조선, 막조선이니, 진조선은 부여, 동옥저, 읍루이고, 번조선은 예, 한, '기비-기준-위만-우거-성기 조선'이고, 막조선은 ' "방중국"="진국"="삼한" '과 ' "맥구려"-"고구려" '이다.

고조선은 조선이고, 진번조선이 진조선과 번조선이고, 진번임둔이 진임둔과 번임둔이고, 그리고 진번방중국이 진조선, 번조선, 방중국이고, 진번진국이 진조선, 번조선, 진국이다. 다시 말해서, 진조선은 부여[예족] 등이고, 번조선은 "예"와 우거조선-한군현이고, 막조선은 부여의 별종인 맥구려와 "한"="진국"="방중국"이다.

'진번방중국=진번진국' 중 진조선[부여]/ 번조선[예]/ 막조선[한]

	『후한서』 "동이전"	序 / 夫餘 / 挹婁 / 高句驪 / 東沃沮 / 濊 / 韓 / 撰者評
	『삼국지』 "동이전"	序 / 夫餘 / 高句麗 / 東沃沮 / 挹婁 / 濊 / 韓 / 撰者評

고조선은 삼조선이고, 그것은 (3)진조선, (2)번조선, (1)막조선이다. 이중에 (1) 막조선은 네 개의 국가가 후보자이다. 첫째 『삼국지』와 『후한서』 "동이전"의 "한"이 옛 진국으로 『사기』 "방중국"이고 『한서』 "진국"이다. 둘째, 『후한서』 "동이전" "고구려"로 보아 고구려의 전신 중에 "맥 구려"가 있어 "맥"이 "막조선"이다. 또 셋째, 『삼국사기』 대무신왕(20년)이 흡수한 '최씨 낙랑국'은 고구려와 삼한 사이에 존재해서 막조선에 위치한 것을 알 수 있다. 대무신왕(27년) 가을 9월에 한나라 광무제가 군사를 보내 바다를 건너와서 낙랑을 치고 그 지역을 탈취하여 군 현을 만드니 살 수 이남이 한나라

에 속하게 되었다. 그리고 25사 이래 전래한 '동이대민족주의 사관(東夷大民族主義 史觀)'에 의하면, 『삼국지』와 『후한서』 "동이전"의 "왜"는 "삼한"의 동족 후국으로 추정할 수 있다. ("맥"에서 "맥궁"이 생산되고 있다.) 이것은 거시적으로 잘 성립하고 있다.

맥궁과 고구려

	『삼국지』 "고구려" 三國志 卷 030 魏書 30 東夷傳 第 030 高句麗	『후한서』 "고구려" 後漢書 卷 085 東夷列傳 第 075 高句驪
	○ 고구려 고구려는 료동의 동쪽 천리 밖에 있다. 남쪽은 조선예·맥과, 동쪽은 옥저와, 북쪽은 부여와 경계를 접하고 있다. 환도의 아래에 도읍 하였는데 면적은 사방 2천리가 되고 호수는 3만이다.	○ 고구려 고구려는 료동의 동쪽 천리 밖에 있다. 남쪽은 조선예·맥, 동쪽은 옥저, 북쪽은 부여와 접경하여 있다. 그 나라의 넓이는 사방 2천리이다.
	○ 高句麗傳 高句麗 在遼東之東千里, 南與朝鮮濊貊, 東與沃沮, 北與夫餘接. 都於丸都之下, 方可二千里, 戶三萬.	○ 高句驪 高句驪, 在遼東之東千里, 南與朝鮮濊貊, 東與沃沮, 北與夫餘接. 地方二千里.
	○ 큰 산과 깊은 골짜기가 많고 넓은 들은 없어 산골짜기에 의지하여 살면서 산골의 물을 식수로 한다. 좋은 전지가 없으므로 부지런히 농사를 지어도 식량이 충분하지 못하다. 그들의 습속에 음식은 아껴 먹으나 궁실은 잘 지어 치장한다. 거처하는 좌우에 큰 집을 건립하고 [그곳에서] 귀신에게 제사지낸다. 또 령성과 사직에도 제사를 지낸다. 그 나라 사람들의 성질은 흉악하고 급하며, 노략질하기를 좋아한다. 그 나라에는 왕이 있고, 벼슬로는 상가·대로·패자·고추가·주부·우태·승·사자·조의·선인이 있으며, 신분의 높고 낮음에 따라 각각 등급을 두었다.	○ 큰 산과 깊은 골짜기가 많으며 사람들은 산골짜기에 의지하여 산다. 농사지을 땅이 적어서 힘껏 농사를 지어도 자급하기에 부족하기 때문에 그 습속에 음식을 아낀다. 그러나 궁실은 잘 지어 치장한다. 동이들이 서로 전하여 오기를 [고구려는] 부여의 별종이라 하는데, 그러한 까닭으로 언어와 법칙이 [부여와] 많이 같다. 무릎을 꿇고 절을 할 적에 한 쪽 다리는 펴서 끌며, 걸을 때는 모두 달음박질을 치듯 빨리 간다.

	『삼국지』 “고구려” 三國志 卷 030 魏書 30 東夷傳 第 030 高句麗	『후한서』 “고구려” 後漢書 卷 085 東夷列傳 第 075 高句驪
	○ 多大山深谷, 無原澤. 隨山谷以爲居, 食澗水. 無良田, 雖力佃作, 不足以實口腹. 其俗節食, 好治宮室, 於所居之左右立大屋, 祭鬼神, 又祀 靈星·社稷. 其人性凶急, 喜寇鈔. 其國有王, 其官有相加·對盧·沛者·古雛加·主簿·優台丞·使者·皁衣先人, 尊卑各有等級.	○ 多大山深谷, 人隨而爲居. 少田業, 力作不足以自資, 故其俗節於飮食, 而好修宮室. 東夷相傳以爲夫餘別種,故言語法則多同, 而跪拜曳一脚, 行步皆走.
	○ 또 소수맥(小水貊)이 있다. [고]구려는 대수유역에 나라를 세워 거주하였는데, 서안평현의 북쪽에 남쪽으로 흘러 바다로 흘러드는 작은 강이 있어서, 고구려의 별종이 이 소수유역에 나라를 세웠으므로, 그 이름을 따서 소수맥이라 하였다. 그곳에서는 좋은 활이 생산되니, 이른바 맥궁이 그것이다.	○ 구려(句驪)는 일명 맥(一名 貊)이라 부른다. 별종이 있는데, 소수에 의지하여 사는 까닭에 이를 소수맥이라 부른다. 좋은 활이 생산되니 이른바 맥궁이 그것이다.
	○ 又有小水貊. 句麗作國, 依大水而居, 北有小水, 句麗 別種 依小水作國, 因名之爲小水貊, 出好弓, 所謂“貊弓”是也.	○ 句驪 一名貊(耳), 有別種, 依小水爲居, 因名曰小水貊. 出好弓, 所謂“貊弓”是也.

(2) 번조선은 여러 갈래로 분할된 것을 기비-기준왕 부자의 행적의 세 갈래 후속기록으로 파악할 수 있다. 하나는 『후한서』와 『삼국지』 “동이전”의 “예”족이고, 다른 하나는 “동이전”의 “한”족이고, 마지막 하나는 『사기』와 『한서』 “조선(열)전”의 위만-우거-성기의 ‘조선’ 기록들이다. 번조선이 “예”인 것은 기자준왕의 출전이 등장하는 것으로 보아 『삼국지』와 『후한서』 “동이전”의 “예”와 『사기』와 『한서』 “조선(열)전”의 위만조선에서 확인할 수 있다. 『사기』의 “조선열전”과 『한서』의 “조선전”의 조선왕 준은 위만에게 왕위를 빼앗기고 있다. 위만조선은 기준의 번조선이 분할된 한 갈래이다. 조선왕 준에 대해서는 『후한서』 “동이전”의 “예”와 『삼국지』 “동이전”의 “예”에서 등장하는 것으로 보아 번조선의 남은 족속은 예족으로 남아 있다.(“예”에

서 "단궁"이 생산되고 있다. 이것은 낙랑의 특산품이다.) 이것은 거시적으로 보아 적어도 매우 그럴듯한 주장이다.

단궁과 예

	『삼국지』 "예" 三國志 卷 030 魏書 30 東夷傳 第 030 濊	『후한서』 "예" 後漢書 卷 085 東夷列傳 第 075 ○ 濊
	○ 예는 남쪽으로는 진한과, 북쪽으로는 고구려·옥저와 접하였고, 동쪽으로는 대해에 닿았으니, 오늘날 조선의 동쪽이 모두 그 지역이다. 호수는 2만이다. ○ 濊傳 濊南與辰韓, 北與高句麗·沃沮接, 東窮大海, 今朝鮮之東皆其地也. 戶二萬.	○ 예는 북쪽으로는 고구려·옥저와, 남쪽으로는 진한과 접해 있고, 동쪽은 대해에 닿으며, 서쪽은 악랑에 이른다. 예 및 옥저·고구려는 본디 모두가 [옛] 조선의 지역이다. ○ 濊 濊 北與高句驪·沃沮, 南與辰韓接, 東窮大海, 西至樂浪. 濊及沃沮·句驪, 本皆朝鮮之地也.
	○ 일찍이 기자가 조선에 가서 팔조의 교를 만들어 그들을 가르치니, 문을 닫아 걸지 않아도 백성들은 도둑질을 하지 않았다. 그 뒤 40여세를 지나 조선후 준이 참람되게 王이라 일컬었다. [진나라 말년에] 진승 등이 기병하여 온 천하가 진나라에 반기를 드니, 연·제·조지역의 백성 수만인이 조선으로 피난하였다. 연나라 사람 위만이 북상투를 하고(魋結), 오랑캐의 복장으로 [조선에] 와 그 왕이 되었다. 한 무제는 조선을 정벌하여 멸망시키고, 그 지역을 분할하여 사군을 설치하였다. 이 뒤로부터 호족과 한족 사이에 점차 구별이 생겼다. 昔箕子旣適朝鮮, 作八條之教以教之, 其後四十餘世, 朝鮮侯(淮)[準], 僭號稱王. 陳勝等起, 天下叛秦, 燕·齊·趙民避地朝鮮數萬口. 燕人衛滿, 魋結夷服, 復來王之. 衛滿事, 詳見後. 裴注, 引魏略漢書陸賈傳, 尉佗, 魋結箕踞. 服虔曰, 魋, 音椎. 今兵士, 魋頭髻也. 漢武帝伐滅朝鮮, 分其地爲四郡. 自是之後, 胡·漢稍別.	○ 일찍이 [주] 무왕이 기자를 조선에 봉하니, 기자는 [조선 백성에게] 예의와 농사짓는 법과 양잠하는 법을 가르쳤다. 또 팔조의 교를 제정하니, 그 나라 사람들이 마침내 서로 도둑질을 하지 않아 [밤에도] 문을 닫지 아니하고, 부인들은 정절을 지키며 음식은 변두를 사용하여 먹었다. 그 뒤 40여世를 지나 조선후 준에 이르러 스스로 왕이라 칭하였다. 한 초의 대혼란기에 연·제·조나라 사람으로서 그 지역으로 피난간 사람이 수만명이나 되었는데, 연나라 사람 위만은 준을 공격하여 깨뜨리고, 스스로 조선의 왕이 되어 나라가 손자 우거에게까지 전하여졌다. 昔武王封箕子於朝鮮, 箕子教以禮義田蠶, 又制八條之教. 其人終不相盜, 無門戶之閉. 婦人貞信. 飲食以籩豆. 其後四十餘世, 至朝鮮侯 準, 自稱王. 漢初大亂, 燕·齊·趙人往避地者數萬口, 而燕人衛滿擊破準而自王朝鮮, 滿誘亡黨, 衆稍多, 遂還攻準也. 傳國至孫右渠. 右渠者, 其孫名也.

	『삼국지』 "예" 三國志 卷 030 魏書 30 東夷傳 第 030 濊	『후한서』 "예" 後漢書 卷 085 東夷列傳 第 075 ○ 濊
	○ [예에는] 대군장이 없고 한대 이래로 후·읍군·삼로의 관직이 있어서 하호를 통치하였다. 그 나라의 노인들은 예부터 스스로 일컫기를 '[고]구려와 같은 종족이다'라고 하였다. 그들의 성질은 조심스럽고 진실하며 욕심이 적고 렴치가 있어, 남에게 구걸하거나 도움을 청하지 않는다. 언어와 예절 및 풍속은 대체로 [고]구려와 같지만 의복은 다르다. 남녀가 모두 곡령을 입는데, 남자는 넓이가 여러 치 되는 은화를 옷에 꿰매어 장식한다.	○ [예에는] 대군장이 없고, 그들의 관직으로는 후와 읍군과 삼로가 있다. [예의] 노인들은 자신들이 [고]구려와 같은 종족이라 말하는데, 언어와 법령과 풍속이 대체로 비슷하다. 그 사람들의 성품은 우직하고 건실하며 욕심이 적어 남에게 구걸하지 않는다. 남녀 모두 곡령을 입는다.
	○ 無大君長, 自漢已來, 其官有侯邑君·三老, 統主下戶. 其耆老舊自謂與句麗同種. 其人性愿愨, 大抵與句麗同, 衣服有異. 男女衣皆著曲領, 男子繫銀花廣數寸以爲飾.	○ 無大君長, 其官有侯·邑君·三老. 耆舊自謂與句驪同種, 言語法俗大抵相類. 其人性愚愨, 少嗜欲, 不請匄. 男女皆衣曲領.
	○ 단단대산령의 서쪽은 악랑에 소속되었으며, 령의 동쪽 일곱 현은 [동부]도위가 통치하는데 그 백성은 모두 예인이다. 그 뒤 도위를 폐지하고 그들의 우두머리(거수)를 봉하여 후로 삼았다. 오늘날의 불내예는 모두 그 종족이다. 한 말에는 다시 [고]구려에 복속되었다.	
	○ 自單單大山領以西 屬樂浪, 自領以東七縣, 都尉主之, 皆以濊爲民. 後省都尉, 封其渠帥爲侯, 今不耐濊皆其種也. 漢末更屬句麗.	
	○ 그 나라의 풍속은 산천을 중요시하여 산과 내마다 각기 구분이 있어 함부로 들어가지 않는다. 동성끼리는 결혼하지 않는다. 꺼리는 것이 많아서 병을 앓거나 사람이 죽으면 옛 집을 버리고 곧 다시 새 집을 지어 산다. 삼베가 산출되며 누에를 쳐서 옷감을 만든다. 새벽에 별자리의 움직임을 관찰하여 그 해의 풍흉을 미리 안다. 주옥은 보물로 여기지 않는다.	○ 그 풍속은 산천을 중요시하여 산천마다 각 읍락의 경계가 있어서 함부로 서로 침범하지 않는다. 동성간에는 혼인하지 않는다. 꺼리고 금하는 것이 많아서 병을 앓거나 사람이 죽으면 곧 옛 집을 버리고 다시 새 집을 지어 산다. 삼(麻)을 심고 누에를 기르며 길쌈을 할 줄 안다. 새벽에 별자리의 움직임을 관찰하여 그 해의 흉풍을 미리 안다.

	『삼국지』 "예" 三國志 卷 030 魏書 30 東夷傳 第 030 濊	『후한서』 "예" 後漢書 卷 085 東夷列傳 第 075 ○ 濊
	○ 其俗重山川, 山川各有部分, 不得妄相涉入. 同姓不婚. 多忌諱, 疾病死亡輒損棄舊宅, 更作新居. 有麻布, 蠶桑作緜. 曉候星宿, 豫知年歲豐約. 不以珠玉爲寶.	○ 其俗重山川, 山川各有部界, 不得妄相干涉. 同姓不昏. 多所忌諱, 疾病死亡, 輒捐棄舊宅, 更造新居. 知種麻, 養蠶, 作緜布. 曉候星宿, 豫知年歲豐約.
	○ 해마다 10월이면 하늘에 제사를 지내는데, 주야로 술 마시며 노래 부르고 춤추니 이를 '무천'이라 한다. 또 범을 신으로 여겨 제사지낸다. 부락을 함부로 침범하면 벌로 생구와 소·말을 부과하는데, 이를 '책화'라 한다. 사람을 죽인 사람은 죽음으로 그 죄를 갚게 한다. 도둑질하는 사람이 적다. 길이가 3장이나 되는 창(矛)을 만들어 때로는 여러 사람이 함께 잡고서 사용하기도 하며, 보전에 능숙하다. 낙랑의 단궁이 그 지방에서 산출된다. 바다에서는 반어의 껍질이 산출되며, 땅은 기름지고 무늬 있는 표범이 많다. 또 과하마가 나는데 [후]한의 환제 때 헌상 하였다.	○ 해마다 10월이면 하늘에 제사를 지내는데, 주야로 술 마시며 노래 부르고 춤추니, 이를 '무천'이라 한다. 또 범을 신으로 여겨 제사지낸다. 부락을 함부로 침범하는 사람이 있으면, 벌로 생구와 소·말을 부과하는데 이를 '책화'라고 한다. 사람을 죽인 사람은 죽음으로 그 죄를 갚게 한다. 도둑질하는 사람이 적다. 보전에 능숙하며, 길이가 3丈이나 되는 창을 만들어 때로는 여러 사람이 함께 잡고서 사용하기도 한다. 낙랑의 단궁이 그 지방에서 산출된다. 또한 무늬 있는 표범이 있고 과하마가 있으며, 바다에는 반어가 나는데 사절이 올 적에 빠짐없이 헌상 하였다.
	○ 常用十月節祭天, 晝夜飮酒歌舞, 名之爲"舞天", 又祭虎以爲神. 其邑落相侵犯, 輒相罰 責生口牛馬, 名之爲"責禍". 殺人者償死. 少寇盜. 能步戰. 樂浪檀弓出其地. 其海出班魚皮, 土地饒文豹, 又出果下馬, 漢 桓時獻之.	○ 常用十月祭天, 晝夜飮酒歌舞, 名之爲"舞天". 又祠虎以爲神. 邑落有相侵犯者, 輒相罰 責生口牛馬, 名之爲"責禍". 殺人者償死. 少寇盜. 能步戰, 作矛長三丈, 或數人共持之. 樂浪檀弓出其地. 又多文豹, 有果下馬, 海出班魚, 使來皆獻之.

(3) 진조선이 부여족이라는 것은 가장 중요한 핵심이면서 약간의 논증이 필요하다. 『삼국지』와 『후한서』 "동이전"에서 부여는 그 요점이 예족이고, 동이족중에서 상대적으로 호수가 많은 8만의 강대국이고, 그리고 그 건국자가 [북부여 하왕조=졸본부여] 동명이라는 건국신화가 등장한다.

부여

	『삼국지』 "부여" 三國志 卷 030 魏書 30 東夷傳 第 030夫餘	『후한서』 "부여" 後漢書 卷 085 東夷列傳 第 075夫餘
	○ 부여 부여는 장성의 북쪽에 있는데, 현토에서 천리쯤 떨어져 있다. 남쪽은 고구려와, 동쪽은 읍루와, 서쪽은 선비와 접해 있고, 북쪽에는 약수가 있다. [국토의 면적은]사방 2천리가 되며, 호수는 8만이다.	○ 부여국 부여국은 현토의 북쪽 천리 쯤에 있다. 남쪽은 고구려와, 동쪽은 읍루와, 서쪽은 선비와 접해 있고, 북쪽에는 약수가 있다. 국토의 면적은 사방 2천 리이다.
	○ 夫餘傳 夫餘在長城之北, 去玄菟千里, 南與高句麗, 東與挹婁, 西與鮮卑接, 北有弱水, 方可二千里. 戶八萬,	○ 夫餘國 夫餘國, 在玄菟北千里. 南與高句驪, 東與挹婁, 西與鮮卑接, 北有弱水. 地方二千里,
	○ 그 도장에 '예왕지인'이란 글귀가 있고 나라 가운데에 예성이란 이름의 옛 성이 있으니, 아마도 본래 예맥의 땅이었는데, 부여가 그 가운데에서 왕이 되었으므로, 자기들 스스로 '망명해 온 사람' 이라고 말하는 이유가 여기에 있는 듯 하다.	본래 예[족]의 땅이다.
	○ 其印文言「濊王之印, 國有故城名濊城, 蓋本濊貊之地,. 其王印文稱, 穢王之印. 國中, 有古濊城. 而夫餘王其中, 自謂「亡人」,	本濊地也.
	○『위략』: 옛 기록에 또 다음과 같은 말이 있다. 魏略曰:	
	○ 옛날 북방에 고리라는 나라가 있었는데, 그 王의 시녀가 임신을 하였다. ○ 舊志又言, 昔北方有 高離之國 者, 其王者侍婢有身,	○ 처음에 북이의 색리국왕이 출타중에 그의 시녀가 후궁에서 임신을 하게 되었다. ○ 初, 北夷 索離國王出行, 其侍兒於後姙身,
	왕이 그녀를 죽이려 하자, 王欲殺之,	왕이 돌아와서 그녀를 죽이려 하자 王還, 欲殺之.
	시비는, "달걀만한 크기의 [신령스러운] 기운이 나에게 떨어졌기 때문에 임신을 하였습니다." 하였다.	시중드는 아이가 말하기를, "지난번 하늘에 크기가 달걀만한 기운이 있어 저에게로 떨어져 내려오는 것을 보았는데, 그대로 임신이 되었습니다." 하였다.

	『삼국지』 "부여" 三國志 卷 030 魏書 30 東夷傳 第 030夫餘	『후한서』 "부여" 後漢書 卷 085 東夷列傳 第 075夫餘
	婢云: 「有氣 如雞子 來下我, 故有身.」	侍兒曰: 「前見天上有氣, 大如雞子, 來降我, 因以有身.」
	그 뒤에 [그녀는] 아들을 낳았다. 後生子,	왕이 그녀를 [옥에] 가두었는데, 그 뒤에 마침내 아들을 낳았다. 王囚之, 後遂生男.
	왕이 그 아이를 돼지우리에 버리자 돼지가 입김을 불어 주어 죽지 않았고, 마굿간에 옮겨 놓았으나 말도 입김을 불어 주어 죽지 않았다. 王捐之於溷中, 豬以喙噓之, 徙至馬閑, 馬以氣噓之, 不死.	왕이 그 아이를 돼지우리에 버리게 하였으나, 돼지가 입김을 불어주어 죽지 않았다. 다시 마굿간에 옮겼으나 말도 역시 그와 같이 해주었다. 王令置於豕牢, 豕以口氣噓之, 不死. 復徙於馬蘭, 馬亦如之.
	왕은 천제의 아들일 것이라고 생각하여 그 어머니에게 거두어 기르게 하고는, 王疑以爲天子也, 乃令其母收畜之,	왕이 그 아이를 신이하게 생각하여 그 어머니가 거두어 기르도록 허락하고, 王以爲神, 乃聽母收養,
	이름을 동명이라 하고 名曰東明,	이름을 동명이라 하였다. 名曰東明.
	항상 말을 사육토록 하였다. 常令牧馬.	
	동명이 활을 잘 쏘자, 왕은 자기 나라를 빼앗길까 두려워하여 죽이려 하였다. 東明善射, 王恐奪其國也, 欲殺之.	동명이 장성하여 활을 잘 쏘니 왕이 그의 용맹함을 꺼리어 다시 죽이려고 하였다. 東明長而善射, 王忌其猛, 復欲殺之.
	이에 동명은 달아나서 남쪽의 시엄수에 당도하여 활로 물을 치니, 물고기와 자라가 떠올라서 다리를 만들어 주었다. 東明走, 南至 施掩水, 以弓擊水, 魚鼈浮爲橋,	[이에] 동명이 남쪽으로 도망하여 엄사수에 이르러, 활로 물을 치니 고기와 자라들이 모두 모여 물 위에 떠올랐다. 東明奔走, 南至掩淲水, 以弓擊水, 魚鼈皆聚浮水上,
	동명이 [그것을 딛고] 물을 건너간 뒤, 東明得度,	동명은 그걸 밟고 물을 건너서 東明乘之得度,
	물고기와 자라가 흩어져 버려 추격하던 군사는 건너지 못하였다. 魚鼈乃解散, 追兵不得渡.	
	동명은 부여지역에 도읍하여 왕이 되었다. 東明因都王夫餘之地.	[동명은] 부여에 도착하여 왕이 되었다. 因至夫餘而王之焉.

문제는 『사기』와 『한서』 "조선(열)전"의 '"진·번·방중국" = "진·번·진국"' 중 '진조선'을 찾는 것이 중요하다.[10] 『삼국지』와 『후한서』에서는 진조선이 누구인지 찾기 어렵다.

명제1: 당시 적어도 서기전 108년경에 "진·번·방중국" = "진·번·진국"에 진조선이 존재하여야 한다.

고구려의 건국연도가 두 개인 것은 건국 연도의 과잉결정이다.

명제2: 『삼국사기』 "고구려본기"에 의하면, 고구려는 서기전 37년에 건국하여 668년에 망하였다.

명제3: 그렇지만 『당서』에서 "당의 시어사(侍御史) 가언충(賈言忠)이 말하기를 고구려의 역년이 900년이 되었다."[11]고 한다.

과잉결정된 두 개의 명제 중에 두 번째 명제3에 의하면,

명제4: 고구려는 668년에 망하니 그 이전에 900년을 찾으면 당시에 서기전 232년에는 고구려가 존재한 셈이다.

이 명제4는 명제1의 "진·번·방중국" = "진·번·진국"의 진조선으로 상정하면 적어도 서기전 232년에서 서기전 108년까지 존재하는 정합설의 진리이다.

이 명제4는 다음 명제5와 사이에 과소결정이 발생하여 미지 개념들의 해명이 필요하다.

---

10) 당시 진방중국 때에 진조선이 북부여라는 것은 『삼국사기』와 『삼국유사』의 '해모수-동명-주몽'을 비교 분석하여 논리적으로 99.9% 정도 정확하게 파악할 수 있다.

11) 《신당서(新唐書)》, 190 문원(文苑) 및 《신당서(新唐書)》, 119 가증전(賈曾傳).

명제5: 『후한서』 “동이전”의 “부여”조와 『삼국지』 “동이전”의 “부여”조에서 부여의 건국자는 동명이다.

명제5는 다음 명제6과 사이에 과소결정이 발생하여 미지 개념들의 해명이 필요하다.

명제6: 『광개토왕비문』과 『삼국유사』 “북부여”, “동부여”, “고구려”전을 보면 고구려의 선조는 북부여이다.

명제5와 명제6를 연결하기 위해서는 『삼국유사』의 “북부여”, “동부여”, “고구려”를 종합한 명제7이 필요하다. 『삼국지』와 『후한서』 “동이전”의 부여는 해모수의 북부여를 계승한 동명의 부여국이다. 『삼국유사』에서는 북부여 해모수가 고조선의 최초의 후속국가이고 그 후에 동명이 부여 왕이 된다.

명제7: 『삼국유사』 “북부여”, “동부여”, “고구려”를 종합하면 그 순서는 ‘북부여 해모수’-‘졸본부여 동명’-‘고구려 주몽’이다.

명제6은 다음 명제8로 추가 설명될 수 있다.

명제8: 『삼국유사』 “북부여”에서 북부여 천제 해모수는 임술년, 즉 서기전 59년에 건국하였다.

명제8은 명제4와 상호 모순관계가 발생하여 과잉결정되니 새로운 추가 가설들이 필요하다. 명제8은 명제6과 상호 충돌하지 않지만 명제4와는 과잉결정으로 모순이 발생한다. 즉 『삼국사기』 ‘고구려’ 건국(-37) 및 『삼국유사』 ‘북부여’ 건국(-59)과 『신당서』 가언충의 고구려 건국(-232)’ 사이의 모순으로 과잉결정이 된다. 명제8은 명제를 명제9와 명제10으로 분할해서 검토해볼 수 있다.

명제9: 북부여 해모수는 임술년에 건국하였다.

명제10: 북부여 해모수는 서기전 59년에 건국하였다.

『삼국유사』 "북부여", "동부여", "고구려"와 『삼국사기』 "고구려"를 상호 대조해 분석해 보면, 북부여 해모수-졸본부여 동명-고구려 주몽 사이의 연령관계는 출산가능성의 상식으로 성립불가능하다. 이런 이유로 『삼국유사』의 북부여 건국 연도는 수정되어야 한다. 여기서는 "진·번·방중국"="진·번·진국"의 진조선이 고구려(『신당서』 당 가언충)이거나 '북부여 해모수-졸본부여 동명-고구려 주몽'이 가능하다고 정리한다.

『삼국지』와 『후한서』의 "동이전"에 등장하는 옥저, 읍루 등은 25사에서 전래한 동이 대민족주의(東夷 大民族主義) 사관으로 보면 진조선의 제후국가들이다. 이상으로 핵심 논증은 모두 마무리 되었다.

3. 자기준거 해석법과 3조선설

자기준거 해석법은 기존 해석 패러다임에 대해 일체의 전제를 제거해서 편견 없는 무(無)에서 시작하는 해석법이다. 자기 준거의 패러다임으로 설정해 보면,

'"조선" ⊇ "진·번·방중국"'인지

'"조선" ≠ "진·번·방중국"'인지

에 따라 조선의 의미 맥락이 다르다. 『서광』주석은 '"조선"="진/번"' 혹은 '막/번' 조선' 이라 해석한 것이다(신채호는 『서광주석』에 의존하여 3조선으로 진조선, 번조선, 막조선을 도출하는 것처럼 제시한다. 신채호는 실제로는 『신지비사』에 입각하여 진조선, 번조선, 막조선을 도출하고 『서광주석』에 근거하여 그 명칭을 진, 번, 막으로 확정하였다). 결국 고조선은 3국 연맹국이고 '진조선/ 번조선/ 방중국조선'이거나 '진조선/ 번조선/ 막조선'이다. 이 3조선설의 관점은 『신지비사』에서 수도가 부소량, 오덕지, 백아강인 것

과 부합한 것이다. 『신지비사』가 고조선의 사관 신지가 작성한 것(권람 '응제시주' 주; 신채호)이라면 고조선의 수도는 부소량, 오덕지, 백아강이다.

단재 신채호의 『조선상고문화사』, 『조선사연구초』의 「전·후 삼한고」, 그리고 『조선상고사』는 이런 상황을 해명한 것이다.[12] 본고는 기본적으로 신채호 해석과 같으나 신채호 해석보다 고대의 주석("진번방중국" = "진번진국")에 좀 더 직접적으로 의존하여 신뢰도를 높였다. 결국 고조선은 '진조선/ 번조선/ 막조선'의 삼조선이고, '진조선/ 번조선/ 방중국'의 삼조선이고, '진조선/ 번조선/ 진국'의 삼조선이다. 그중에서 번조선["예조선"]에서 말기["예"]에 기준조선을 거쳐 위만조선이 되었다.

고조선이 영토가 '3국/ 3 수도'인지 '1국/ 1 수도' 인지는 쟁점이다. 고전에 대한 옛 주석은 '3국 3수도'라 하지만 일부 현대 학자들의 해석은 '1국/ 1수도'라 한다. 여기에서는 옛 주석의 전통에 의존하였다. 우리는 특별한 반증의 근거가 없는 한 현대 주석보다 고대의 주석(『사기』와 『한서』의 옛 주석들; 『신지비사』)을 신뢰한다. 이것은 단재 신채호의 『조선상고문화사』, 『조선사 연구초』의 '전·후삼한고', 그리고 『조선상고사』의 삼조선설을 발전시킨 것이기도 하다. 우리는 근대 한국의 일부 사학자들이 새로 제기한 조선 1국설의 해석들을 부정한다. 그것은 고대 주석을 부정할 특별한 반증의 근거가 없기 때문이다. 고조선의 수도는 부소량, 오덕지, 백아강이고, 중앙수도는 부소량이다. 부소량은 아사달, 백악산 아사달, 장당경 중에서 아사달에 해당한다.[13]

---

12) 박병훈 전주대 박사학위논문, 2013. 박병섭/ 박병훈은 함께 연구하였다. 박병섭(2003) 「단군과 기자 관련 사료를 통해 본 『한단고기』의 역사성 검토」, 『한국종교사학회 제11집』, 2003. pp. 143-167. 박병섭·박병훈(2007-2) 「단군조선 삼조선설-『사기』, 『조선상고문화사』, 『한단고기』의 연구-」 『단군학연구 제17집』, 2007. 12. 30. 1~39쪽. 박병훈의 논문에는 다양한 학설들이 소개되어 있다. 또 신채호가 미처 연구하지 못한 것도 신채호의 공으로 돌리고 있다.

13) 박병섭(2007-1) 「환웅, 삼조선과 부여·고구려·요·금·원·청의 계보-지식형태사에 입각한 한국과 방계의 역사-」 『단군학연구 제16집』, 2006. 6. 30. 137~185쪽. ; 박병섭·박병훈(2007-2) 「단군조선 삼조선설-『사기』, 『조선상고문화사』, 『한단고

『사기』진·번·방중국, 『한서』진·번·진국, 그리고 『신지비사』의 3경

	『神誌祕詞』曰
	『신지비사』에서 말한다. 마치 저울, 저울추, 저울그릇 같다. 저울대는 부소량이고, 저울추는 오덕지이고, 저울그릇은 백아강이다. 70여국이 조공하고 굴복한 것은 덕에 의뢰하고 신과 정령이 호위해 준 것이다. 머리와 꼬리가 균형을 이루어 평평한 위상을 유지하고 있으니 나라가 흥륭하고 태평을 보존한다. 만약 삼 기준 땅[삼경]을 폐지하면 왕업이 쇠퇴하고 기울 것이다.
	『神誌祕詞』曰: '如秤錘極器 秤幹扶踈樑 錘者五德地 極器百牙岡 朝降七十國 賴德護神精 首尾均平位 興邦保大平 若廢三諭地 王業有衰傾.' (『高麗史』 卷一百二十二, 「列傳」 卷第三十五, 方技 , 김위제전.(김위제가 『도선비기』를 근거로 남경 천도를 건의하다.) (국사편찬위원회))

3조선 시대에는 3조선과 한4군, 그리고 한나라가 공존한다. 당시 3조선은 진조선이 '북부여 해모수-졸본부여 동명-고구려 주몽', 번조선은 "예"이고, 막조선은 '맥구려-고구려'와 '삼한'이다. 당시 맥조선은 만주-한반도-섬들에 걸쳐서 만주와 한반도 북부 고구려, 대동강 근처의 최씨 낙랑국, 남부의 삼한, 그리고 섬 중 일부인 왜가 있다. 당시 한4군이란 진임둔, 번임둔, 낙랑, 현토이고, 실제로는 국경 경비대인 진임둔과 번임둔을 제외하고 낙랑과 현토뿐이다. 낙랑과 현토는 일시적으로 존재한다.

다음의 논증은 이후 연구를 위해 새로운 흥미로운 쟁점을 제기하는 것이다. 다음은 삼조선설이 진조선, 번조선, 막조선이라 할 때 삼조선설로 "궁(弓: 활)" 생산과 연결하려는 시도이다.

기』의 연구-」『단군학연구 제17집』, 2007. 12. 30. 1~39쪽.; 박병훈(2013) 전주대 박사학위논문, 「단재 신채호의 전·후 삼한설에 관한 연구」

6장

"조선"의 세 가지 용법과 진·번·방중국(眞·番·旁衆國)

【주제 분류】 한국고대철학, 한국고대사, 응용논리학

【주요어】 예·맥조선 진번; 진·번·방중국, 진·번·진국; 조선열전, 요동한지

【요약문】

역사연구란 (1) 기존 사료자료들에 대한 '술이부작'한 재해석으로서 자료를 한정하고, (2) 형식논리적으로 분석하고, 자연과학의 가설연역적 방법으로 검토하고, 재해석해서 '술이부작'하게 (재)해석해야한다. 『사기』 "조선열전"과 『한서』 "조선전"의 조선을 3가지 조선 용법으로 나누어 해석한다. 조선 용법은 조선총칭, 조선본국칭, 조선후국칭으로 세 가지 용법이 있다. "조선" 총칭0은 "조선", "예·맥조선 진번", "예·맥조선" 등이 있다. "조선" 본국칭1은 "조선" "진·번·방중국", "진·번·진국" 등이 있다. "조선" 후국칭2="조선열전", "조선전", "요동", "요동한지", "요동보새", "창해군", "진번", "진·번조선", "진·번임둔", "기준조선", "만조선", "한4군", "진·번임둔, 낙랑, 현토" 등이 있다.

1. 서론

고조선에 대해 파악하기 위해 『신지비사』의 3조선설이 정당한 지 여부를 평가하기 위해 고조선 삼조선설을 가설로 설정하고 (1) 『사기』의 고조선 관련 전자료의 해석문과 『한서』 "조선전" 등의 해석문, 『후한서』와 『삼국지』의 해석문로 자료를 한정하고, (2)형식논리학으로 분석하고, 자연과학의 가설연역적 방법으로 검토하고, '술이부작'하게 (재)해석하겠다.

『사기』 “조선열전”과 『한서』 “조선전”의 조선을 3가지 조선 용법으로 나누어 해석한다. 조선 용법은 조선총칭, 조선본국칭, 조선후국칭으로 세 가지 용법이 있다. “조선”총칭0은 “조선”, “예·맥조선 진번”, “예·맥조선” 등이 있다. “조선”본국칭1은 “조선” “진·번·방중국”, “진·번·진국” 등이 있다. “조선”후국칭2 = “조선열전”, “조선전”, “요동”, “요동한지”, “요동보새”, “창해군”, “진번”, “진·번조선”, “진·번임둔”, “기준조선”, “만조선”, “한4군”, “진·번임둔, 낙랑, 현토” 등이 있다.

2. 조선 총칭0

1) 조선총칭0은 주 봉건연합국과 국경선을 맞대고 있다.

이 때 무왕이 기자를 조선에 봉하고 신하로 여기지 않았다.

於是 武王 乃封箕子於朝鮮 而不臣也.(『사기』 38권 송미자세가 卷38, 宋微子世家)

조선2의 요동2은 [주봉건연합국의 일원인] 연나라 동쪽에 있다.

『사기』 권69, 제9 소진열전(『史記』卷六十九 蘇秦列傳第九)

연에 유세를 하고 1년이 흐른 후에 알현이 허락되어 연의 문후에게 말하였다. “연 나라는 동으로 조선의 요동이 있고 북에는 임호, 루번이 있고 서로는 운중, 구원이 있고 남으로는 호타(수), 역수가 있다. 토지는 사방 2,000여리이다. … 북으로는 대추와 밤의 이익이 있어 백성은 비록 전지농사를 짓지 않아도 대추와 밤으로 자급할 수 있으니 이것이 소위 하늘이 준 곳간이다.

遊燕, 歲餘而後得見. 說燕文侯[一]曰 : 「燕東有朝鮮[二]遼東, 北有林胡, 樓煩, [三]西有雲中, 九原, [四]南有嘑沱, 易水, [五]地方二千餘里, 帶甲數十萬, 車六百乘, 騎六千匹, 粟支數年. [六]南有碣石, [七]鴈門之饒, [八]北有棗栗之利, 民雖不佃作而足於棗栗矣. 此所謂天府者也.

[一]索隱說音稅, 下並同. 燕文侯, 史失名.

[二]索隱潮仙二音, 水名.

2) 고조선의 족명: 예맥

흉노의 동쪽에 예·맥조선1이 있다.

흉노는 여러 좌방의 왕과 장이 동쪽 방면에 거주해서 바로 상곡으로 가면 동으로는 예·맥조선과 접하고[1] 우방의 왕과 장은 서방에 거주하고 바로 상

1) 『본기』 단군이 조선 땅에 거점을 두고 왕이 되었다. 따라서 시라와 고례, 남옥저와 북옥저, 동부여와 북부여, 예와 맥[조선]은 모두 [역순으로 서술된] 단군의 계보

군의 서쪽이 월씨, 저, 강과 접한다. 또 선우의 터전은 바로 대[군]과 운중[군]과 마주 하고 있었다. 이들은 각각 일정한 영역이 있어서 물과 풀을 따라 옮겨 살고 있었다.

諸左方王將居東方, 直上谷[六]以往者, 東接穢·貉朝鮮 ; 右方王將居西方, 直上郡[七]以西, 接月氏, 氐, 羌 ; [八]而單於之庭直代, 雲中 : [九]各有分地, 逐水草移徙.(『사기』 권110, 흉노열전)

3) 고조선의 군사, 경제적 구분: 예·맥조선과 진번

연나라는 북으로 오환부여1와 이웃하고 동쪽으로 예·맥조선0의 진번[임둔](국경지대)2의 이익과 결합되어 있다.

저 연[현 북경]은 발해와 갈석 사이의 큰 고을이다. 남으로 제, 조와 통하고 동북변에 호가 있다. 상곡에서 요동까지 이르는데 땅이 아무 멀고 인민은 적어 자주 약탈을 당한다. 풍속은 대체로 조와 대와 같고, 인민은 독수리처럼 억세서 사려가 적다. 물고기, 소금, 대추, 밤이 풍요하다. 북으로는 오환부여와 이웃하고 동으로는 예·맥조선 '진·번[임둔]'의 이익과 얽혀 있다.

夫燕亦勃, 碣之間[一]一都會也. 南通齊, 趙, 東北邊胡. 上谷至遼東, 地踔遠, [二]人民希, 數被寇, 大與趙, 代俗相類, 而民雕捍[三]少慮, 有魚塩棗栗之饒. 北鄰烏桓, [四]夫餘, 東綰穢貉朝鮮眞番之利. [六] (『사기』 권129, 화식열전)

4) 진나라 때 조선

진왕의 영토는 동쪽으로 바다와 조선2에 연결되어 있다. 북으로 하의 요새가 음산과 요동에 이르렀다. 연왕은 요동2의 공한지(빈 땅)에서 왕이 되었다.

수(壽)이다. 그 이치는 1천 38년 지속되었다. 『本紀』曰 名檀君 據朝鮮之域爲王故 尸羅 高禮南北沃沮 東北扶餘 穢與貊 皆檀君之壽也. 理一千三十八年.

본기 진(秦)나라 황제 목록

대수	시호	성명	재위기간	생몰
제1대	진 시황제 (秦始皇帝)	영정 (嬴政)	기원전 221년 ~ 기원전 210년	기원전 259년 ~ 기원전 210년
제2대	진 이세황제 (秦二世皇帝)	영호해 (嬴胡亥)	기원전 209년 ~ 기원전 207년	기원전 229년 ~ 기원전 207년
제3대	진 삼세황제 (秦三世皇帝)	영자영 (嬴子嬰)	기원전 206년	? ~ 기원전 206년

『사기』 진왕본기

진왕 21년(서기전 226년)

마침내 연나라 태자의 군대를 격파하고 연나라의 계성을 점령하였으며 태자 단의 목을 얻었다.

진왕 25년(서기전 222년)

진왕은 크게 군사를 일으켜서 왕분으로 하여금 거느리게 하고, 연나라의 요동을 공격하여 연왕 희를 사로잡았다.

진왕 26년(서기전 221년)

[진왕이] 천하를 36군으로 나누어 통치하여 군마다 수, 위, 감을 두었다. … 당시에 영토가 동쪽으로는 바다와 조선에 도달하였고 서쪽으로는 임조, 강중에 이르렀고 남쪽으로는 북향호에 이르고, 북쪽으로는 [황]하에 요새를 세우고 음산을 아울러서 요동에까지 이르렀다.

(二十六年 서기전 221) 分天下以爲三十六郡, [一]郡置守, 尉, 監. [二]更名民曰「黔首」. [三]大酺. 收天下兵, [四]聚之咸陽, 銷以爲鍾鐻, [五]金人十二, 重各千石, [六]置廷宮中. 一法度衡石丈尺. 車同軌. 書同文字. 地東至海暨朝鮮, [七]西至臨洮, 羌中, [八]南至北嚮戶, [九]北據河爲塞, 並陰山至遼東. (『사기』 卷6, 秦始皇本紀)

5) 조선과 창해군

창해군에 대해 『사기』 30권 제8 평준서와 『한서』 식화지를 대조해 보면 평준서의 '조선'과 '예맥조선'이 대응하고 "가멸(賈滅)"과 식화지의 "천(穿)"이 대략 대응한다. 여기서는 "조선"과 "예맥조선"이 동일 용법으로 사용하고 있고 조선 영역의 부분 창해군을 칭한다. "가멸"에서 "가"는 『사기색은』으로 보아 조선과 교통한 것이다. 결국 "멸(滅)"과 "천(穿)"은 조선의 창해군 영역을 차지하였다는 동일 의미로 상호 대응한다.

	『史記』	『漢書』
	○ 卷三十 平準書第八	○ 『漢書』 食貨志
	○ 팽오가 조선과 통한 후에 조선[일부지역]을 멸하고 창해의 군을 설치하자 비로소 연과 제의 사이에 복종의 기운이 발동하였다. [주3. (『사기색은』 팽오가 처음에 조선과 길을 통한 후에 조선을 멸망시켰다.]	○ 팽오가 예맥조선을 돌파하고 창해군을 설치하자 비로소 연과 제의 사이에 복종의 기운이 발동하였다.
	○ 彭吳[三]賈滅朝鮮, [四]置滄海之郡, 則燕齊之閒靡然發動.([주[3]『[史記]索隱』彭吳始開其道而滅之也]	○ 彭吳穿穢貊朝鮮 置滄海郡 則燕齊之間靡然發動.

3. 조선의 조선본국칭1과 조선후국칭2 사이의 구분

1) 『사기』 권115, 제55 조선열전

위만 조선2은 요동2의 공한지인 진번2의 요새에 있다.

연나라 태자 단[의 세력]이 요한[요동의 일부]으로 산란하니[달아날 때] 만은 그 망민들을 거둬 해동에 모으고 진번보새[임둔 국경수비대를 평정한 요새]를 확보함으로써 한나라 외신이 되었다. 그래서 '조선열전 제55'를 지었다.

燕丹散亂遼間, 滿收其亡民, 厥聚海東 以集眞藩葆塞, 爲外臣. 作朝鮮列傳第五十五. (『史記』 卷一百一十五 朝鮮列傳第五十五)

조선1은 본조선1이 『사기』의 "조선열전"과 『한서』의 "조선전"의 "진·번·방중국(眞·番·旁衆國) = 진·번·진국(眞·番·辰國)" 이고,

조선2은 요동조선2이 『사기』의 "조선열전"과 『한서』의 "조선전"의 "조선2" = "조선2", "진·번임둔(眞·番臨屯)" = "진·번조선", "진·번임둔" = "진·번임둔", "사군" = "진·번임둔·현토·낙랑 사군" 등이다. 당시 지역은 네 가지 개념요소들 '요동도위', '요해[요수]', '패수', '수도 왕험' 등을 이용해서 요동으로 추정할 수 있다.[2)]

개념의 항등식(『사기』 "조선열전" = 『한서』 "조선전")

조선 개념		변수들	경우의 수?
"조선2"	=	"진번조선" = "진번조선	연이 침략한 조선 땅; 2국
"조선2"			"진·번조선" = "진·번조선" 혹은 "진번·조선" = "진번·조선"
"조선2"	=	"진번임둔"	"진·번임둔" 혹은 "진번·임둔"
"조선1"	=	"진번방중국" = "진번진국"	"진·번·방중국" = "진·번·진국" 혹은 "진번·방중국" = "진번·진국"
"조선2"		"사군" = "진번임둔, 낙랑, 현토 사군"	"사군" = "진·번임둔, 낙랑, 현토 사군" 혹은 "사군" = "진번·임둔, 낙랑, 현토 사군"
"조선1"고조선 이후		『후한서』 "동이전"	序 / 夫餘 / 挹婁 / 高句驪 / 東沃沮 / 濊 / 韓 / 撰者評
"조선1"고조선 이후		『삼국지』 "동이전"	序 / 夫餘 / 高句麗 / 東沃沮 / 挹婁 / 濊 / 韓 / 撰者評

2) 원자료는 국사편찬위원회 http://db.history.go.kr/url.jsp?ID=jo 것이고, 해석은 필자가 상당히 고친 것이다.

	『史記』	『漢書』
	『史記』卷 115 朝鮮列傳 第 055 ○『史記』卷一百一十五, 朝鮮列傳 第五十五[3)	『漢書』卷 095 朝鮮傳 第 065 ○『漢書』卷九十五, 西南夷兩粵朝鮮傳, 第六十五 朝鮮
	○ 조선왕 만은 옛날 연나라[한의 노관의 연] 사람이다. (朝鮮) 【集解】張晏曰:「朝鮮有濕水·洌水·汕水, 三水合爲洌水, 疑樂浪·朝鮮取名於此也.」 【索隱】案, 朝音潮, 直驕反. 鮮音仙. 以有汕水, 故名也. 汕一音訕. ○ 朝鮮 【正義】潮仙二音. 括地志云:「高驪都平壤城, 本漢 樂浪郡 王險城, 又古云朝鮮地也.」 王滿者, 故燕人也. 【索隱】案漢書, 滿, 燕人, 姓衛., 擊破朝鮮而自王之.	○ 조선왕 만은 연나라 사람이다. ○ 朝鮮王滿, 【補注】齊召南曰, 案, 滿姓衛氏. 朝鮮, 自周封箕子後, 傳四十餘世, 至朝鮮侯準, 始稱王. 漢初, 其國大亂, 燕人衛滿, 擊破準而自王也. 後書傳, 正補此傳之缺. 先謙曰, 索隱, 案漢書, 滿, 燕人, 姓衛, 擊破朝鮮王, 而自王之. 今漢書, 無姓衛兩字. 是, 小司馬所見本異. 燕人.
	○ 처음 연나라의 전성기로부터 일찍이 진·번조선을 침략하여 복속시키고, 군리를 두어 국경 요새를 쌓았다. ○ 自始全燕時, 【索隱】始全燕時, 謂六國 燕方全盛之時. 嘗略屬眞·番【集解】徐廣曰:「一作莫. 遼東有番汗縣. 番音普寒反.」 【索隱】 徐氏 據地理志而知也. 番音潘, 又音盤. 汗音寒. 朝鮮, 【索隱】如淳云:「燕嘗略二國以屬己也.」 應劭云:「玄菟本眞番國.」爲置吏, 築鄣塞.	○ 처음 연나라 때부터 일찍이 진·번조선을 침략하여 복속시키고, 군리를 두기 위하여 방어막을 쌓았다. ○ 自始燕時, 嘗略屬眞·番朝鮮, 師古曰:「戰國時燕國略得此地.」【補注】 王念孫曰, 案始燕時, 本作始全燕時. 全燕者, 指戰國時燕國言之, 所以別於漢之燕國也. [鄒陽傳, 全趙之時. 枚乘傳, 今漢據全秦之地.]今本脫全字, 則文義不明. 後書東夷傳注, 引此, 正作全燕時. 史記·通典·通鑑同. 爲置吏 築障. 師古曰:「障, 所以自障蔽也, 音之亮反.」
		○ 진나라가 연을 멸한 뒤에는 료동외요에 소속시켰는데, 한이 일어나서는 [그곳이] 멀어 지키기 어려우므로, 다시 료동의 옛 요새를 수리하고 패수에 이르는 곳을 경계로 하여 [노관의] 연에 속하게 하였다. ○ 秦滅燕, 屬遼東外徼. 漢興, 爲遠難守, 復修遼東故塞, 至浿水爲界, 師古曰:「浿水在樂浪縣,音普蓋反.」【補注】沈欽韓曰, 紀要大通江, 在平壤城東. 亦曰大同江. 舊名浿水. 屬燕.
	○ 연왕 로관이 [한을] 배반하고 흉노로 들어가자, 만도 망명하였다. 무리 천여인을	○ 연왕 로관이 [한에] 배빈하여 흉노로 들어가자, 만도 망명하였다. 무리 천여인을

	『史記』	『漢書』
	모아 북상투에 만이의 복장을 하고서, 동쪽으로 도망하여 요새를 나와 패수를 건너 진의 옛 공지인 상하장에 살았다. 점차 진·번조선의 만이 및 옛 연나라·제나라의 망명자를 복속시켜 거느리고 왕이 되었으며, 왕험에 도읍을 정하였다. ○ 燕王盧綰反, 入匈奴, 滿亡命, 【正義】命謂教令. 聚黨千餘人, 魋結蠻夷服而東走出塞, 渡浿水, 居秦故空地上下鄣, 【索隱】案, 地理志, 樂浪有雲鄣. 稍役屬眞·番朝鮮蠻夷及故燕·齊亡命者王之, 都王險. 【集解】徐廣曰: 「昌黎有險瀆縣也.」 【索隱】韋昭云, 「古邑名.」 應劭注 「地理志, 遼東 險瀆縣, 朝鮮王舊都.」 臣瓚云 「王險城在樂浪郡 浿水之東.」也.	모아 북상투에 만이의 복장을 하고서 동쪽으로 도망하여 요새를 나와 패수를 건너 진의 옛 공지인 상하장에 살았다. 점차 진조선과 번조선의 만이와 옛 연나라·제나라의 망명자를 복속시켜 거느리고 왕이 되었으며, 왕험에 도읍을 정하였다. ○ 燕王 盧綰反, 入匈奴, 滿亡命, 聚黨千餘人, 椎結蠻夷服而東走出塞, 度浿水, 居秦故空地上下障, 稍役屬眞·番朝鮮蠻夷 【補注】先謙曰, 官本, 役作役. 及故燕·齊亡在者, 王之, 師古曰: 「燕·齊之人亡居此地, 及眞·番朝鮮蠻夷皆屬滿也.」 【補注】先謙曰, 亡在, 史記作亡命. 都王險. 李奇曰: 「地名也.」 【補注】沈欽韓曰, 『隋書』高麗傳, 都於平壤城, 亦曰長安城, 東北六里, 隨山屈曲, 南臨浿水. [『新唐書』, 平壤在鴨淥水東南.]朝鮮國志, 平安道治平壤府, 東南去王京五百餘里. 杜佑云, 平壤, 卽王險城也.
	○ 이 때는 마침 [한의] 효혜·고후의 시대로서 천하가 처음으로 안정되니, 료동태수는 곧 만을 외신으로 삼을 것을 약속하여, 국경 밖의 만이를 지켜 변경을 노략질하지 못하게 하는 한편, 모든 만이의 군장이 [중국에] 들어와 천자를 알현코자 하면 막지 않도록 하였다. 상도 이를 듣고 허락하였다. 이로써 만은 군사의 위세와 재물을 얻게 되어 그 주변의 소읍을 침략하여 항복시키니, 진·번임둔도 모두 와서 복속하여 [그 영역이] 사방 수천리가 되었다. ○ 會孝惠·高后時天下初定, 遼東太守卽約滿爲外臣, 保塞外蠻夷, 無使盜邊, 諸蠻夷君長欲入見天子, 勿得禁止. 以聞, 上許之, 以故滿得兵威財物侵降其旁小邑, 眞·番臨屯 【索隱】東夷小國, 後以爲郡. 皆來服屬, 方數千里. 【正義】括地志云: 「朝鮮·高驪·貊·東沃沮五國之地, 國東西千三百里, 南北二千里, 在京師東, 東至大海四百里, 北至營州界九百二十里, 南至新羅國六百里, 北至靺鞨國千四百里.」	○ 이 때는 마침 [한의] 효혜 ·고후의 시대로서 천하가 처음으로 안정되니, 료동태수는 곧 만을 외신으로 삼을 것을 약속하여, 국경 밖의 만이를 지켜 변경을 노략질하지 못하게 하는 한편, 만이의 군장들이 [중국에] 들어와 천자를 알현코자 하면 막지 않도록 하였다. 왕도 이를 듣고 허락하였다. 이로써 만은 군사의 위세와 재물을 얻게 되어 그 주변의 소읍을 침략하여 항복시키니, 진·번임둔도 모두 와서 복속하여 [그 영역이] 사방 수천리가 되었다. ○ 會孝惠·高后 天下初定, 【補注】先謙曰, 后下史記有時字, 不可省. 遼東太守卽約滿爲外臣, 保塞外蠻夷, 毋使盜邊, 蠻夷君長欲入見天子, 勿得禁止. 以聞, 上許之, 以故滿得以兵威財物侵降其旁小邑, 眞·番臨屯皆來服屬, 方數千里.

	『史記』	『漢書』
	○ 아들을 거쳐 손자 우거 때에 이르러서는 유인해 낸 한나라 망명자 수가 대단히 많게 되었으며, 천자에게 들어와 보지 않을 뿐만 아니라 진·번·방중국(眞·番·방중국)이 글을 올려 천자에게 알현하고자 하는 것도 또한 가로막고 통하지 못하게 하였다. ○ 傳子至孫右渠, 【正義】其孫名也. 所誘漢亡人滋多, 又未嘗入見, 眞·番·旁衆國欲上書見天子, 又擁閼不通.	○ 아들을 거쳐 손자 우거 때에 이르러서는 유인해 낸 한나라의 망명자 수가 대단히 많게 되었으며, 천자에게 들어와 보지 않을 뿐만 아니라, 진·번진국(眞·番·辰國)이 글을 올려 천자를 알현하고자 하는 것도 또한 가로막고 통하지 못하게 하였다. ○ 傳子至孫右渠, 師古曰:「滿死傳子, 子死傳孫. 右渠者, 其孫名也.」所誘漢亡人滋多, 師古曰:「滋, 益也.」又未嘗入見, 師古曰:「不朝見天子也.」眞·番·辰國 欲上書見天子, 又雍閼弗通. 師古曰:「辰謂辰韓之國也. 雍讀曰壅.」【補注】先謙曰, 史記作眞番旁衆國.
	○ 원봉 2년(B.C.109) 에 한나라는 사신 섭하를 보내어 우거를 꾸짖고 회유하였으나, [우거는] 끝내 명을 받들려고 하지 않았다. … 상이 그 공을 기려 꾸짖지 않고 [섭]하에게 료동동부도위의 벼슬을 내렸다. … ○ 元封二年(B.C.109), 漢使涉何譙 諭右渠, 終不肯奉詔. … 上爲其名美, 卽不詰, 拜何爲遼東東部都尉. …	○ 원봉 2년(B.C.109) 에 한나라는 사신 섭하를 보내어 우거를 꾸짖고 회유하였으나, [우거는] 끝내 명을 받들려고 하지 않았다. … 상이 그 공을 기려 꾸짖지 않고 [섭]하에게 료동동부도위의 벼슬을 내렸다. … ○ 元封二年(B.C.109), 漢使涉何譙諭右渠, 終不肯奉詔. … 上爲其名美, 弗詰, 拜何爲遼東東部都尉. …
	○ 元封 3년(B.C.108) 여름, 니계상 참이 사람을 시켜 조선왕 우거를 죽이고 항복하여 왔으나, 왕험성은 함락되지 않았다. 죽은 우거의 대신 성기가 또 [한에] 반하여 다시 군리들을 공격하였다. 좌장군은 우거의 아들 장강(각)과 [항복한] 상 로인의 아들 최로 하여금 그 백성을 달래고 성기를 주살하도록 하였다. 이로써 드디어 조선을 평정하고 사군을 설치하였다. ○ 元封三年(B.C.108)夏, 尼谿相參乃使人殺朝鮮王右渠來降. 王險城未下, 故右渠之大臣成巳又反, 復攻吏. 左將軍使右渠子長降· 【集解】徐廣曰:「表云長 路. 漢書表云, 長路, 音各.」【索隱】案, 路, 音姑落反. 相路人之子最 【索隱】路人子也, 名最. 告諭其民, 誅成巳, 以故遂定朝鮮, 爲四郡. 【集解】眞番·臨屯·樂浪·玄菟也.	○ 원봉 3년(B.C.108) 여름, 니계상 참이 사람을 시켜 조선왕 우거를 죽이고 와서 항복하였다. [그러나] 왕험성은 함락되지 않았다. 죽은 우거의 대신 성기가 또 [한에] 반하여 다시 군리들를 공격하였다. 좌장군이 우거의 아들 장과 항복한 상 로인의 아들 최로 하여금 그 백성을 달래고 성기를 주살하도록 하였다. 이리하여 드디어 조선을 평정하고 진·번림둔·낙랑·현토의 사군을 설치하였다. ○ 元封三年(B.C.108)夏, 尼谿相參乃使人殺朝鮮王右渠來降. 王險城未下, 故右渠之大臣成巳又反, 復攻吏. 【補注】先謙曰, 官本, 攻作政引. 宋祁曰, 政當作攻. 一本作改字. 左將軍使右渠子長· 師古曰:「右渠之子名長.」降相路人子最, 師古曰:「相路人前已降漢而死於道, 故謂之降相. 最者, 其子名.」告諭其民, 誅成巳. 故遂定朝鮮爲眞·番臨屯·樂浪·玄菟四郡.

	『史記』	『漢書』
	○ 참(參)을 봉(封)하여 홰청후(澅淸侯)로, [한음(陰)은 적저후(荻苴候), 왕협([王]唊)은 평주후(平州候), 장(長)은 기후(幾候)로 삼았으며, 최(最)는 아버지가 죽은데다 자못 공이 있었으므로 온양후(溫陽候)로 삼았다. ○ 封參爲澅淸侯, 【集解】韋昭曰:「屬齊.」【索隱】參, 澅淸侯. 韋昭云:「縣名, 屬罪.」 顧氏澅音獲. 陰爲荻苴侯, 【集解】韋昭曰:「屬勃海.」【索隱】陰, 狄苴侯. 晉灼云:「屬勃海.」荻音狄, 苴音子餘反. 唊爲平州侯, 【集解】韋昭曰:「屬梁父.」【索隱】唊, 平州侯. 韋昭云,「屬梁父.」長[降]爲幾侯. 【集解】韋昭曰:「屬河東.」【索隱】長, 幾侯. 韋昭云:「縣名, 屬河東.」 最以父死頗有功, 爲溫陽侯. 【集解】韋昭曰:「屬齊.」【索隱】最, 涅陽侯. 韋昭云:「屬齊.」也.	○ 참을 봉하여 홰청후로 삼고, 한도([한陶)는 추저후(秋苴侯)로, [왕]겹은 평주후로, 장은 기후로 삼았다. 최는 아버지가 죽은데다 자못 공이 있었으므로 저양후(沮陽侯)로 삼았다. ○ 封參爲澅淸侯, 師古曰:「澅音獲.」陶爲秋苴侯, 晉灼曰:「功臣表秋苴屬勃海.」師古曰:「苴音 千 餘反.」【補注】先謙曰, 史記, 秋作萩, 同. 表作荻, 誤. 官本, 千作子. 唊爲平州侯, 長爲幾侯. 【補注】先謙曰, 表作幾侯張路. 最以父死頗有功, 爲沮陽侯. 【補注】王念孫曰, 案沮陽, 史記作溫陽. 沮溫, 皆涅字之誤. 隸書, 沮字, 或作涅, 與涅相似.] 景武昭宣元成功臣表, 涅陽康侯最, 以父朝鮮相路人, 漢兵至, 首先降, 道死, 子侯. [史表略同.] 湍水注涅水, 東南逕涅陽縣故城西. [地理志, 涅陽, 屬南陽郡.]漢武帝, 元封四年, 封路最爲侯國, 皆其證, 舊本北堂書鈔封爵部中, 引此, 正作涅陽侯.[陳禹謨, 依俗本, 改涅爲沮.]先謙曰, 官本, 沮作沮.
	○ 좌장군을 불러 들여 [그가] 오자, 功을 다투고 서로 시기하여 계획을 어긋나게 한 죄로 기시하였다. 루선장군도 병사를 거느리고 렬구에 이르렀다면 마땅히 좌장군을 기다려야 할 것인데도 제멋대로 먼저 군사를 풀어 많은 병사들을 잃어버렸으므로 주살함이 마땅하나 속전을 받고 서인으로 삼았다. ○ 左將軍徵至, 坐爭功相嫉, 乖計, 弃市. 樓船將軍亦坐兵至洌口, 【索隱】蘇林曰:「縣名. 度海先得之.」當待左將軍, 擅先縱, 失亡多, 當誅, 贖爲庶人.	○ 좌장군을 불러 들여 [그가] 이르자 공을 다투고 서로 시기하여 계획을 어그러지게 한 죄로 기시하였다. 루선장군도 병사를 거느리고 렬구에 이르렀다면 좌장군을 기다렸어야 당연한데, 함부로 먼저 군사를 풀어 많은 병사들을 잃어 버렸으므로 주살함이 마땅하나 속전을 받고 서인으로 삼았다. ○ 左將軍徵至, 坐爭功相嫉乖計, 棄市. 樓船將軍亦坐兵至列口當待左將軍, 蘇林曰:「列口, 縣名也. 度海先得之.」【補注】先謙曰, 胡注, 其地當洌水入海之口. 齊召南云, 案樂浪郡, 有列口縣, 然非洌水入海之口也. 志曰, 呑列縣分黎山, 列水所出, 西至黏蟬入海, 然則列口在黏蟬縣矣. 沈欽韓云, 紀要, 列口城, 在朝鮮國王京西南. 擅先縱, 失亡多, 當誅, 贖爲庶人.

2) 상호의존 해석법으로 『한서』의 진·번·진국(眞/番/辰國)의 진국(辰國)과 『삼국지』와 『후한서』의 "옛 진국(古 辰國)"은 동일대상이라 설정한다.

	『三國志』	『後漢書』
	『三國志』 卷030 魏書 30 東夷傳 第 030 ○ 한은 세 종족이 있으니, 하나는 마한, 둘째는 진한, 세째는 변한인데, 진한은 옛 진국(辰國)이다. ○ 마한은 [삼한 중에서] 서쪽에 위치하였다. … 모두 5십여국이 있다. …진왕은 월지국을 통치한다. ○ 변진도 12국으로 되어 있다. … 변한과 진한의 합계가 24국이나 된다. …그 중에서 12국은 진왕에게 신속되어 있다. 진왕은 항상 마한사람으로 왕을 삼아 대대로 세습하였으며, 진왕이 자립하여 왕이 되지는 못하였다.	『後漢書』 卷 085 東夷列傳 第 075 ○ 한은 세 종족이 있으니, 하나는 마한, 둘째는 진한, 셋째는 변진이다. 모두 78개 나라이다. 모두 옛 진국(辰國)이다. 마한이 [한족 중에서] 가장 강대하여 그 종족들이 함께 왕을 세워 진왕으로 삼아 목지국에 도읍하여 전체 삼한 지역의 왕으로 군림하는데, [삼한의] 제 국왕의 선대는 모두 마한 종족의 사람이다.
	『三國志』 卷 030 魏書 30 東夷傳 第 030, 韓, ○ 韓傳, 韓在帶方之南, 東西以海爲限, 南與倭接, 方可四千里. 有三種, 一曰馬韓, 二曰辰韓, 三曰弁韓. 辰韓者, 古之辰國也. ○ 馬韓在西. 其民土著, …凡五十餘國. …辰王治月支國. ○ 弁辰傳, 弁辰亦十二國, … 弁·辰韓合二十四國, … 其十二國屬辰王. 辰王常用馬韓人作之, 世世相繼. 辰王不得自立爲王.	『後漢書』 卷 085 東夷列傳 第 075, 韓, ○ 韓, 韓有三種, 一曰馬韓, 二曰辰韓, 三曰弁辰. ○ 馬韓在西, 有五十四國, 其北與樂浪, 南與倭接. 辰韓在東, 十有二國, 其北與濊貊接. 弁辰在辰韓之南, 亦十有二國, 其南亦與倭接. 凡七十八國, 伯濟是其一國焉. 大者萬餘戶, 小者數千家, 各在山海間, 地合方四千餘里, 東西以海爲限, 皆古之辰國也. 馬韓最大, 共立其種爲辰王, 都目支國, 盡王三韓之地. 其諸國王先皆是馬韓種人焉.

3) 연나라 태자 단이 요동으로 달아날 때 만은 그 망민들을 거둬 해동에 모으고 진번[임둔 국경수비대]을 평정해 요새를 확보함으로써 한나라 외신이 되었다. 그래서 조선열전 제55를 지었다. 燕丹散亂遼間, 滿收其亡民, 厥聚海東 以集眞藩葆塞, 爲外臣. 作朝鮮列傳第五十五. 연나라 태자 단이 요간[요동]에 산란하니[달아나니] [연나라] 위만이 그 망국민을 수합해서 진번보새[=진번임둔=진번국경수비대]를 집결해서 해동을 취하여 [한나라의] 외신이 되었으니 '조선열전 제55'를 작성한다.

『후한서』의 “한”, “삼한”, “옛 진국”의 해석이 문제이다. “한” = “삼한” = “옛 진국”이 바로 “진·번·진국”에서 “진국”이다. 『한서』의 “진·번·진국”에서 진국이 『후한서』의 “한”, “삼한”, “옛 진국”이다. 한은 마한, 변한, 진한은 모두 옛 진국이다. 옛 진국에는 마한, 변한, 진한이 모두 소속된다.

제7대	한 세종 (漢世宗)	효무황제 (孝武皇帝)	유철 (劉徹)	건원(建元)전140년～전 135년 원광(元光)전134년～전 129년 원삭(元朔)전128년～전 123년 원수(元狩)전122년～전 117년 원정(元鼎)전 116년～전111년 원봉(元封)전 110년～전105년 태초(太初)전104년～전 101년 천한(天漢)전100년～전97년 태시(太始)전96년～전93년 정화(征和)전92년～전89년 후원(後元)전88년～전87년	기원전 141년 ～기원전 87년	기원전 156년 ～기원전 87년	무릉 (茂陵)
제8대	-	효소황제 (孝昭皇帝)	유불릉 (劉弗陵)	시원(始元) 전 86년～전 80년 원봉(元鳳) 전 80년～전 75년 원평(元平) 전 74년	기원전 87년 ～기원전 74년	기원전 94년 ～기원전 74년	평릉 (平陵)
제9대	-	폐황제 (廢皇帝) (창읍왕 (昌邑王), 해혼후 (海昏侯))	유하 (劉賀)	-	기원전 74년	기원전 92년 ～기원전 59년	-
-	-	효도황제 (孝悼皇帝) (한 선제 추숭)	유진 (劉進)	-	-	-	-
제10대	한 중종 (漢中宗)	효선황제 (孝宣皇帝)	유순 (劉詢)	본시(本始) 전 73년～전 70년 지절(地節) 전 69년～전 66년 원강(元康) 전 65년～전 61년 신작(神爵) 전 60년～전 58년 오봉(五鳳) 전 57년～전 54년 감로(甘露) 전 53년～전 50년 황룡(黃龍) 전 49년	기원전 74년 ～기원전 49년	기원전 91년 ～기원전 49년	두릉 (杜陵)
제11대	한 고종 (漢高宗)	효원황제 (孝元皇帝)	유석 (劉奭)	초원(初元) 전 48년～전 44년 영광(永光) 전 43년～전 39년 건소(建昭) 전 38년～전 34년 경녕(竟寧) 전 33년	기원전 49년 ～기원전 33년	기원전 75년 ～기원전 33년	위릉 (渭陵)

제12대	한 통종 (漢統宗)	효성황제 (孝成皇帝)	유오 (劉驁)	건시(建始) 전 32년~전 29년 하평(河平) 전 28년~전 25년 양삭(陽朔) 전 24년~전 21년 홍가(鴻嘉) 전 20년~전 17년 영시(永始) 전 16년~전 13년 원연(元延) 전 12년~전 9년 수화(綏和) 전 8년~전 7년	기원전 33년 ~기원전 7년	기원전 52년 ~기원전 7년	연릉 (延陵)
-	-	효공황제 (孝恭皇帝) (한 애제 추숭)	유강 (劉康)	-	-	-	-
제13대	-	효애황제 (孝哀皇帝)	유흔 (劉欣)	건평(建平) 전 6년~전 3년 원수(元壽) 전 2년~전 1년	기원전 7년 ~기원전 1년	기원전 26년 ~기원전 1년	의릉 (義陵)
제14대	한 원종 (漢元宗)	효평황제 (孝平皇帝)	유간 (劉衎)	원시(元始) 서기 1년~5년	기원전 1년 ~5년	기원전 9년 ~5년	강릉 (康陵)
제15대	-	유자(孺子) (정안공 (定安公))	유영 (劉嬰)	거섭(居攝) 6년~8년 초시(初始) 8년	6년~8년	5년~25년	-
비고: 제3대 황제인 소제의 휘는 공(恭)으로 알려져 있으나, 후대의 기록으로 근거는 알 수 없다.							

한나라가 '예맥조선2(= 한4군)'을 뽑아내어 한나라의 군으로 삼았다.

3) 『사기』 권110, 흉노열전

한나라 사신 양이 흉노에서 신임을 얻었다. 이 때 한나라는 동으로 예·맥 조선을 발취해서 군을 삼았다. 그리고 서로 주천군을 두고 호와 강의 통로를 격절시켰다.

漢使楊信於匈奴. 是時漢東拔穢·貉朝鮮以爲郡, [一]而西置酒泉郡[二]以鬲絶胡與羌通之路.

한나라가 동으로 조선2(= 한4군)를 정벌하였다.

대장군이 단오를 포위한 지 14년 후에 죽었다. 마침내 흉노를 다시 공격하지 못하니 말이 없어서다. 그리고 바야흐로 남으로 양월을 주살하고 동으로 조선을 정벌하고 강과 서남이를 격퇴하니 이런 까닭으로 오랫동안 호를 정벌하지 못하였다.

自大將軍囲單於之後, 十四年而卒. 竟不複擊匈奴者, 以漢馬少, 而方南誅兩越, 東伐朝鮮, 擊羌, 西南夷, 以故久不伐,胡.

4) 한나라 장군 순체가 조선2를 공격하였으나 공이 없었다.

『사기』 권111 위장군표기열전 제51

장군 순체는 태원 광무인이다. 어견 시중으로써 교위가 되고 수차에 걸쳐 대장군을 따랐다. 원봉 3년에 좌장군이 되어 조선을 공격하였으나 공이 없었다. 루선장군을 잡아 좌형으로 죽였다.

『史記』卷一百一十一 衛將軍驃騎列傳第五十一

將軍荀彘, 太原廣武人. 以禦見, [一]侍中, 爲校尉, 數從大將軍. 以元封三年爲左將軍擊朝鮮, 毋功. 以捕樓船將軍坐法死.

5) 고조선은 예맥조선0에서 맥족은 맥궁을 생산하였다.

맥궁과 고구려

	『삼국지』 "고구려" 三國志 卷 030 魏書 30 東夷傳 第 030 高句麗	『후한서』 "고구려" 後漢書 卷 085 東夷列傳 第 075 高句驪
	○ 고구려 고구려는 료동의 동쪽 천리 밖에 있다. 남쪽은 조선예·맥과, 동쪽은 옥저와, 북쪽은 부여와 경계를 접하고 있다. 환도의 아래에 도읍 하였는데 면적은 사방 2천리가 되고 호수는 3만이다.	○ 高句驪 고구려는 료동의 동쪽 천리 밖에 있다. 남쪽은 조선예·맥, 동쪽은 옥저, 북쪽은 부여와 접경하여 있다. 그 나라의 넓이는 사방 2천리이다.
	○ 高句麗傳 高句麗 在遼東之東千里, 南與朝鮮濊貊, 東與沃沮, 北與夫餘接. 都於丸都之下, 方可二千里, 戶三萬.	○ 高句驪 高句驪, 在遼東之東千里, 南與朝鮮濊貊, 東與沃沮, 北與夫餘接. 地方二千里.

	『삼국지』 "고구려" 三國志 卷 030 魏書 30 東夷傳 第 030 高句麗	『후한서』 "고구려" 後漢書 卷 085 東夷列傳 第 075 高句驪
	○ 큰 산과 깊은 골짜기가 많고 넓은 들은 없어 산골짜기에 의지하여 살면서 산골의 물을 식수로 한다. 좋은 전지가 없으므로 부지런히 농사를 지어도 식량이 충분하지 못하다. 그들의 습속에 음식은 아껴 먹으나 宮室은 잘 지어 치장한다. 거처하는 좌우에 큰 집을 건립하고 [그곳에서] 귀신에게 제사지낸다. 또 령성과 사직에도 제사를 지낸다. 그 나라 사람들의 성질은 흉악하고 급하며, 노략질하기를 좋아한다. 그 나라에는 王이 있고, 벼슬로는 상가·대로·패자·고추가·주부·우태·승·사자·조의·선인이 있으며, 신분의 높고 낮음에 따라 각각 등급을 두었다.	○ 큰 산과 깊은 골짜기가 많으며 사람들은 산골짜기에 의지하여 산다. 농사지을 땅이 적어서 힘껏 농사를 지어도 자급하기에 부족하기 때문에 그 습속에 음식을 아낀다. 그러나 궁실은 잘 지어 치장한다. 동이들이 서로 전하여 오기를 [고구려는] 부여의 별종이라 하는데, 그러한 까닭으로 언어와 법칙이 [부여와] 많이 같다. 무릎을 꿇고 절을 할 적에 한 쪽 다리는 펴서 끌며, 걸을 때는 모두 달음박질을 치듯 빨리 간다.
	○ 多大山深谷, 無原澤. 隨山谷以爲居, 食澗水. 無良田, 雖力佃作, 不足以實口腹. 其俗節食, 好治宮室, 於所居之左右立大屋, 祭鬼神, 又祀 靈星·社稷. 其人性凶急, 喜寇鈔. 其國有王, 其官有相加·對盧·沛者·古雛加·主簿·優台丞·使者·皁衣先人, 尊卑各有等級.	○ 多大山深谷, 人隨而爲居. 少田業, 力作不足以自資, 故其俗節於飮食, 而好修宮室. 東夷相傳以爲夫餘別種, 故言語法則多同, 而跪拜曳一脚, 行步皆走.
	○ 또 소수맥(小水貊)이 있다. [고]구려는 大水유역에 나라를 세워 거주하였는데, 西安平縣의 북쪽에 남쪽으로 흘러 바다로 흘러드는 작은 강이 있어서, 고구려의 별종이 이 소수유역에 나라를 세웠으므로, 그 이름을 따서 소수맥이라 하였다. 그곳에서는 좋은 활이 생산되니, 이른바 맥궁이 그것이다.	○ 구려(句驪)는 일명 맥(一名 貊)이라 부른다. 별종이 있는데, 소수에 의지하여 사는 까닭에 이를 소수맥이라 부른다. 좋은 활이 생산되니 이른바 맥궁이 그것이다.
	○ 又有小水貊. 句麗作國, 依大水而居, 北有小水, 句麗 別種 依小水作國, 因名之爲小水貊, 出好弓, 所謂"貊弓"是也.	○ 句驪 一名貊(耳), 有別種, 依小水爲居, 因名曰小水貊. 出好弓, 所謂"貊弓"是也.

고조선의 예맥조선0에서 예족은 단궁을 생산하였다.

단궁과 예

	『삼국지』 "예" 三國志 卷030 魏書 30東夷傳 第030 濊	『후한서』 "예" 後漢書 卷 085 東夷列傳 第 075 ○ 濊
	○ 예는 남쪽으로는 진한과, 북쪽으로는 고구려·옥저와 접하였고, 동쪽으로는 대해에 닿았으니, 오늘날 조선의 동쪽이 모두 그 지역이다. 호수는 2만이다. ○ 濊傳 濊南與辰韓, 北與高句麗·沃沮接, 東窮大海, 今朝鮮之東皆其地也. 戶二萬.	○ 예는 북쪽으로는 고구려·옥저와, 남쪽으로는 진한과 접해 있고, 동쪽은 대해에 닿으며, 서쪽은 낙랑에 이른다. 예 및 옥저·고구려는 본디 모두가 [옛]조선의 지역이다. ○ 濊 濊 北與高句驪·沃沮, 南與辰韓接, 東窮大海, 西至樂浪. 濊及沃沮·句驪, 本皆朝鮮之地也.
	○ 일찍이 기자가 조선에 가서 팔조의 교를 만들어 그들을 가르치니, 문을 닫아 걸지 않아도 백성들은 도둑질을 하지 않았다. 그 뒤 40여세를 지나 조선후 준이 참람되게 王이라 일컬었다. [진나라 말년에] 진승 등이 기병하여 온 천하가 진나라에 반기를 드니, 연·제·조지역의 백성 수만인이 조선으로 피난하였다. 연나라 사람 위만이 북상투를 하고(魋結), 오랑캐의 복장으로 [조선에] 와 그 王이 되었다. 한 무제는 조선을 정벌하여 멸망시키고, 그 지역을 분할하여 사군을 설치하였다. 이 뒤로부터 호족과 한족 사이에 점차 구별이 생겼다. 昔箕子旣適朝鮮, 作八條之教以教之, 其後四十餘世, 朝鮮侯(淮)[準], 僭號稱王. 陳勝等起, 天下叛秦, 燕·齊·趙民避地朝鮮數萬口. 燕人衛滿, 魋結夷服, 復來王之. 衛滿事, 詳見後. 裴注, 引魏略漢書陸賈傳, 尉佗, 魋結箕踞. 服虔曰, 魋, 音椎. 今兵士, 魋頭髻也. 漢武帝伐滅朝鮮, 分其地爲四郡. 自是之後, 胡·漢稍別.	○ 일찍이 [주] 무왕이 기자를 조선에 봉하니, 기자는 [조선 백성에게] 예의와 농사짓는 법과 양잠하는 법을 가르쳤다. 또 팔조의 교를 제정하니, 그 나라 사람들이 마침내 서로 도둑질을 하지 않아 [밤에도] 문을 닫지 아니하고, 부인들은 정절을 지키며 음식은 변두를 사용하여 먹었다. 그 뒤 40여세를 지나 조선후 준에 이르러 스스로 왕이라 칭하였다. 한 초의 대혼란기에 연·제·조나라 사람으로서 그 지역으로 피난간 사람이 수만명이나 되었는데, 연나라 사람 위만은 준을 공격하여 깨뜨리고, 스스로 조선의 왕이 되어 나라가 손자 우거에게까지 전하여졌다. 昔武王封箕子於朝鮮, 箕子教以禮義田蠶, 又制八條之教. 其人終不相盜, 無門戶之閉. 婦人貞信. 飮食以籩豆. 其後四十餘世, 至朝鮮侯 準, 自稱王. 漢初大亂, 燕·齊·趙人往避地者數萬口, 而燕人衛滿擊破準而自王朝鮮, 滿誘亡黨, 衆稍多, 遂還攻準也. 傳國至孫右渠. 右渠者, 其孫名也.
	○ [예에는] 대군장이 없고 한대 이래로 후·읍군·삼로의 관직이 있어서 하호를 통치하였다. 그 나라의 노인들은 예부터 스스로 일컫기를 '[고]구려와 같은 종족이다' 라고 하였다.	○ [예에는] 대군장이 없고, 그들의 관직으로는 후와 읍군과 삼로가 있다. [예의] 노인들은 자신들이 [고]구려와 같은 종족이라 말하는데, 언어와 법령과 풍속이 대체로 비슷하다.

	『삼국지』 "예" 三國志 卷030 魏書 30東夷傳 第030 濊	『후한서』 "예" 後漢書 卷 085 東夷列傳 第 075 ○ 濊
	그들의 성질은 조심스럽고 진실하며 욕심이 적고 렴치가 있어, 남에게 구걸하거나 도움을 청하지 않는다. 언어와 예절 및 풍속은 대체로 [고]구려와 같지만 의복은 다르다. 남녀가 모두 곡령을 입는데, 남자는 넓이가 여러 치 되는 은화를 옷에 꿰매어 장식한다.	그 사람들의 성품은 우직하고 건실하며 욕심이 적어 남에게 구걸하지 않는다. 남녀 모두 곡령을 입는다.
	○ 無大君長, 自漢已來, 其官有侯邑君·三老, 統主下戶. 其耆老舊自謂與句麗同種. 其人性愿慤, 大抵與句麗同, 衣服有異. 男女衣皆著曲領, 男子繫銀花廣數寸以爲飾.	○ 無大君長, 其官有侯·邑君·三老. 耆舊自謂與句驪同種, 言語法俗大抵相類. 其人性愚慤, 少嗜欲, 不請匄. 男女皆衣曲領.
	○ 단단대산령의 서쪽은 낙랑에 소속되었으며, 령의 동쪽 일곱 현은 [동부]도위가 통치하는데 그 백성은 모두 예인이다. 그 뒤 도위를 폐지하고 그들의 우두머리(渠帥)를 봉하여 후로 삼았다. 오늘날의 불내예는 모두 그 종족이다. 한말에는 다시 [고]구려에 복속되었다.	
	○ 自單單大山領以西 屬樂浪, 自領以東七縣, 都尉主之, 皆以濊爲民. 後省都尉, 封其渠帥爲侯, 今不耐濊皆其種也. 漢末更屬句麗.	
	○ 그 나라의 풍속은 산천을 중요시하여 산과 내마다 각기 구분이 있어 함부로 들어가지 않는다. 동성끼리는 결혼하지 않는다. 꺼리는 것이 많아서 병을 앓거나 사람이 죽으면 옛 집을 버리고 곧 다시 새 집을 지어 산다. 삼베가 산출되며 누에를 쳐서 옷감을 만든다. 새벽에 별자리의 움직임을 관찰하여 그 해의 풍흉을 미리 안다. 珠玉은 보물로 여기지 않는다.	○ 그 풍속은 산천을 중요시하여 산천마다 각 읍락의 경계가 있어서 함부로 서로 침범하지 않는다. 동성간에는 혼인하지 않는다. 꺼리고 금하는 것이 많아서 병을 앓거나 사람이 죽으면 곧 옛 집을 버리고 다시 새 집을 지어 산다. 삼(麻)을 심고 누에를 기르며 길쌈을 할 줄 안다. 새벽에 별자리의 움직임을 관찰하여 그 해의 흉풍을 미리 안다.
	○ 其俗重山川, 山川各有部分, 不得妄相涉入. 同姓不婚. 多忌諱, 疾病死亡輒損棄舊宅, 更作新居. 有麻布, 蠶桑作緜. 曉候星宿, 豫知年歲豐約. 不以珠玉爲寶.	○ 其俗重山川, 山川各有部界, 不得妄相干涉. 同姓不昏. 多所忌諱, 疾病死亡, 輒捐棄舊宅, 更造新居. 知種麻, 養蠶, 作緜布. 曉候星宿, 豫知年歲豐約.

	『삼국지』 "예" 三國志 卷030 魏書 30東夷傳 第030 濊	『후한서』 "예" 後漢書 卷 085 東夷列傳 第 075 ○ 濊
	○ 해마다 10월이면 하늘에 제사를 지내는데, 주야로 술마시며 노래부르고 춤추니 이를 '무천'이라 한다. 또 호랑이를 神으로 여겨 제사지낸다. 부락을 함부로 침범하면 벌로 생구와 소·말을 부과하는데, 이를 '책화'라 한다. 사람을 죽인 사람은 죽음으로 그 죄를 갚게 한다. 도둑질하는 사람이 적다. 길이가 3장이나 되는 창(矛)을 만들어 때로는 여러 사람이 함께 잡고서 사용하기도 하며, 보전에 능숙하다. 낙랑의 단궁이 그 지방에서 산출된다. 바다에서는 반어의 껍질이 산출되며, 땅은 기름지고 무늬 있는 표범이 많다. 또 과하마가 나는데 [후]한의 환제 때 헌상 하였다.	○ 해마다 10월이면 하늘에 제사를 지내는데, 주야로 술마시며 노래부르고 춤추니, 이를 '무천'이라 한다. 또 호랑이를 신으로 여겨 제사지낸다. 부락을 함부로 침범하는 사람이 있으면, 벌로 생구와 소·말을 부과하는데 이를 '책화'라고 한다. 사람을 죽인 사람은 죽음으로 그 죄를 갚게 한다. 도둑질하는 사람이 적다. 보전에 능숙하며, 길이가 3장이나 되는 창을 만들어 때로는 여러 사람이 함께 잡고서 사용하기도 한다. 낙랑의 단궁이 그 지방에서 산출된다. 또한 무늬 있는 표범이 있고 과하마가 있으며, 바다에는 반어가 나는데 사절이 올 적에 빠짐없이 헌상 하였다.
	○ 常用十月節祭天, 晝夜飮酒歌舞, 名之爲"舞天", 又祭虎以爲神. 其邑落相侵犯, 輒相罰 責生口牛馬, 名之爲"責禍". 殺人者償死. 少寇盜. 能步戰. 樂浪檀弓出其地. 其海出班魚皮, 土地饒文豹, 又出果下馬, 漢 桓時獻之.	○ 常用十月祭天, 晝夜飮酒歌舞, 名之爲"舞天". 又祠虎以爲神. 邑落有相侵犯者, 輒相罰 責生口牛馬, 名之爲"責禍". 殺人者償死. 少寇盜. 能步戰, 作矛長三丈, 或數人共持之. 樂浪檀弓出其地. 又多文豹, 有果下馬, 海出班魚, 使來皆獻之.

6) 고조선의 예맥조선의 예족지역에서 북부여 동명이 건국하였다.

부여

	『삼국지』 "부여" 三國志 卷 030 魏書 30 東夷傳 第 030夫餘	『후한서』 "부여" 後漢書 卷 085 東夷列傳 第 075夫餘
	○ 부여 부여는 장성의 북쪽에 있는데, 현토에서 천 리쯤 떨어져 있다. 남쪽은 고구려와, 동쪽은 읍루와, 서쪽은 선비와 접해 있고, 북쪽에는 약수가 있다. [국토의 면적은]사방 2천 리가 되며, 호수는 8만이다.	○ 부여국 부여국은 현토의 북쪽 천리 쯤에 있다. 남쪽은 고구려와, 동쪽은 읍루와, 서쪽은 선비와 접해 있고, 북쪽에는 약수가 있다. 국토의 면적은 사방 2천리이다.

	『삼국지』 "부여" 三國志 卷 030 魏書 30 東夷傳 第 030夫餘	『후한서』 "부여" 後漢書 卷 085 東夷列傳 第 075夫餘
	○ 夫餘傳 夫餘在長城之北, 去玄菟千里, 南與高句麗, 東與挹婁, 西與鮮卑接, 北有弱水, 方可二千里. 戶八萬,	○ 夫餘國 夫餘國, 在玄菟北千里. 南與高句驪, 東與挹婁, 西與鮮卑接, 北有弱水. 地方二千里,
	○ 그 도장에 '예왕의 인'이란 글귀가 있고 나라 가운데에 예성이란 이름의 옛 성이 있으니, 아마도 본래 예맥의 땅이었는데, 부여가 그 가운데에서 왕이 되었으므로, 자기들 스스로 '망명해 온 사람' 이라고 말하는 이유가 여기에 있는 듯 하다.	본래 예[족]의 땅이다.
	○ 其印文言「濊王之印, 國有故城名濊城, 蓋本濊貊之地,. 其王印文稱, 穢王之印. 國中, 有古濊城. 而夫餘王其中, 自謂「亡人」,	本濊地也.
	○『위략』: 옛 기록에 또 다음과 같은 말이 있다. 魏略曰:	
	○ 옛날 북방에 고리라는 나라가 있었는데, 그 왕의 시녀가 임신을 하였다. ○ 舊志又言, 昔北方有 高離之國 者, 其王者侍婢有身,	○ 처음에 북이의 색리국왕이 출타 중에 그의 시중드는 아이가 후[궁]에서 임신을 하게 되었다. ○ 初, 北夷 索離國王出行, 其侍兒於後姙身,
	왕이 그녀를 죽이려 하자, 王欲殺之,	왕이 돌아와서 그녀를 죽이려 하자 王還, 欲殺之.
	시녀는, "달걀만한 크기의 [신령스러운] 기운이 나에게 떨어졌기 때문에 임신을 하였습니다." 하였다. 婢云:「有氣 如雞子 來下我, 故有身.」	시녀가 말하기를, "지난번 하늘에 크기가 달걀만한 기가 있어 저에게로 떨어져 내려오는 것을 보았는데, 그대로 임신이 되었습니다." 하였다. 侍兒曰:「前見天上有氣, 大如雞子, 來降我, 因以有身.」
	그 뒤에 [그녀는] 아들을 낳았다. 後生子,	왕이 그녀를 [옥에] 가두었는데, 그 뒤에 마침내 아들을 낳았다. 王囚之, 後遂生男.

	『삼국지』 "부여" 三國志 卷 030 魏書 30 東夷傳 第 030夫餘	『후한서』 "부여" 後漢書 卷 085 東夷列傳 第 075夫餘
	왕이 그 아이를 돼지우리에 버리자 돼지가 입김을 불어 주어 죽지 않았고, 마굿간에 옮겨 놓았으나 말도 입김을 불어 주어 죽지 않았다. 王捐之於溷中, 豬以喙噓之, 徙至馬閑, 馬以氣噓之, 不死.	왕이 그 아이를 돼지우리에 버리게 하였으나, 돼지가 입김을 불어주어 죽지 않았다. 다시 마굿간에 옮겼으나 말도 역시 그와 같이 해주었다. 王令置於豕牢, 豕以口氣噓之, 不死. 復徙於馬蘭, 馬亦如之.
	왕은 천제의 아들일 것이라고 생각하여 그 어머니에게 거두어 기르게 하고는, 王疑以爲天子也, 乃令其母收畜之,	왕이 그 아이를 신이하게 생각하여 [그] 어머니가 거두어 기르도록 허락하고, 王以爲神, 乃聽母收養,
	이름을 동명이라 하였다. 名曰東明,	이름을 동명이라 하였다. 名曰東明.
	항상 말을 사육토록 하였다. 常令牧馬.	
	동명이 활을 잘 쏘자, 왕은 자기 나라를 빼앗길까 두려워하여 죽이려고 하였다. 東明善射, 王恐奪其國也, 欲殺之.	동명이 장성하여 활을 잘 쏘자, 왕이 그의 용맹함을 꺼리어 다시 죽이려고 하였다. 東明長而善射, 王忌其猛, 復欲殺之.
	이에 동명은 달아나서 남쪽의 시엄수에 이르러, 활로 물을 치니 물고기와 자라가 떠올라서 다리를 만들어 주었다. 東明走, 南至施掩水, 以弓擊水, 魚鼈浮爲橋,	[이에] 동명이 남쪽으로 도망하여 엄사수에 이르러, 활로 물을 치니 물고기와 자라가 모두 모여 물 위에 떠올랐다. 東明奔走, 南至掩淲水, 以弓擊水, 魚鼈皆聚浮水上,
	동명이 [그것을 타고] 물을 건넌 후, 東明得度,	동명은 그것을 타고 물을 건넌 후, 東明乘之得度,
	물고기와 자라가 흩어져 버려 추격하던 군사는 건너지 못하였다. 魚鼈乃解散, 追兵不得渡.	
	동명은 부여지역에 도읍하여 왕이 되었다. 東明因都王夫餘之地.	[동명은] 부여에 도착하여 왕이 되었다. 因至夫餘而王之焉.

7) 단재 신채호의 『조선상고문화사』, 『조선사연구초』의 「전·후 삼한고」, 그리고 『조선상고사』는 이런 상황을 해명한 것이다.[4] 고조선의 진·번·방중국, 진·번·진국이 부소량, 오덕지, 백아강의 삼경의 조선이다.

『사기』진·번·방중국, 『한서』진·번·진국, 그리고 『신지비사』의 3경

	『神誌祕詞』曰
	『신지비사』에서 말한다. 마치 저울, 저울추, 저울그릇 같다. 저울대는 부소량이고, 저울추는 오덕지이고, 저울그릇은 백아강이다. 70여국이 조공하고 굴복한 것은 덕에 의뢰하고 신과 정령이 호위해 준 것이다. 머리와 꼬리가 균형을 이루어 평평한 위상을 유지하고 있으니 나라가 흥륭하고 태평을 보존한다. 만약 삼 기준 땅[삼경]을 폐지하면 왕업이 쇠퇴하고 기울 것이다.
	『神誌祕詞』曰: '如秤錘極器 秤幹扶踈樑 錘者五德地 極器百牙岡 朝降七十國 賴德護神精 首尾均平位 興邦保大平 若廢三諭地 王業有衰傾.' (『高麗史』 卷一百二十二, 「列傳」 卷第三十五, 方技 , 김위제전.(김위제가 『도선비기』를 근거로 남경 천도를 건의하다.) (국사편찬위원회))

4) 박병훈 전주대 박사학위논문, 2013. 박병섭/ 박병훈은 함께 연구하였다. 박병섭(2003) 「단군과 기자 관련 사료를 통해 본 『한단고기』의 역사성 검토」, 『한국종교사학회 제11집』, 2003. pp. 143-167. 박병섭·박병훈(2007-2) 「단군조선 삼조선설-『사기』, 『조선상고문화사』, 『한단고기』의 연구-」 『단군학연구 제17집』, 2007. 12. 30. 1~39쪽. 박병훈의 논문에는 다양한 학설들이 소개되어 있다. 또 신채호가 미처 연구하지 못한 것도 신채호의 공으로 돌리고 있다.

Ⅳ부

환인, 환웅대인

7장

『예기』 예운과 『고기』의 형식논리학적 분석

【주제 분류】 한국고대철학, 한국고대사, 응용논리학

【주요어】 환인의 대동사회, 환웅 대인의 대인국, 단군의 삼경 고조선

【요약문】

본고는 『예기』 "예운"과 『삼국유사』 『고기』 그리고 『산해경』을 분석하여 환인-환웅-단군의 계보를 분석하였다. 여기에 『제왕운기』 『전조선기』의 내용을 추가하여 환인-환웅-단군 이후에 "고례'와 '시라'-'남·북옥저'-'동·북부여'-예·맥조선'의 계보를 추가하였다. 첫째 『고기』 환웅, 신시(神市)와 『산해경』 대인, 대인시(大人市)를 "시(市)" 개념의 동일성에 근거해서 양자가 동일하다고 분석하였다. 둘째, 『고기』의 환인, 환웅과 『예기』 '예운'의 대동사회와 대인의 소강사회를 각각 대응시켜서 동일한 것으로 파악하였다. 셋째, 『고기』 환웅의 후예로 단군이 등장하였다. 넷째 『고기』의 "단군의 수(壽)"와 『제왕운기』 『전조선기』의 "단군의 수(壽)" 사이를 대응시켜 단군의 후예로 예맥조선, 동북부여, 남북옥저, 고례와 시라의 계보가 등장한다.

1. 서론

『삼국유사』 '박혁거세'편에는 박혁거세 시대에 신라 육촌 중에 4촌에 대해 '모부, 부부, 녀부, 자부'라고 불리는데 그 유래를 모른다는 이야기가 있다. 이 말의 의미가 무엇인지가 문제이다. 부모자녀 4부는 대동사회의 특징이다. 옛날에 대동사회가 존재하였다는 기록이 있다. 대동사회가 4부사회로 구성되었다면 그것은 남녀노소가 끼리끼리 살았다는 의미이다. 옛날에 여자는 여자끼리 살고 남자는 남자끼리 산 시대가 있었을까? 괴력난신의 신화

시대에 그런 시대에 대한 기록이 존재한다. 신라 6촌사회와 4부사회에 진한(秦韓)과 신라 금석문의 기록의 해석을 추가해 도표화해 본다. 이 도표는 6촌사회과 4부사회의 구별, 진한(辰韓)과 진한(秦韓)의 구별, 금석문에서의 훼부, 사훼부에 대한 해석 등을 다루고 있다.

신라의 4부와 6촌사회

2.혁거세 거서간	6촌	1.알천 양산촌	2.돌산 고허촌	3.무산 대수촌	4.취산 진지촌	5.금산 가리촌	6명활산 고야촌
서기 32년	6부	급량부/ 량부	사량부	모량부	본피부	한기부	습비부
역주 한국고대 금석문(1992)		훼부	사훼부		본부		
서기 940년	6부	중흥부	남산부	장복부	통선부	가덕부	임천부
연대	제도	모부	신모부	부부	신부부	녀부	자부
1.환국	4부	서모=범		서부=환인		서녀=곰	서자=환웅
사기 오제본기		희씨				사씨	자씨
3.일연	4부	모부		부부		녀부	자부
건국13년전	2부		진란진한 秦亂秦韓 알영		진란진한 秦亂秦韓 혁거세		
재위39(석탈해) 서기전19년	4부					해척지모 아진의선	
	6부	이씨	정씨	손씨	최씨	배씨	설씨

2. 환웅은 최초의 대인이다.

1) 환웅은 『삼국유사』 『고기』에 등장한다. 대인은 『산해경』에 등장한다. 두 인물은 같은 인물이다. 환웅과 대인이 같은 인물이라는 것은 어떻게 알 수 있는가? 환웅은 신시(神市)에 산다. 대인은 대인시(大人市)에 산다. 양자 공통점은 시(市)에 산다는 공통점이다. 과거에는 시(市) 거주자가 거의 없다. 『산해경』에 보면 대부분 집단주거지는 구(丘)이고 시(市)의 경우는 두

경우뿐이다. 『산해경』에서 시(市)는 오직 대인시(大人市) 용법과 학시(壑市) 용법 둘 밖에 없다. 시(市)는 대인시 용법이 처음이며 수도 혹은 시장을 의미한다. 학시의 경우는 『산해경』의 마지막 「3기 해내경」에 등장한다. 서해의 안, 유사 중에 나라가 있으니 그 이름이 학시이다(『산해경(海內經)』: 서해의 내(西海之內), 유사의 중(流沙之中), 유국명왈(有國名曰) 학시(壑市)). 결국 환인-환웅 시대에 시(市)[수도 혹은 시장]는 신시, 대인시, 학시 셋뿐이다. 신웅과 신시에 대비해 대인과 대인시에서 양자가 모두 시(市)를 공유한다는 것은 『산해경』 시대에는 양자가 하나로 같다는 의미이다.

2) 『산해경』의 "대인" 그리고 『예기』「예운편」의 "대인"이 하나로 같다.

3) 위의 1)과 2)를 합해 보면 따라서 『삼국유사』『고기』의 "환웅"과 『예기』「예운편」의 "대인"은 하나로 같거나 상호 연결되어 있다. 본고 해석의 특징은 기존의 소강사회로만 보는 해석과 달리 대인국을 두 개의 나라로 보고 환웅 대인국에 최초의 중앙수도 '대인시 = 신시'가 있었다고 해석한 것이다. 도표화하면 다음과 같다.

『산해경』 대인 이후에서 『예기』「예운」에서 바로 '하/은/주'이고, 그 후에 춘추시대에 형성된 『상서』에서 '요/순'이 추가되고, 전국시대 및 한 나라 형성된 『사기』「오제본기」'헌원/ 전욱/ 제곡'이 추가되어 '요/ 순'과 함께 오제가 추가된다.

환인-환웅 대인국의 후계 계승도

순서	지도자와 국가들	
1	환인 부모자녀 4부 대동 한가족	
2	환웅, 신시 『삼국유사』『고기』	
	대인국1, 대인시, 대인당 『산해경』	대인국2 『산해경』
		대인 『예기』「예운편」
3	단군 = 고조선	[요/ 순]
		우/탕/문/무/성왕/주공 = 하/은/주 소강사회
4	고구려, 『신지비사』	한, 『예기』「예운」
	신라, 부모자녀 4부사회	

3. 환국이 대동사회이다.

『예기』「예운편」은 초점이 대동사회에 있고, 『삼국유사』『고기』는 초점이 환웅의 국가건설에 있다. 『삼국유사』 1권, 1기이, 고조선, 『고기』와 『예기』「예운편」의 두 자료를 만일 여러 명제들을 추가해서 하나로 결합한다면 그것은 얼마든지 가능하다. 문제는 두 개의 문헌자료를 최소로 단락(短絡) 시켜 결합할 수 있는 '단 하나의 명제가 무엇인가?'를 찾는 것이다. 그것은 다음이다.

"환웅이 대인이다."

양 자료를 "환웅=대인"으로 결합해서 구조적으로 대응시키면 다음과 같다.

『삼국유사』 1권, 1기이, 고조선, 『고기』와 『예기』「예운편」의 구조 결합

	『삼국유사』1권, 1기이, 고조선, 『고기』		『예기』「예운편」
1	환인		대동사회
2			가족
3	환웅	=	대인, 대인국, …소강사회
4	환웅/범/곰		

『삼국유사』1권, 1기이, 고조선, 『고기』의 환웅이 『예기』「예운편」의 대인이라면, 이제 각각 환웅이 대인이고, 환웅의 나라가 대인의 나라이고, 소강사회의 원형이다. 또 『고기』의 환인의 사회가 『예기』「예운편」의 대동사회이다.

『고기』와 『예기』「예운편」을 연결해서 하나의 사회발전 단계론을 구성할 수 있다. 환웅과 대인 이전의 사회와 환웅과 대인 이후의 사회로 구별할 수 있다. 사회발전 단계는 네 단계로서 (1) 환인의 대동 한가족 사회, (2) 개인가족사회, (3) 대인 환웅의 대인국, 신시와 소강사회, 그리고 (4) 단군의 고

조선의 3연맹국의 순서이다. 여기까지가 본론이다.

이런 역사발전의 네 단계는 각 단계마다 해석을 주도할 보강자료를 추가해서 좀 더 구체적인 새로운 해석을 할 수 있다. 이것은 단지 참고사항을 추가해서 부연해 본 것이다.

환인-환웅-단군의 시대와 해석을 위한 보강자료들

	『삼국유사』『고기』		『예기』「예운편」	해석을 위한 보강자료들
1	환인		대동사회	『삼국유사』박혁거세왕조의 부모자녀 4부사회
2			개인 가족	『고구려벽화』와 견우직녀 전설
3	환웅, 신시	=		『산해경』, 대인시, 대인당
		=	대인, 소강사회	『산해경』, 대인국
4	단군 = 환웅/범/곰			『신지비사(神誌秘詞)』

첫째『삼국유사』『고기』의 환인의 사회(환국)와『예기』「예운편」 대동사회는『삼국유사』박혁거세왕조의 부모자녀 4부사회로 해석하면 환인의 부모자녀 대동 한가족사회나 환국사회로 이해할 수 있다.

둘째『예기』「예운편」의 개인 가족의 등장은 견우와 직녀 전설과『고구려벽화』로 해석하면 1년에 한번 칠월칠석에 만나 성인식을 통해 성인이 되는 부모자녀 4부 대동한가족 사회가 붕괴된 후에 등장한 것으로 이해할 수 있다.

셋째『삼국유사』『고기』의 환웅천왕의 신시 나라와『예기』「예운편」 대인, 대인국은『산해경』의 대인의 나라가 둘이고 하나는 '신시 = 대인시'의 대인국(『고기』 = 『산해경』, 「2-해내북경-32」 p. 279) = 『산해경』, 「3-대황동경-4」 p. 286)이고 다른 하나는 그냥 대인국(『예기』「예운편」 = 「2-해외동경-3」 p. 251 = 『산해경』, 「3-대황북경-4」 p. 318)으로 나뉘니 두 개의 "대인국" 국명의 공유에서 나타나듯 내적으로 연결된 하나의 나라로 이해할 수 있다.

넷째 『삼국유사』 『고기』의 단군의 고조선은 『신지비사』(『고려사』의 본문 출전, 『삼국유사』의 서문일부 출전)의 삼경으로 해석하면 고조선이 세 개의 수도를 가진 나라로 이해할 수 있다.

4. 결론

본고는 환인-환웅-단군의 철학을 탈근대의 계보학적 서술로 전개해 보았다. 당시 기록이 문헌신화라 "괴력난신"배제와 "신화"배제가 지배한 시대에는 주목되지 못하다가 탈근대 시대에 위 두 가지 배제를 판단정지하자 "괴력난신" 시대를 재평가할 수 있었다. 본고의 출발점인 『삼국유사』 『고기』와 『예기』 「예운」을 하나의 가정인 "환웅이 대인이다"는 명제는 『산해경』를 매개로 결합하였다. 당시의 역사발전단계는 네 단계로서 (1) 환인의 부모자녀 4부의 대동한가족에서 시작해서 (2) 개인 가족이 처음 등장하였고 (3) 그 후에 환웅대인이 대인국이라는 국가를 처음 건설하였고, (4) 마지막으로 고조선의 단군이 삼조선을 건설하였다.

8장

환인의 4부 대동사회와 환웅 대인의 대인국

【주제 분류】 한국고대철학, 한국고대사, 응용논리학

【주요어】 환인의 대동사회, 환웅 대인의 대인국, 단군의 삼경 고조선, 예맥조선, 해모수의 북부여

【요약문】

사료를 형식논리학으로 연구해서 술이부작한다. 사료는 『삼국유사』 『고기』, 『산해경』, 『예기』 '예운', 『제왕운기』 '전조선기' 『본기』, 『삼국유사』의 『신지비사』와 『고려사』의 『신지비사』, 『삼국유사』 '박혁거세', 『사기』 '오제본기' '자서' 등이다. 분석방법은 형식논리학이다. 탈근대의 계보학적 방법으로 (1) 환인의 부모자녀 4부 대동한가족, (2) 개개 가족, (3) 환웅 대인국, (4) 단군의 삼경 고조선, 그리고 (5)단군의 수로 예맥조선, 동북부여, 남북옥저, 고례[고구려 초기 주몽왕에서 동천왕까지]와 시라[신라 초기 박혁거세에서 지증왕까지]의 계보로 분석하였다.

1. 서론

기존의 자료를 형식논리학으로 해석해서 술이부작(述而不作)하게 재구성하였다. 첫째 『삼국유사』 『고기』의 환웅과 『산해경』 대인이 모두 최초 국가와 최초 시(市)에 거점을 마련하였다는 점에서 양자를 동일률로 연결하였다. 환웅과 대인은 최초의 국가와 시(市)[1]를 건설한 자로 이명동일인이

1) "신시(神市)"는 대인시처럼 '시(市)'에 초점을 두면 신웅이 건설한 교역장소 시장(市場)이다. 이전에는 '신(神)'에 강조점을 두어 신들의 신전(神殿)으로 이해하였다.

다. 둘째 『예기』 「예운」과 『삼국유사』 『고기1』 사이를 '환웅 = 대인'을 근거로 1:1로 구조적으로 대응시켜서 파악하였다. 도달한 결과는 '환인 = 대동사회', '환웅 국가 = 대인 국가', 그 후예는 '단군의 고조선'과 '요-순-하-은-주'이다. 셋째 『삼국유사』의 『고기』와 『제왕운기』 『전조선기』의 『본기』 사이를 환인, 웅, 단군을 매개로 이야기를 대응시켜서 파악한다. 도달한 결과는 단군의 수(壽)가 단군의 계보로 『본기』의 서술 상정시점인 당대 현재 "시라"[신라 초기, 박혁거세왕~지증왕]와 "고례"[고구려 초기, 주몽왕~동천왕]에서 남·북옥저, 동·북부여, 예·맥조선으로 소급해서 역순으로 서술된다. 넷째 이제 『삼국유사』, 『고기』, 『예기』 "예운편", 『산해경』에다가 『신지비사』, 『삼국유사』 '박혁거세'를 모두 합하여 술이부작(述而不作)하게 정리해 도표화하겠다.

2. 환국의 대동 한가족사회

한국시조 안파견 환인

만몽 김산호 그림

	『삼국유사』『고기』	『제왕운기』『전조선기』	『예기』「예운편」
1	『고기』에는 이렇게 말한다. '옛날에 환인(환국)이 있었다. 『三國遺事』『古記』云: 昔有桓因[謂帝釋也.]	『제왕운기』『전조선기』 석제다.(『본기』에 상제환인이다.) 『帝王韻紀』『前朝鮮紀』 釋帝(『本紀』曰 上帝桓因)	「예운편」 큰 도가 행해지는 천하는 공을 위하여 현명한 사람과 능력 있는 자를 선출하여 한 결 같이 믿음이 있고 화목함을 닦는다. 이런 까닭에 그들 친부모만을 부모로 섬기지 않고 모두 부모로 섬기며 그들 자녀만을 자식으로 돌보는 것이 아니라 모두 돌보았다. 늙은이는 죽을 때까지 평생을 살 수 있었고, 장정은 일자리가 있었고, 어린애는 잘 자랄 수 있었고, 홀아비, 고아, 과부, 병자도 모두 다 돌보아 주었다. 남자는 각각 직분을 가지며 여자는 각각 귀속이 있었다. 백성들의 일용하는 화폐가 쓸모없이 버려짐은 미워하나 반드시 자기만을 위해 소장하지 않았다. 힘쓰는 것을 스스로 하지 않는 것을 미워했으나 반드시 자신을 위하는 일에만 쓰지 않았다. 그래서 홀로 폐쇄된 생활을 할 음모가 일어나지 않았다. 도둑질과 폭력배가 없어 대문을 두고도 잠그지 않았다. 이것을 대동[사회]라 한다. 昔者仲尼與於蠟賓, 事畢, 出游於觀之上, 喟然而嘆. 仲尼之嘆, 蓋嘆魯也. 言偃在側曰 : "君子何嘆? "孔子曰 : "大道之行也, 與三代之英, 丘未之逮也, 而有志焉." 大道之行也, 天下爲公. 選賢與能, 講信修睦, 故人不獨親其親, 不獨子其子, 使老有所終, 壯有所用, 幼有所長, 矜寡孤獨廢疾者, 皆有所養. 男有

	『삼국유사』『고기』	『제왕운기』『전조선기』	『예기』「예운편」
			分, 女有歸. 貨惡其棄於地也, 不必藏於己 ; 力惡其不出於身也, 不必爲己. 是故謀閉而不興, 盜竊亂賊而不作, 故外戶而不閉, 是謂大同.

	『삼국유사』박혁거세왕조의 부모자녀 4부사회.		『사기』「오제본기」자서
	"지금 풍속에는 중흥부를 모부(母部), 장복부를 부부(父部), 임천부를 자부(子部), 가덕군을 녀부(女部)로 삼는다. 이 [4부사회의] 실상은 자세하지 않다.		사마천은 (하)사씨, (상)자씨, (주)희씨를 거론한다.
	『三國遺事』 今俗 中興部爲母, 長福部爲父, 臨川部爲子, 加德部爲女 其實未詳.		『사기』, 오제본기, 자서 001/0045 自黃帝至舜·禹, 皆同姓而異其國號, 以章明德. 故黃帝爲有熊, 帝顓頊爲高陽, 帝嚳爲高辛, 帝堯爲陶唐, 帝舜爲有虞. 帝禹爲夏后而別氏, 姓姒氏. 契爲商, 姓子氏. 棄爲周, 姓姬氏.

3. 개인 가족사회, 재화

2			『예기』「예운편」개인 가족 이제 대도가 이미 사라지니 천하에 가족이 생겨서 각자 자기 부모만을 부모로 섬기고 각자 자기 자식만을 그 자식으로 돌보았다. 화폐와 힘을 자기만을 위해 사용하였다(『예기』「예운편」). 今大道旣隱, 天下爲家, 各親其親, 各子其子, 貨力爲己.
			견우직녀 오작교

4. 대인 환웅의 대인국, 신시와 소강사회

3	『산해경』, 대인국1, 대인시, 대인당 "대인시(大人市)는 바다 가운데 있다."(『산해경』, 「2-해내북경-32」 279) "파곡산이라는 곳과 대인국(大人國)이 있다. 이름을 대인당(大人堂)이라 하는 대인시(大人市)가 있다. 한 대인이 그 위에 앉아 양팔을 벌리고 있다"(『산해경』, 「3-대황동경-4」 286).	『산해경』, 대인국1, 대인시, 대인당 "대인시(大人市)는 바다 가운데 있다."(『산해경』, 「2-해내북경-32」 279) "파곡산이라는 곳과 대인국(大人國)이 있다. 이름을 대인당(大人堂)이라 하는 대인시(大人市)가 있다. 한 대인이 그 위에 앉아 양팔을 벌리고 있다"(『산해경』, 「3-대황동경-4」 286).	『산해경』, 대인국2 "대인국(大人國)이 그 북쪽에 있는데 그 사람들은 체격이 커서 앉아서 배를 조종한다. 혹은 차구(差丘)의 북쪽에 있다고도 한다"(「2-해외동경-3」 251). "대인(大人)이라는 사람이 있고 대인국(大人國)이 있는데 성이 이씨이고 기장을 먹고 산다. 커다란 푸른 뱀이 있어 누런 머리이고 고

	『山海經』32 海內北經: 大人之市在海中. 『山海經』4 大荒東經: 有波谷山者, 有大人之國. 有大人之市, 名曰大人之堂. 有一大人踆其上, 張其兩耳.	『山海經』32 海內北經: 大人之市在海中. 『山海經』4 大荒東經: 有波谷山者, 有大人之國. 有大人之市, 名曰大人之堂. 有一大人踆其上, 張其兩耳.	라니를 잡아먹는 중이다" (『산해경』, 「3-대황북경-4」 318). 『山海經』3 海外東經: 大人國在其北, 爲人大, 坐而削舡. 一曰在䃌丘北. 山海經』4 大荒北經: 有人名曰大人. 有大人之國, 釐姓, 黍食. 有大青蛇, 黃頭, 食麈.

	『삼국유사』『고기』	『제왕운기』『전조선기』『본기』	
	『삼국유사』『고기』 서자[서자부] 환웅이 자주 천하에 뜻을 두고 사람이 사는 세상을 구하는 것을 탐내었다. 아버지가 아들의 뜻을 알고 아래로 삼위태백을 내려다보니 '크게 사람을 돕는 일'을 해 줄만 했다. 이내 천부인 3개를 주어 가도록 허락해서 인간을 다스리게 하였다 庶子桓雄, 數意天下, 貪求人世. 父知子意, 下視三危太伯, 可以弘益人間, 乃授天符印三箇, 遣往理之.	『전조선기』『본기』 상제 환인에게 서자가 있어 웅 운운이다. 아래로 삼위태백에 이르렀다. 크게 사람을 돕는 일을 위해서 웅이 천부인 3개를 받았다. 『前朝鮮紀』(『本紀』曰 上帝桓因有庶子 曰雄云云 謂曰 下至三危太白 弘益人間歟 故雄受天符印三箇	

	『삼국유사』『고기』 "웅은 무리 3000을 이끌고 태백산정(즉 태백, 현재 묘향산) 신단수 아래로 내려갔다. 장소는 신시(神市)라 하고 이 분이 환웅천왕(桓雄天王)이라 한다." 雄率徒三千, 降於太伯山頂(卽太伯, 今妙香山.) 神壇樹下, 謂之神市. 是謂桓雄天王也.	『전조선기』『본기』 귀도 3,000을 이끌고 태백산정 신단수 아래로 내려왔다. 이 분이 환웅천왕이다. 率鬼三千 而降太白山頂 神檀樹下 是謂檀雄天王也云云	

	『삼국유사』『고기』	『제왕운기』『전조선기』『본기』	
	"장수인 [3백사 천관인] 풍백, 우사, 운사와 [5주부 지관인], 주곡[경제부서: 농업, 어렵, 수렵관리], 주명[정치도적 부서: 출생, 결혼, 사망관리], 주병[의료부서: 건강, 복지, 보험관리], 주형[법과 군사부서: 헌법-형법-민법-상법관리와 경찰-군대관리], 주선악[윤리-언론-교육부서: 윤리도덕, 언론, 교육, 치성, 운수, 되], 그리고 무릇 인간 360여사[일년 생활 절기순환 일정표와 역수, 운수관리]를 주관하고 재세이화 했다" 將風伯·雨師·雲師, 而主穀·主命·主病·主刑·主善惡凡主人間三百六十餘事, 在世理化.		『예기』「예운편」 대인, 소강사회 대인이 <u>세상 이치를 예로 정하였다.</u> 성곽은 구덩이로 견고하게 지켰다. 예의로 기강을 삼으니 군신의 정의와 부자의 돈독, 형제의 화목, 부부의 화합으로 <u>제도를 설립하였다.</u> 밭과 마을을 건설하였다. 철인의 현명, 무사의 용맹, 평민의 지식[철인-무사-평민의 삼신분제]을 덕목으로 하였다. 공적들은 자기를 위한 것이었다. 그래서 사사로운 사용의 음모가 여기서 시작되었다. 병사들도 여기서 유래해 일어난 것이다. 『禮記』禮運, 大人世及以爲禮, 城郭溝池以爲固. 禮義以爲紀, 以正君臣, 以篤父子, 以睦兄弟, 以和夫婦, 以設制度, 以立田里, 以賢勇知, 以功爲己. 故謀用是作而兵由此起.

4	『삼국유사』『고기』 환웅, 신시 "이때 곰 한 마리와 범 한 마리가 같은 동굴에 살면서 신 웅에게 항상 기도하면서 사람 되기를 원했다. 時有一熊一虎, 同穴而居. 常祈于神雄, 願化爲人.	『전조선기』『본기』 환웅의 손녀로 하여금 『前朝鮮紀』『本紀』 令孫女	

	『삼국유사』『고기』	『제왕운기』『전조선기』 『본기』	
	이때 신 웅이 신령스러운 쑥 한 심지와 달래 20개 줄기를 주면서 말하기를 '당신무리들이 이것[달래]을 먹고 [쑥 등잔불을 피우고] 백일 동안 햇빛을 보지 않으면 곧 사람의 형태가 될 것이다' 했다." (『삼국유사』『고기』). 時 神遣靈艾一炷, 蒜二十枚, 曰: "爾輩食之, 不見日光百日, 便得人形."	약을 먹어 『前朝鮮紀』『本紀』飮藥	 쑥 심지 불
	"이에 곰과 범이 이것을 받아서 먹고 삼칠일(3·7일) 동안 삼가서 곰은 여자 몸이 되었고, 범은 금기를 지키지 못해서 사람의 몸이 되지 못했다"(『삼국유사』『고기』). 熊虎得而食之. 忌三七日, 熊得女身. 虎不能忌, 而不得人身.	인간의 몸이 되게 하였다. 『前朝鮮紀』『本紀』成人身	

	『삼국유사』『고기』 "웅녀가 혼인할 자가 없자 신단수 아래에서 잉태하기를 축원했다. 웅이 [웅녀의 혼인제도에 따라] 거짓으로 변해서 혼인하고 잉태해서 아이를 낳았다. 이 아이가 단군왕검이다." 熊女者, 無與爲婚. 故每於壇樹下, 呪願有孕, 雄乃假化, 而婚之. 孕生子, 號曰: 壇君王儉.	『전조선기』『본기』 단수신과 혼인하였다. 사내를 낳았다. 이름이 단군이다. 『前朝鮮紀』『本紀』 與檀樹神婚 而生男 名檀君	

5. 단군 고조선의 3 연맹국

	『삼국유사』『고기』	『제왕운기』『전조선기』『본기』	
	『삼국유사』1권, 1기이, "고조선" 왕검조선(王儉朝鮮), 『위서』 『위서(魏書)』에 이렇게 말했다. "지금으로부터 2,000년 전에 단군 왕검이 있었다. 그는 아사달(『경』에는 무엽산이라 하고 또는 백악이라고도 하고 백주에 있었다고 한다. 또는 개성 동쪽에 있었다고 하는데 이는 바로 지금의 백악궁이다.)에 도읍을 정하고 새로 나라를 세워 국호를 조선이라고 불렀다. 이것은 요[고]와 같은 시기였다"	『전조선기』 처음에 어느 누가 나라를 열어 바람과 구름을 일으켰던가. 석제의 손자이니 이름이 단군이다.	

	『삼국유사』『고기』	『제왕운기』『전조선기』『본기』	
	『삼국유사』紀異 第一, 古朝鮮(王儉朝鮮), 『魏書』云 乃往二千載 有壇君王儉 立都阿斯達(『經』云無葉山 亦云白岳 在白州地 或云在開城東 今白岳宮是) 開國號朝鮮 與高同時	『前朝鮮紀』初誰開國啓風雲 釋帝之孫 名檀君	

	『삼국유사』『고기』	『제왕운기』『전조선기』『본기』	『예기』「예운편」
	당(唐)의 고(高)임금이 즉위한 지 50년인 경인(庚寅) [당의 요(堯)임금 즉위 원년은 무진(戊辰)인즉 50년은 정사(丁巳)요 경인이 아니다. 사실이 아닐까 의심스럽다.]으로, 평양성(平壤城)[지금의 서경(西京)이다.]에 도읍하고 비로소 조선 이라 하였다.	요임금과 같은 해 무진년에 나라 세워, 순을 지나 하나라까지 왕위에 계셨네.	『예기』「예운편」 대인, 소강사회 우왕, 탕왕, 문왕, 무왕, 성왕, 주공은 여기서 유래해서 그중 좋은 자들이다. … 이것이 소강[사회]이다.
	以唐高 校勘 192 卽位五十年庚寅 唐堯卽位元年戊辰則五十年丁巳非庚寅也疑其未 校勘 193 實 都平壤城 今西京 始稱朝鮮	『本紀』 並與帝高興戊辰 經虞 歷夏居中宸	『禮記』禮運, 禹湯文武成王周公由此其選也. 此六君子者未有不謹於禮者也. 以著其義, 以考其信, 著有過刑仁, 講讓, 示民有常. 如有不由此者, 在執者去, 衆以爲殃. 是謂小康.

	『삼국유사』『고기』	『제왕운기』『전조선기』『본기』	
	또 도읍을 백악산 아사달 에 옮겼는데, 궁(弓) 홀산(忽山) 혹은 방(方) 홀산(忽山)이라고도 하며 또는 금미달(今彌達)이라고도 한다.	오늘날 구월산이다. 일명 궁홀 혹은 삼위이다.	
	又移都 於白岳山阿斯達 又名弓 一作方 忽山又今旀達	今九月山也 一名弓忽 又名三危	
		사당이 있다.	
		祠堂猶在	

	『삼국유사』 "보장 봉로 보덕 이암(寶藏奉老 普德移庵)" 『신지비사』	『고려사』 권제122, 2장 뒤쪽, 열전35 김위제전,	
	또 『고려고기(高麗古記)』에는 다음과 같은 기록이 있다. … 스스로 성을 개(盖)라고 하고 이름을 금(金)이라고 하였는데, 지위가 소문(蘇文)에 이르렀으니, 곧 시중(侍中)의 직이다. 『당서』에는 "개소문이 스스로 막리지(莫離支)라고 했으니, 중서령(中書令)과 같다"고 하였다. 또 『신지비사(神誌秘詞)』의 서문에는 "소문(蘇文) 대영홍(大英弘)이 서문과 아울러 주석하다"고 했으니, 즉, 소문이 곧 직명인 것은 문헌으로 증명되지만, 전기에 이르기는 "문인 소영홍(蘇英弘)의 서문"이라고 하였으니, 어느 것이 옳은지 알 수 없다.	『신지비사』에서 말한다. "비유해서 저울의 저울대·추· 접시와 같다. 그 저울대는 부소량이며, 저울추는 오덕지이고, 저울접시는 백아강 이다. 이 세 곳에서 70개 나라들의 조공을 받고 덕을 입고 신의 보호를 입을 것이다. 저울은 머리와 꼬리가 평형을 이루어야 나라가 융성하고 태평이 보장된다. 만약 세 수도를 유지하지 않으면 왕업이 쇠퇴하여 질 것이다".	
	『高麗古記』云… 自稱姓盖名金位至蘇文乃侍中職也. 『唐書』云盖蘇文自謂莫離支猶中書令又按 『神誌秘詞』序云蘇文大英弘序幷注則蘇文乃職名有文證而傳云文人蘇英弘序未詳孰是.	『神誌秘詞』曰 如秤錘極器 秤幹扶疎樑 錘者五德地 極器百牙岡 朝降七十國 賴德護神 精首尾 均平位 興邦保大平 若廢三諭地 王業有衰傾	

	『삼국유사』 『고기』	『제왕운기』 『전조선기』 『본기』	
	나라를 1,500년 동안 다스렸다.	나라를 1천 28년 동안 누렸다. 어찌할 수 없는 그 변화는 환인의 계승이다.	
	御國一千五百年	享國一千二十八 無奈變化傳桓因	

	『삼국유사』『고기』	『제왕운기』『전조선기』 『본기』	
	주(周)의 호왕(虎王-武王-)이 즉위한 기묘(己卯)에 기자(箕子)를 조선 에 봉하니	그 뒤의 1백 64년 만에, 어진 사람 나타나서 다시 임금과 신하의 제도를 열었다.(또 다른 말로는 이후 1백 64년 비록 부자는 있었으나 군신은 없었다.)2)	
	周虎 校勘194 王卽位己卯 封箕子於朝鮮	却後一百六十四 仁人聊復開君臣(一作 爾後一百六十四 雖有父子無君臣.)	

6. 단군의 계보: 예맥조선, 동부여와 북부여, 남옥저와 북옥저

	『삼국유사』『고기』	『제왕운기』『전조선기』『본기』	
	단군은 곧 장당경(藏唐京)으로 옮겼다가		
	壇 校勘195 君乃移於藏唐京		
	壽	檀君之壽	
	뒤에 아사달 에 돌아와 숨어 산신(山神)이 되었다 그 계보 수(壽)가 1,908세다." 라고 하였다.	아사달산에 들어가 산신이 되었다.(아사달산에 들어가 산신이 되었다는 것은 단군의 혼이 불사하였기 때문이다.3)) 『본기』 단군이 조선 땅에 거점을 두고 왕이 되었다. 따라서 시라와 고례, 남옥저와 북옥저, 동부여와 북부여, 예와 맥[조선]은 모두 [역순으로 서술된] 단군의 계보 수(壽)이다.4) 그 이치는 1천 38년 지속되었다.	

2) 박병섭(·박병훈)(2003) 「단군과 기자 관련 사료를 통해 본 『한단고기』의 역사성 검토」 『한국종교사학회』 제11집, 2003, 143-167쪽. = 역사.

	『삼국유사』『고기』	『제왕운기』『전조선기』『본기』	
	後還隱於阿斯達 爲山神 壽 一千九百八歲	入阿斯達山爲神(入阿斯達山爲神 不死故也). 『本紀』曰 名檀君 據朝鮮之域爲王 故 尸羅 高禮南北沃沮 東北扶餘 穢與貊 皆檀君之壽也 理一千三十八年	
		『삼국사기』 고구려본기, 동명성왕 주몽: 10년 겨울 11월에 왕이 부위염을 시켜 북옥저를 쳐서 없애고 그 지역을 고을로 만들었다.	
		『삼국사기』 대무신왕: 5년 봄 2월 왕이 부여국 남쪽으로 진군하였다. 부여왕이 말을 타고 진창에 빠지자 … 괴유가 나가 부여왕을 잡아 목을 베었다. 여름 4월에 부여왕 대소의 아우가 갈사수가에 나라를 세워 왕이라 하였다. 가을 7월에 부여왕의 종제가 1만명을 데리고 귀순하니 왕이 그를 연나부에 있게 하고 낙씨 성을 하사하였다.	
		『삼국사기』 동천왕: 22년 가을에 왕이 죽었다. 시원(柴原)에 장사하고 호를 동천왕이라 하였다. 나라 사람들이 왕의 은덕을 생각하여 왕의 죽음을 슬퍼하지 않는 자가 없었고, 근신들	

3) Evans-Pritchad(1962), E. E., "The Divine Kingship of the Shilluk of the Nilotic Sudan", *Essays in Social Anthropology*, Faber & Faber, 1962. 쉴룩족의 뉘캉 왕도 혼이 접신되어 불사한다.

4) 단군의 수의 마지막은 "시라"["신라"] "지증왕"(서기 500～519년)이고 고례["고구려"] 11대 "동천왕"(서기 227～248년)이다. 『삼국사기』에 의하면 이 때 순장(殉葬)이 사라졌다. 왕의 영생불사를 믿지 않자 순장이 사라진 것이다. "시라" "지증왕"도 고례 "동천왕"도 각각 마지막 단군이다. 마지막 단군의 1천 38년전이 예와 맥의 조선 시대(서기전 790년; 서기전 534년)이다.

	『삼국유사』『고기』	『제왕운기』『전조선기』『본기』	
		가운데는 왕을 따라 죽으려는 자가 많으므로 왕이 이것은 예절이 아니라 하여 금하였으나 장삿날 왕의 무덤에 와서 자살한 자가 매우 많았다. 나라 사람들이 섶을 베어다가 왕의 시체를 덮었기 때문에 그 것을 시원[섶벌]이라고 하였다.	

	『삼국유사』『고기』	『삼국사기』『신라본기』	
		유리이사금(儒理尼師今) 이 즉위했다. 남해(南解)의 태자이다. … 원래 남해가 세상을 떠났을 때 유리가 즉위함이 마땅했으나 대보(大輔) 탈해(脫解)가 평소에 덕망이 있다고 하여 그 위(位)를 미루어 양보하자 탈해가 말했다. "신기대보(神器大寶)는 용렬한 사람이 감당할 바가 못된다. 내가 들으니 성스럽고 지혜로운 사람은 치아가 많다고 한다." 떡을 물어 시험해 보니 유리의 치아가 많았으므로, 좌우 사람들과 더불어 그를 받들어 세우니 이사금(尼師今)이라 칭했다. 儒理尼師今立南解太子也 … 初南解薨儒理當立以大輔脫解素有德望推讓其位脫解曰 神器大寶非庸人所堪吾聞聖智人多齒試以餠噬之儒理齒理多乃與左右奉立之號尼師今古傳如此	
		『삼국사기』 신라본기, 지증마립간: 3년 봄 3월에 영을 내려 순장을 금하였다. 전에는 국왕이 죽으면 남녀 각각 다섯 명씩 순장하던 것을 이때에 와서 금한 것이다.	

	『삼국유사』『고기』	『삼국사기』『신라본기』	
		4년 겨울 10월에 여러 신하들이 왕에게 아뢰기를 "시조가 나라를 창건자 이래로 나라의 이름을 아직 정하지 못하고 혹은 사라(斯羅)라 일컫고, 혹은 사로라고 일컫고 혹은 신라라고 일컬었습니다.	

7. 결론

본고는 환인-환웅-단군의 철학을 탈근대의 계보학적 서술로 전개해 보았다. 당시 기록이 문헌신화라 "괴력난신"배제와 "신화"배제가 지배한 시대에는 주목되지 못하다가 탈근대 시대에 위 두 가지 배제를 판단정지하자 "괴력난신" 시대를 재평가할 수 있었다. 본고의 출발점인 『삼국유사』『고기』와 『예기』「예운」을 하나의 가정인 "환웅이 대인이다"는 명제는 『산해경』를 매개로 결합하여 상호 1:1로 대응시켰다. 당시의 역사발전단계는 네 단계로서 (1) 환인의 부모자녀 4부의 대동한가족에서 시작해서 (2) 개인 가족이 처음 등장하였고 (3) 그 후에 환웅대인이 대인국이라는 국가를 처음 건설하였고, (4) 고조선의 단군이 삼조선을 건설하였고, (5) 마지막으로 단군 이후 예맥조선, 동부여와 북부여, 남옥저와 북옥저, 고례, 시라의 계보로 계승된다.

V부

나오기

9장

진서 입증의 기준들: 왕호신구토픽, 장생, 대동사회

【주제 분류】 한국고대철학, 한국고대사, 응용논리학

【주요어】 왕호신구토픽, 장생, 진서, 『바이블』『환단고기』

【요약문】

진서 입증에서는 『바이블』『환단고기』 등이 조작불가능하므로 진서라고 입증하겠다. 진위서 입증에서 논란거리가 되는 수십 가지 논증보다 명확한 한 가지 논증을 찾으려 노력하였다. 논란거리가 될 때는 대응설의 고고학적 입증도 명문(銘文)이 등장하지 않는 한 큰 도움이 안 된다. 고조선 영역에서 각종 유물이 등장하지만 결정적인 유물로 간주 되지 못한다. 요하문명설도 발해연안문명설도 우하량 여신상 유물도 결정적이지 못하다. 명문이 나와도 일제강점기 유물은 조작을 의심받기도 한다. 심지어 "오성취루"의 대응설 고천문학적 입증도 조선 세종조 이후 천문학 발전 때문에 조작가능성에서 자유롭지 못하다. 여기서는 그런 이유로 '간과'에 준거한 정합설적 입증을 가장 확고하고 명쾌한 최고의 논증으로 간주한다. 『삼국사기』 "해모수"와 『삼국유사』 "해모수" 사이를 비교해서 3명의 해모수를 도출하면 그 속에 동명과 해모수의 '왕호신구토픽법'과 해모수의 장생법이 드러난다. 이것은 옳은 것이나 그 동안 누구도 모른 것이라 진서를 찾는 리트머스 시험지로 사용할 수 있다. 진위서 판단대상 서적에 '왕호신구토픽법'과 '장생법'이 있다면 진서의 가장 명확한 증거이다. 『바이블』과 『환단고기』는 왕호신구토픽법들과 장생법들이 있다. 따라서 진서다.

1. 서론

사료의 진위서 문제는 광기가 지배하는 영역이다. 이곳에서는 부모형제도 없는 비정한 곳이다. 사람들은 이곳에서 학문적 엄격성을 상상할지 모른다. 이곳에는 어쩌면 '좀비들'이 판을 친다.

진서 입증의 기준으로 80여쪽의 초고를 줄여서 이 글을 만든다. 사서 중에 일부는 진위서 논쟁에 있다.1) 진위서 논쟁에서 입증의 기준이 문제이다. 입증의 원리 자체는 입증될 수 없으나 입증의 원리 자체인 형식논리학은 그 자체로 옳은 것으로 상정한다. 입증은 입증의 원리인 형식논리학에 입각해서 입증할 수 있다.

다시 조작불가능성과 조작가능성이라는 두 가지 기준을 이용한다. 조작불가능성이 입증되어야 진서 기준에 도달한다. 조작가능성에 열려 있으면 그 자체로 위서라는 것은 입증할 수 없지만 위서가능성에 열려 있는 것이다.2)

나는 지식의 원천으로서 경험으로서 사료와 이성으로서 형식논리학만을 신뢰하고 누구의 권위도 지식의 원천으로 신뢰하지 않는다.

시험평가나 사서의 진위평가에서는 사건의 전후 발생순서가 판단의 평가에서 결정적이다. 시험에서 컨닝이라는 부정행위자를 증명하려면, (1) 서술형 답안지에서 두 개의 틀린 답안이 동일하게 적혀 있고, (2) 틀린 답안의 복잡성의 정도가 높으면 높을수록 시험 본 자가 커닝 cunning 하였을 가능성이 높다. 마찬가지로 사서가 위서임을 증명하려면 (1) 사서에서 틀린 기록이 동일하게 적혀 있고, (2) 틀린 기록의 복잡성의 정도가 높으면 높을수

---

1) Momigliano, *Studies in Historiography*, Harper & Row, Publishers, 1966. 9장. 역사적 위서의 해결되지 않은 문제: 아우구스틴 역사의 필사들(1954). pp.143-180. 위서의 기록이라고 모두 거짓은 아니다.

2) Momigliano, Ibid, 1966. 8장. 역사서의 역사에서 헤로도투스의 위치(1958). pp.127-142. 역사의 아버지 헤로도투스의 기록도 의심은 받는다. 도대체 그 사실을 어떻게 알았지?

록 둘 중 하나가 적어도 해당 답안을 컨닝 하여 작성하였을 가능성이 높다.

시험에서 (1) 성적이 아주 좋고 (2) 커닝을 의심한 경우라도, (3) 주변에 컨닝을 할 선행 대상 자체가 없다면 그것은 그 자신의 실력이다. 마찬가지로 사서의 경우도 (1) 주변에 쟁점사서의 조작에 사용할 선행대상 자체가 없고 (2) 사서 자체의 내용이 다른 사서에서 그 동안 '간과'되어 오다가 쟁점사서 등장 이후에 새로 발견한 역사적 사실과 정합하거나('정합설') (3) 쟁점사서의 등장 이후에 새로 발견한 고고학적 유물과 일치한다('대응설')면 적어도 그 구절들은 진서의 요소이다.

밥의 경우는 그 중에 몇 개만 모래가 섞여 있어도 "모래밥"이라 비난하지만, 책의 경우에는 그 중에 조금만 진실이 섞여 있어도 '사료적 가치'가 있다고 높이 평가한다.

2. 조작불가능성 기준 - '간과'

조작불가능성은 (1) 기존의 기준자료에서 형식논리학적 분석으로 X차원에서 '간과'[3]를 발견하고, (2) 평가자료에서 기존에 누구도 몰랐던 '간과되었던 기록'을 Y차원에서도 재발견하면 이런 X-Y 경우에 해당한다. 이 경우에는 (3) '간과'를 발견한 발견순서는 X 차원이 선행사건이고 Y 차원이 후행사건이지만, (4) 현실의 역사적 순서는 Y 사건이 선행사건이고 X 사건이 후행사건이 되어서 조작불가능한 진서이다.

'간과'의 인식방법은 논리적 분석과 경험적 발견 두 가지가 있다. 논리적

3) Althusser(1965; 영역 1969, 1977; 국역 1990) Louis. ***Pour Marx***, Collection 『théorie』, Maspero, 1965.; ***For Marx***, (Translated by Ben Brewster, 1969, NLB, 1977); 고 길환, 이 화숙 역, 『마르크스를 위하여』, 백의, 1990.; Althusser(1965; 영역 1970; 국역 1991) Louis, ***Lire le Capital***, Collection 『théorie』, Maspero, 1965(en collaboration).; Louis Althusser, Étienne Balibar, ***Reading Capital***, (Translated by Ben Brewster, 1970, Verso, 1979)); 김 진엽 역, 『자본론을 읽는다』, 두레, 1991. 간과는 사물을 보았지만 의식적으로 자각해서 보지 못하는 현상이다.

분석은 자료들을 상호 비교해서 '정합설'의 진리를 인지하는 것이다. 경험적 발견은 사료의 진술과 현실의 고고학적 유물 사이의 대응을 통해서 '대응설'의 진리를 인지하는 것이다.

본고는 '간과'의 사례로 네 가지를 제시한다. 첫째 왕호신구토픽법, 둘째 장생법, 셋째 고조선의 3연맹국, 넷째 부모자녀 4부 대동 한가족 사회이다.

첫째 왕호신구토픽법은 『삼국사기』 '고구려본기'와 『삼국유사』 '북부여', '동부여', '고구려' 항목사이를 상호 비교해서 도출한 "동명"과 "해모수" 사이의 토픽 같은 두 개의 왕호를 사용하는 현상이다(이 책 3장과 4장). 왕호신구토픽법으로 『삼국유사』 『고기』 '왕검조선', 『환단고기』, 『단기고사』 "기자(奇子)", 『환은홍사』 등이 진서임을 입증할 수 있다. 왕호신구토픽법은 『환단고기』 『북부여기』에 단군이자 해모수가 등장하고, 또 단군이자 고두막한 동명이 등장한다. 『단기고사』와 『규원사화』에도 명시적으로 등장하지 않는다. 만일 『환단고기』 『단군세기』 21대 소태 단군 때 서우여-"기수(奇首)"가 옳다면, 『단기고사』의 "기자(奇子)"도 왕호신구토픽법으로 옳다. 왕호신구토픽법으로 분석해 보면, 『환단고기』의 박혁거세의 어머니 파소가 북부여 고두막한 동명제의 딸이라면, 『환은홍사』의 '박혁거세의 외조가 해모수이다.'라는 주장은 '북부여 해모수1-졸본부여 해모수2-고구려 해모수3'로 보면 진서임을 알 수 있다.

둘째, 장생법은 『삼국사기』 '고구려본기'와 『삼국유사』 '북부여', '동부여', '고구려' 항목 사이를 비교분석해 도출해 보면 '해모수'의 왕호신구토픽법으로 해모수의 장생을 해명하는 것이다(이 책 3장과 4장). 장생법으로 『삼국유사』 『고기』 "단군 1,500년 어국", "단군 수 1,908년", 『바이블』 '창세기 5장' 아담 930년 등, 쉴룩족의 뉘캉왕의 30여대, 티베트의 "달라이 라마" 14대왕, 『제왕운기』 『본기』 "단군의 수(檀君之壽)" 1038년, 『환단고기』 등이 진서임을 입증할 수 있다. 장생법은 이미 오래 전에 잊힌 사실(『삼국유사』 '고조선' 단군 1908년; 『바이블』 "창세기" 아담 930년 등; 『제왕운기』 『본기』 "檀君之壽" 1038년)이라 조작하려는 자는 의도적이든 우연이든 이 장생법을 사용할 수 없다. 『환단고기』『삼성기』 "장생구시", "거발환" 등과 『단군세기』 "신왕종전지도", 『태백일사』 "태호 복희" 등에 장생자가 등장한다.

셋째 고조선의 3연맹국설은 『사기』 '조선열전'과 『한서』 '조선전' 사이의 상호 비교로 "진·번·방중국(眞·番·旁衆國)"과 "진·번·진국(眞·番·辰國)"이 조선의 본류 본국이고 "기준조선" = "만조선" = "한4군" = "진번임둔, 낙랑, 현토"가 지류 후국임을 알 수 있다(이장 5장과 6장). 이것으로 『조선상고문화사』와 『조선상고사』의 3조선설과 『환단고기』『태백일사』 '삼한관경본기' 등이 진서임을 입증할 수 있다. 만일 '간과' 현상의 발견이라는 극적 감동이 없었다면, 심리적 설득력은 상대적으로 약하게 생각할 수 있다.

넷째 대동사회는 『삼국유사』 '왕검조선'『고기』 "환웅", "환웅시"와 『산해경』의 "대인" "대인국" "대인시" 사이의 비교 이후 동일률을 적용하고, 『삼국유사』『고기』와 『예기』 '예운'편 사이의 상호 대응이후에 환인의 '부모자녀 4부의 대동사회'를 도출한다(이장 7장과 8장). 대동사회로 플라톤의 『공화국』의 철인 부-모-자녀 사회, 헤로도토스의 『역사』에서 4장 '스키타이족'의 종족 신화 두 가지 버전(부 제우스 + 모 하백녀 사녀 + 아들3; 부 헤라클레스 + 모 하백녀 보리테네스강신의 딸 + 아들3), 그리고 『바이블』 '창세기'의 '하나님-뱀-아담-이브'를 입증할 수 있다. 또 대동사회로 『환단고기』『삼성기』 "군남군녀"와 『태백일사』 '환국본기'와 '신시본기'의 "남녀노소평권" 등을 입증할 수 있다.

3. 왕호신구토픽 기준

논증1
전제1: 신빙성 있는 사료에 왕호신구토픽법(환인-환웅-단군-부루-해모수-동명-주몽이 왕의 고유명이라기보다도 오히려 일반적인 왕호로 사용하는 용법)[4]이 나타난다면, 왕호신구토픽법을 역사적 사실로 신빙할 수 있다.
전제2: 『삼국사기』와 『삼국유사』는 신빙성 있는 사료이고 왕호신구토픽법이 나타난다.
결론: 왕호신구토픽법은 역사적 사실로 신빙할 수 있다.

논증2
전제1: 『삼국사기』와 『삼국유사』의 해모수, 동명, 주몽의 왕호 신구토픽법이 2010년에 처음 발견되었다면 2010년 이전 저작에서 왕호신구토픽법을 조작할 수 없다.
전제2: 『환단고기』는 2010년 이전인 1979년에 영인 되었다.
결론: 『환단고기』는 왕호 신구토픽법을 조작할 수 없다.

논증3
전제1: 만일 『환단고기』에 왕호 신구토픽법이 나타나면 『삼국사기』와 『삼국유사』 이전의 진서이다.(가설명제)
전제2: 『환단고기』에 왕호 신구토픽법이 나타난다.(관찰명제)
결론: 『환단고기』는 『삼국사기』와 『삼국유사』이전의 진서이다.

논증4
전제1: 만일 『환단고기』에 등장한 왕호신구토픽법이 우연히 등장한 것이라면 다른 사서에서도 등장해야 한다.
전제2: 왕호신구토픽은 『사기』 ~ 『청사고』에서 등장하지 않고 『고사기』와 『일본서기』 등에도 등장하지 않는다. 또 환단삼서인 『규원사화』에도 왕호신구토픽법이 명시적으로 등장하지 않는다.
결론: 『환단고기』에 등장한 왕호신구토픽법은 우연히 등장한 것이 아니다.

논증5
전제1: 『환단고기』에 『삼국사기』와 『삼국유사』이전의 왕호신구토픽법들이 등장하다면 『환단고기』는 적어도 『삼국사기』와 『삼국유사』 이전의 진서이다.
전제2: 『환단고기』, 『삼성기전 상/하』 『단군세기』 『북부여기 상/하』 『태백일사』의 환국본기, 신시본기, 삼한관경본기 마한세가 상/하, 번한세가 상/하, 소도경전본훈, 고구려국 본기에서 『삼국사기』와 『삼국유사』 이전의 왕호신구토픽법이 등장한다.
결론: 『환단고기』, 『삼성기전 상/하』 『단군세기』 『북부여기 상/하』 『태백일사』의 환국본기, 신시본기, 삼한관경본기 마한세가 상/하, 번한세가 상/하, 소도경전본훈, 고구려국 본기는 적어도 『삼국사기』와 『삼국유사』 이전의 진서이다.

논증6
전제1: 『환단고기』에 『삼국사기』와 『삼국유사』이전의 왕호신구토픽법들이 등장하지 않는다면 『삼국사기』와 『삼국유사』의 왕호신구토픽법으로 『환단고기』의 진서여부를 평가할 수 없다.
전제2: 『환단고기』, 『태백일사』, 삼신오제본기, 대진국본기, 고려국본기에서 『삼국사기』와 『삼국유사』 이전의 왕호신구토픽법을 발견할 수 없다.
결론: 『삼국사기』와 『삼국유사』의 왕호 신구토픽법으로 『환단고기』, 『태백일사』, 삼신오제본기, 대진국본기, 고려국본기의 진서여부를 평가할 수 없다.

---

4) 왕호신구토픽법이란 단군, 해모수, 동명 등이 왕의 고유명이라기보다 오히려 왕을 지칭하는 일반 왕호라는 것이다. 좀 더 자세한 의미는 뒤에 설명하겠다.

논증7

전제1: 왕호 신구토픽법에는 모두 부합하지만 상호 충돌하는 내용을 포함하는 기록은 왕호 신구토픽법으로 옳고 그름을 판별할 수 없다.

전제2: 『삼국사기』와 『삼국유사』의 '해부루-금와-해모수3/하백녀-주몽 사건계열'과 『환단고기』『가섭원 부여기』의 '해부루-해모수3/ 하백녀-주몽/ 금와 사건계열'은 '해모수-해부루-동명-해모수3-하백녀-주몽/금와의 왕호신구토픽법'으로 보면 모두 하백녀가 금와의 어머니 항열로 부합하지만 사건계열에서 임신한 하백녀가 만난 동부여 왕(금와왕/해부루왕)이 상호 다르고 주몽과 금와의 탄생시기의 선후가 상호 달라 상호 충돌하는 내용을 포함하고 있다.

결론: 왕호신구토픽법으로 『삼국사기』와 『삼국유사』의 금와/주몽의 사건계열 기록과 『환단고기』『가섭원 부여기』의 주몽/금와의 사건계열 기록 사이에서 어느 기록이 옳고 그른지를 판별할 수 없다.

『삼국사기』, 『삼국유사』, 『제왕운기』에서 도출한 왕호신구토픽법

대수	제왕	환국 1	대인국 2	고조선 3	북부여 4	졸본 5	고구려 6	출전
1	환인	제석						『삼국유사』
2	환웅	천왕	환웅					『삼국유사』
3	단군		환웅자	단군				『삼국유사』
4	해모수			단군	해모수1			『삼국유사』(4), 제왕운기(3)
5	동명				해모수2	동명		『삼국유사』(5), 삼국사기(4)
6	해모수3				해모수3			『삼국사기』(4), 『삼국유사』(4)
7	주몽			단군자	해모수자	동명	주몽	『삼국유사』(기이4,5,6)(왕력3)

사례1: 『환단고기』의 『삼성기전 상/하』『단군세기』『북부여기 상/하』『태백일사』에는 환인~주몽에서 신왕이 구왕의 왕호를 병칭하는 왕호 신구병칭토픽법을 볼 수 있다. ([ ]의 숫자는 단학회 연구부 역주본 장구본, 『환단고기』, 코리언북스의 장구 번호이다.)

『환단고기』『단군세기』는 조작불가능한 왕호신구토픽법이 있으니 진서이다. "단군"과 "하백녀", 그리고 "부루"는 모두 왕호신구토픽법이다. 『단군세기』의 "단군" 47세대는 "단군"의 왕호신구토픽법이다. 『환단고기』『북부

여기 상/하』는 "천왕", "단군", "해모수", "고두막한" "동명"의 왕호가 명시된 왕호신구토픽법이 있으니 진서이다. 이 왕호신구토픽법은 『동사강목』에서의 우연한 단군과 해모수 병칭 현상과는 구별되는 현상이다.[5)]

왕호신구토픽법으로 『환단고기』의 왕호들을 종합해서 평가 해보면 다음과 같다. "환인"은 국호가 "환국"[1-2-3,9,13,29; 4-2-13,21,29, 33,34; 4-5-53]이고 왕호가 "환인/천/제/신/씨"[1-1-6, 1-2-4; 4-1-39, 60; 4-2-2, 22, 24; 4-3-122; 4-5-14; 4-5-30]이고 그 의미는 "천제"이고, "안파견"[1-2-13], "단인"[1-2-6]이다.

"환웅"은 국호가 배달국이고 수도가 "신시/씨/기"/"황부경"/"개천"[4-1-40; 4-3-1,117,127; 158,161,176,201, 210; 4-5-1,15,21,46,54, 59,90,114,127,131, 140,142]이고, 왕호가 "대인"[4-3-20,31], "환/웅"/"개천"[1-1-7, 1-2-14, 21,30;

---

5) 『東史綱目』, 동사강목, 범례(凡例), 통계(統系), 1. 부여(扶餘)는 북방의 절역(絶域)에 있어서, 비록 단군의 후손이라 하더라도 제국(諸國)의 열에 쓸 수 없는데, 하물며 징험할 데가 없음에랴! 동사강목 부록 하권, 단군강역고(檀君疆域考), 단군의 강역은 상고할 수 없지만, 기자(箕子)가 단씨(檀氏)를 대신하여 왕 노릇하였는데 그 제봉(提封 제후(諸侯)의 봉지(封地))의 반이 곧 요지(遼地)였으니, 단군의 시대에도 그와 같았을 것이다. 『고기(古記)』에, "북부여(北夫餘)는 단군의 후손이다." 하였다. 『東史綱目』 부록 상권 상, 고이(考異), 『동사고이(東史考異)』, 부루(夫婁)는 두 사람이 있어야 마땅하다. 『삼국유사(三國遺史)』에 『단군기(檀君記)』를 인용하여, "서하 하백(西河河伯)의 딸에게 장가들어 아들 부루(夫婁)를 낳았다." 하였고, 또 북부여편(北扶餘篇)에, "해모수(解慕漱)가 북부여에 나라를 세우고 아들을 낳아 이름을 부루라 하였다." 하였으니, 이때는 한(漢) 선제(宣帝) 신작(神爵) 3년(B.C. 59)에 해당된다. 또 고구려기(高句麗記)를 인용하여, "해모수가 하백의 딸을 사통하여 주몽(朱蒙)을 낳았다." 하였으니, 부루와 주몽은 배다른 형제이다. 또 왕력편(王曆篇)에, "주몽은 단군의 아들이다." 하였으니, 이는 해모수로 단군을 삼은 셈이다. 이에 이른바 단군은 아마 처음 내려온 단군이 아니고 단(檀)으로 성(姓)을 삼아 곧 그 자손이 그대로 호칭하여 단군이라 일컬은 것이리라. 이른바 해모수 역시 처음 내려온 단군의 후예이고, 그 아들을 부루라 이름한 것 역시 미심(芈心)을 회왕(懷王)으로 경칭(更稱)하는 것과 같은 것이리라. 고려의 전설이 허황하여 하나도 믿을 만한 문적이 없다. 지금은 그 근사한 말만 따라 부루는 두 사람으로 나누어 기록한다. [주D-001]미심(芈心)을 회왕(懷王) : 미(芈)는 초성(楚姓). 초 회왕(楚懷王)의 손자 미심(芈心)을 항우(項羽)가 초 회왕으로 봉함으로써 미심을 회왕이라 불렀다. http://db.itkc.or.kr/ 한국고전종합DB, 안정복(安鼎福 : 1712-1791).

4-3-23,33,35,38; 4-4-249; 4-5-14,31,53,98], "대웅"[4-3-208], "단웅"[1-2-66]이고 구왕호가 '환웅'/"천왕"[1-2-18,24; 4-3-2,8,15,36,66,133,153; 4-4-1, 5,24], '환웅'/"천황"/"거발환"[1-2-49; 4-5-54], "제"[4-5-62] 를 병칭한다. 환웅은 풍백, 우사, 운사와 주곡, 주명, 주병, 주형, 주선악의 3백사5주부와 관련된다[『삼국유사』, "고조선" 항목, 『고기』].

"단군"은 국호가 "조선"[4-3-129; 4-5-21], "진국"[4-4-144], "진한"[4-5-80]이고 거주지가 "왕검성"[4-4-16]이고 왕호가 "신인/왕검/씨"[1-1-16; 2-2-11; 4-1-41; 4-4-12], "단군"[1-1-20; 4-3-173; 4-4-15; 4-5-116], "단군왕검"[1-1-18, 29; 2-2-1, 7; 4-3-45, 117; 4-4-13, 46, 49, 139, 145, 249]이고, 구왕호로 "천왕"[4-4-15, 50, 135], "천제"[1-1-18; 2-2-13, 36, 41]를 병칭했고, 후대 왕호가 "천군"[4-3-134], "천제자"[1-2-27; 2-2-7, 8], "황제화"[2-2-39]이다.

"단군조선" 이후 "삼조선"은 국호가 "진조선"[4-4-201]이고, 구국호인 "단군조선"[4-4-109,197; 4-5-15,83]을 계승하고, 그 수도는 "천조"[4-4-228]이고, 신왕호는 "고등, 두막루"[2-2-272]이고, "색불루"이고, 구왕호는 "단군"계승[4-4-52, 58,66,74,75, 76,80,81, 84,88,94, 136,166,193; 4-5-80], "천왕"계승[4-4-47, 59,69,90,91, 101,108, 165,201,206, 234,245,249], "제"계승[4-4-95,98, 99,105,106; 4-5-154], "황"계승[4-4-212]이고, 후대 왕호는 "천제자"계승[4-4-102]이다.

북부여 "해모수"는 국호가 "북부여"이고, 신왕호가 "해모수"[1-1-30; 3-1-1; 4-6-1,3,7,8]이고 구왕호가 "단군"[3-1-10,24,32,38; 4-6-7], "천왕랑"[3-1-3], 천제[3-1-9,21,22,23]이다. "시조 단군 해모수 재위 45년(始祖 檀君 解慕漱 在位 四十五年)[『환단고기』『북부여기상』 4-6-1]"에서 '단군'과 '해모수' 사이의 왕호신구토픽법을 볼 수 있다. 『삼국유사』와 『삼국사기』 사이의 해모수를 비교해서 동명과 해모수의 왕호신구토픽법, 주몽과 동명의 왕호신구토픽법을 볼 수 있다. 여기에는 북부여의 왕호 해모수와 단군 『제왕운기』『전조선기』의 『본기』에 의하면, "단군이 조선 땅에 거점을 두고 왕이 되었다. 따라서 시라(지증왕: 서기 500~519)와 고례(동천왕: 서기 227~248), 남옥저와 북옥저, 동부여와 북부여, 예와 맥[조선]은 모두 [역순으로 서술된] 단군의 계보 수(壽)이다. 그 이치는 1천 38년 지속되었다. (『本紀』曰 名檀君 據朝鮮之域爲王 故 尸羅, 高禮, 南·北沃沮, 東·北扶餘, 穢與貊, 皆檀君之壽也. 理一千三十八年.)" 라 하니, 북부여도 왕호 "단군"이 있었다. 사이의 왕호신구토픽법에서 북부여 왕도 단군인지 여부는 알 수 없었다. 『제왕운기』 『전조선기』 의 『본기』에 의하면, "단군이 조선 땅에 거점을 두고 왕이 되었다. 따라서 시라(지증왕: 서기 500～519)와 고례(동천왕: 서기 227～248), 남옥저와 북옥저, 동부여와 북부여, 예와 맥[조선]은 모두 [역순으로 서술된] 단군의 계보 수(壽)이다. 그 이치는 1천 38년 지속되었다. (『本紀』曰 名檀君 據朝鮮之域 爲王 故 尸羅, 高禮, 南·北沃沮, 東·北扶餘, 穢與貊, 皆檀君之壽也. 理一千三十八年.)" 라 하니, 북부여도 왕호 "단군"이 있었음을 알 수 있다. 이것으로 『환단고기』 『북부여기상』이 단군과 해모수의 왕호신구토픽법을 가진 진서임을 명확하게 알 수 있다.

졸본부여 "동명"은 신국호가 "졸본부여"[3-2-4]이고 구국호가 "북부여"[『북부여기 하』]이고, 수도가 졸본부여와 "북부여 구도"[3-2-10]이고, 신왕호가 "동명"[1-1-34; 3-1-47,50; 3-2-4]이고 구왕호가 "소 해모수"[삼국유사; 3-2-17], "두막루"[3-2-1], "고두막한"[1-1-33; 3-1-46,47; 3-2-1], "단군"[1-1-33; 3-2-1,7,14], "천제자"[3-1-48], "동명제"[천제 1-1-34; 3-2-3,19]이다.

옥저후 불리지[4-6-8]는 고모수[3-3-6]이고 고진의 손, 불리지[3-3-8]이다. 불리지가 웅심산에서 내려온 주몽의 아버지 해모수3이라고 상정한 셈이다. 이것은 『제왕운기』의 단군의 계보 수(壽)와 부합하는 것이다.

고구려 "주몽" "왕"은 국호가 "고구려"[3-3-14]이고 수도가 "졸본"[3-3-14]이고, 신왕호가 "주몽"[3-2-12,21; 4-6-9～13,21,223]이고, 연호가 "다물"[1-1-36], "평락"[4-6-14,225]이고 구왕호가 "동명[성왕]"[『삼국사기』 '고구려본기'], "천제자"[1-1-35; 3-2-24; 4-6-22], "해모수"[『삼국유사』 '북부여'], "불리지"[4-6-8～10]이다.

고구려 "동천왕" 또한 단군이라 일컬었다. [『태백일사』 4-6-41. "東川帝 亦

稱 檀君"] 『제왕운기』 『전조선기』 의 『본기』에 의하면, "단군이 조선 땅에 거점을 두고 왕이 되었다. 따라서 시라(지증왕: 서기 500~519)와 고례(동천왕: 서기 227~248), 남옥저와 북옥저, 동부여와 북부여, 예와 맥[조선]은 모두 [역순으로 서술된] 단군의 계보 수(壽)이다. 그 이치는 1천 38년 지속되었다. (『本紀』曰 名檀君 據朝鮮之域爲王 故 尸羅, 高禮, 南·北沃沮, 東·北扶餘, 穢與貊, 皆檀君之壽也. 理一千三十八年.)" 라 하니, 고구려 동천왕이 마지막 "단군"임을 알 수 있다. 그런데 동천왕 4-6-41에서 후반부 구절인 평양의 기린굴, 구제궁, 조천석이 대동강 평양에 있다면 동천왕 때 옮긴 수도는 대동강 평양이 아니라 요동 평양이라는 견해와 충돌하는 것이다.

사례2: 『환단고기』 『태백일사』 고구려의 계승국은 "후고구려"[4-7-8], "대진국"[4-7-8]이다. 고구려-대진국 시대 때 [위구태] 부여의 의려왕은 일본왕이 된다. 『후한서』 부여조와 『삼국지』 부여조의 위구태 부여는 왕호가 "동명"이다. 이것은 『삼국사기』 '백제본기' 온조왕 항목으로 보아 동명왕의 세 딸 중에 첫째 혹은 셋째의 후예이다. 대진국의 계승국은 "고려국"[4-8-25]이다.[6)]

사례3: 『단군세기』의 21세 단군 소태 때 "기수(奇首)" "서우여"[『환단고기』 『단군세기』 2-2-277]에 대한 왕호신구토픽법으로 보아 『단기고사』에서 적어도 "기자조선(奇子朝鮮)"이라는 왕가칭호는 진서의 요소이다. "기수(奇首)" 서우여 이후에 그 후예는 모두 "기자(奇子)"라 "기자조선(奇子朝鮮)"이고, 서우여와 기수, 기자는 왕호신구토픽이다. 이 "번조선"[4-4-135, 270], "서우여"[4-4-198,200], "섭주", "기수"[奇首:2-2-277]에서 『단기고사』의 "기자조선(奇子朝鮮)"의 기자(奇子)왕들의 왕호 기자(奇子)가 설명된다. 『단기고사』

6) 『환단고기』의 사관과 이유립의 사관은 전혀 다르다. 『환단고기』는 환국-배달국(신시)-치우천왕(청구)-단군조선에서 시작하고 이유립은 환웅천황(신시)-치우천왕-단군조선에서 시작한다. 『환단고기』는 후대에 북부여-고구려-발해-고려 계승으로 끝나고, 이유립은 『대배달민족사』와 단단학회의 대시전(강화도 위치)에서 고려 이외에도 금의 아골타를 동족으로 포용하고 있다.

의 기자조선 왕호 기자왕들은 『환단고기』의 "기후"의 "기자조선(箕子朝鮮)"의 "기자(箕子)"의 후예 왕들("기후"~"기준")이 등장하기 이전에 정확하게 끝난다. 『단기고사』의 "기자조선(奇子朝鮮)"의 "기자(奇子)"왕들의 왕호 "기자(奇子)"는 왕호 신구토픽이다.

사례4: 『환은홍사』에 박혁거세왕의 조부가 해모수라는 주장이 있다. 『환단고기』 『태백일사』 '고구려 본기'에 박혁거세의 어머니는 파소이고, 파소의 아버지는 북부여 하왕조, 졸본부여의 고두막한 동명왕이다. 『환은홍사』는 『삼국사기』와 『삼국유사』 사이의 상호 비교를 통해 알게 된 북부여의 천제 해모수1 = 천왕랑, 북부여 구도의 해모수2 = 졸본부여의 동명, 고구려의 건국자 아버지 해모수3라는 명제가 존재한다는 점에서 진서이다.

4. 장생 기준

『삼국사기』와 『삼국유사』의 1000여년 간과된 3명 해모수의 '장생'를 설명할 수 있다. 장생은 왕호신구토픽법에서 단군, 해모수, 동명 등이 왕의 고유명이라기보다 오히려 왕을 지칭하는 일반 왕호로서 왕이 접신을 통해서 불사하는 현상이다.

> 논증1
> 전제1: 신빙성 있는 사료에 장생법(환인-환웅-단군-부루-해모수-동명-주몽이 왕의 고유명이라기보다도 오히려 접신을 통한 장생자 용법)이 나타난다면, 장생자를 역사적 사실로 신빙할 수 있다.
> 전제2: 『삼국사기』와 『삼국유사』는 신빙성 있는 사료이고 장생법이 나타난다.
> 결론: 장생법은 역사적 사실로 신빙할 수 있다.

> 논증2
> 전제1: 『삼국사기』와 『삼국유사』의 단군, 해모수, 동명, 주몽의 장생법이 2010년에 처음 발견되었다면 2010년 이전 저작에서 장생법을 조작할 수 없다.
> 전제2: 『환단고기』는 2010년 이전인 1979년에 영인 되었다.
> 결론: 『환단고기』는 장생법을 조작할 수 없다.

논증3
전제1: 만일 『환단고기』에 장생법이 나타나면 『삼국사기』와 『삼국유사』 이전의 진서이다.(가설명제)
전제2: 『환단고기』에 장생법이 나타난다.(관찰명제)
결론: 『환단고기』는 『삼국사기』와 『삼국유사』이전의 진서이다.

논증4
전제1: 만일 『환단고기』에 등장한 장생법이 우연히 등장한 것이라면 다른 사서에서도 등장해야 한다.
전제2: 장생법은 『사기』~『청사고』에서 등장하지 않고 『고사기』와 『일본서기』 등에도 등장하지 않는다. 또 환단삼서인 『규원사화』에도 장생법이 명시적으로 등장하지 않는다.
결론: 『환단고기』에 등장한 장생법은 우연히 등장한 것이 아니다.

논증5
전제1: 『환단고기』에 『삼국사기』와 『삼국유사』 이전의 장생법들이 등장하다면 『환단고기』는 적어도 『삼국사기』와 『삼국유사』 이전의 진서이다.
전제2: 『환단고기』, 『삼성기전 상/하』 『단군세기』 『북부여기 상/하』 『태백일사』의 환국본기, 신시본기, 삼한관경본기 마한세가 상/하, 번한세가 상/하, 소도경전본훈, 고구려국 본기에서 『삼국사기』와 『삼국유사』 이전의 장생법이 등장한다.
결론: 『환단고기』, 『삼성기전 상/하』 『단군세기』 『북부여기 상/하』 『태백일사』의 환국본기, 신시본기, 삼한관경본기 마한세가 상/하, 번한세가 상/하, 소도경전본훈, 고구려국 본기는 적어도 『삼국사기』와 『삼국유사』 이전의 진서이다.

논증6
전제1: 『환단고기』에 『삼국사기』와 『삼국유사』 이전의 장생법들이 등장하지 않는다면 『삼국사기』와 『삼국유사』의 장생법으로 『환단고기』의 진서여부를 평가할 수 없다.
전제2: 『환단고기』, 『태백일사』, 삼신오제본기, 대진국본기, 고려국본기에서 『삼국사기』와 『삼국유사』 이전의 장생법을 발견할 수 없다.
결론: 『삼국사기』와 『삼국유사』의 장생법으로 『환단고기』, 『태백일사』, 삼신오제본기, 대진국본기, 고려국본기의 진서여부를 평가할 수 없다.

현대 인류학 혹은 종교학에서 보고된 티베트의 달라이 라마의 환생(還生) 개념과 닐로틱 수단의 쉴룩족의 신성왕(뉘캉 Nyikang) 접신(接神 = 신내림) 개념이 고대 신화(혹은 역사)에 등장하는 신왕 혹은 족장(단군, 아담 등)의 장수를 해명할 수 있다고 가정한다. 동서고금에서 네 가지 '장생' 사례들을 들어본다. 첫째, 단군신화를 보니 단군은 1500년을 통치하고 1908년을 살았다(『삼국유사』 『고기』).

사례1: 『삼국유사』 『고기』 '단군의 '장생(長生)'

해모수의 장생을 다른 장생자들과 연결해서 새로운 사실들을 도출하겠다. 왕호는 원래 건국자 영웅왕의 고유명에서 유래한다. 예컨대, "주몽", "동명", "해모수", "가한", "단군", "환웅", "환인"이다. 왕호토픽은 최초 신왕과 그 후예로서 계승한 왕을 구별하지 않는 왕호토픽의 인식구조에서[7] 신왕은 영생불사해서 장생한다(예, "단군"의 "1500년 어국", "1908년" 장생; 「신시역대기」의 "환웅"들의 장생; "태호, 복희", "신농", "소호, 금천", "공손, 헌원"의 장생; 『구약성경』, "창세기 5장, 홍수이전의 족장들"의 장생).[8]

"단군왕검"이 1500년을 어국하고 1908년 수명을[9] 가질 수 있는 이유는 바로 왕호신구토픽법을 통해서이다. 처음에 신인 "단군왕검"은 나라를 건국하고 이어 그 후예는 왕호 "단군"을 계승하니 "단군"은 죽지 않고 불사해서 어국 1500년을 할 수 있고 1908년의 수명을 가질 수 있다. "단군"의 어국 1500년은 신왕이 왕호가 "단군"이고 국명도 여전히 "조선"이고 단군의 혈통이 그대로 유지될 때이고 단군의 수명 1908년은 왕호 "단군"과 국명 "조선"을 유지하지만 왕의 혈통은 달라진 것으로 부연해석할 수 있다. 단군조선의 선인(仙人) "왕검"의 후예는 경전이 있었다(『삼국유사』고조선 항목, 『위서』 인용의 '당시로부터 2000년 전 조선 설명'의 각주에서 『경』인용). 단군왕검 시대는 불사의 신왕시대이다.

---

7) Kracauer, *History-The Last Things Before the Last*, New York Oxford University Press, 1969. pp. 104-138.

8) Evans-Pritchad, "The Divine Kingship of the Shilluk of the Nilotic Sudan", *Essays in Social Anthropology*, Faber & Faber, 1962, pp. 70-85. 아프리카 실룩족(Shilluk)의 경우 시조왕은 Nyikang인데, 그는 사후에도 계속 육신을 바꿔가며 왕으로 군림한다고 믿어진다. 이와 유사한 것이 티베트 달라이라마의 환생 관념이다.

9) 『동국통감』 "당나라(요임금)와 우(虞)나라(순임금)로부터 하나라와 은나라에 이르기까지 세상이 점점 야박해져, 한 임금이 5~60년 밖에 자리를 누리지 못하였는데, 어찌 단군 혼자서 1048년 동안 살면서 한나라를 다스릴 수 있겠는가? 그것이 거짓임을 알 수 있다. 옛 사람들이 이르기를, 이 1048년은 단씨(檀氏)가 세대(世代)를 전해 내려온 햇수요, 결코 단군 한사람의 수는 아니다라 하였는데, 이 말이 이치에 맞다."

사례2: 『제왕운기』 『전조선기』 『본기』에 "아사달산에 들어가 산신이 되었다. (아사달산에 들어가 산신이 되었다는 것은 단군의 혼이 불사하였기 때문이다.[10]) 『본기』 단군이 조선 땅에 거점을 두고 왕이 되었다. 따라서 시라와 고례, 남옥저와 북옥저, 동부여와 북부여, 예와 맥[조선]은 모두 [역순으로 서술된] 단군의 계보 수(壽)이다. 그 이치는 1천 38년동안 지속되었다." (入阿斯達山爲神 (入阿斯達山爲神 不死故也). 『本紀』曰 名檀君 據朝鮮之域爲王 故 尸羅, 高禮, 南·北沃沮, 東·北扶餘, 穢與貊, 皆檀君之壽也. 理一千三十八年.)

단군의 수의 마지막은 "시라"["신라"] "지증왕"(서기 500～519년)이고 고례["고구려"] 11대 "동천왕"(서기 227～248년)이다. 『삼국사기』에 의하면 지증왕과 동천왕 때 순장이 사라졌다. 왕의 영생불사를 믿지 않자 순장이 사라진 것이다. "시라" 지증왕도 고례 동천왕도 각각 마지막 "단군"이다. 단군은 고조선 단군부터 예맥조선, 동북부여, 남북옥저, 고례, 시라까지 "단군"의 혼이 지속된다. 단군은 혼이 불사한다. 그래서 "단군의 수"이다. 『본기』에서 그 지속 연도가 1,038년이다. 마지막 단군에서 1천 38년 전이 "예와 맥"의 고조선 시대(서기전 790년; 서기전 534년)이다. 『환단고기』에서 서기전 790년은 번조선의 노불왕의 등극시대이다.

사례3: 유사한 사례는 『구약성경』(***Bible***, ***Old Testament***), '창세기', 제5장, 홍수 이전 족장들이 있다.

『구약성경』 창세기 5장을 보니 홍수 이전의 족장들도 아담(930살), 셋(930살), 에노스(905살), 케난(190살), 마하랄렐(895살), 야렛(962살), 에녹(365살), 므두셀라(969살), 라멕(777살), 노아(950살)로 나이가 많다.

---

10) Evans-Pritchad(1962), E. E., "The Divine Kingship of the Shilluk of the Nilotic Sudan", *Essays in Social Anthropology*, Faber & Faber, 1962. 쉴룩족의 뉘캉 왕도 혼이 접신되어 불사한다.

『구약성경』, 창세기, 제5장, 홍수 이전 족장들, (7:6), (9:28–29).

천간	甲	乙	丙	丁	戊	己	庚	申	壬	癸
왕호	아담	셋	에노스	케난	마할랄렐	야렛	에녹	므두셀라	라멕	노아
0										
100	130	130	130	130	130	130	130	130	130	130
200		150	150	150	150	150	150	150	150	150
300			90	90	90	90	90	90	90	90
400				70	70	70	70	70	70	70
500					65	65	65	65	65	65
600						162	162	162	162	162
700							65	65	65	65
800	(800)									
900	930	(800)					(300)	180	180	180
1000		912	(815)				365		182	182
1100			905	(840)			하느님			
1200				910	(830)					
1300					895	(800)				
1400						962				
1500								(782)	(595)	500
1600								969	777	
1700										(100)
1800										(350)
1900										950
2000										

사례4: 현재 티베트의 달라이 라마는 달라이 라마가 환생(還生)해서 14대 텐진 갸초인데, 그럼 달라이 라마의 나이가 몇 살이냐고 물으면 몇 살이라고 대답해야 하는가?

No	이름	생애	현신	통치	티베트어/와일리 방식
1	겐둔 둡	1391 - 1474	-	N/A[1]	དགེ་འདུན་འགྲུབ་ dge 'dun 'grub
2	겐둔 갸초	1475 - 1541	-	1492 - 1541	དགེ་འདུན་རྒྱ་མཚོ dge 'dun rgya mtsho
3	소남 갸초	1543 - 1588	?	1578 - 1588	བསོད་ནམས་རྒྱ་མཚོ bsod nams rgya mtsho
4	용텐 갸초	1589 - 1616	?	1601 - 1616	ཡོན་ཏན་རྒྱ་མཚོ yon tan rgya mtsho
5	롭상 갸초	1617 - 1682	1618	1642 - 1682	བློ་བཟང་རྒྱ་མཚོ blo bzang rgya mtsho
6	상양 갸초	1683 - 1706	1688	1697 - 1706	ཚངས་དབྱངས་རྒྱ་མཚོ tshang dbyangs rgya mtsho
7	칼장 갸초	1708 - 1757	?	1720 - 1757	བསྐལ་བཟང་རྒྱ་མཚོ bskal bzang rgya mtsho
8	잠팔 갸초	1758 - 1804	1760	1762 - 1804	བྱམས་སྤེལ་རྒྱ་མཚོ byams spel rgya mtsho
9	룽톡 갸초	1806 - 1815	1807	1810 - 1815	ལུང་རྟོགས་རྒྱ་མཚོ lung rtogs rgya mtsho
10	출트림 갸초	1816 - 1837	1820	1822 - 1837	ཚུལ་ཁྲིམས་རྒྱ་མཚོ tshul khrim rgya mtsho
11	켄둡 갸초	1838 - 1856	1840	1844 - 1856	མཁས་གྲུབ་རྒྱ་མཚོ mkhas grub rgya mtsho
12	트린리 갸초	1857 - 1875	1860	1873 - 1875	འཕྲིན་ལས་རྒྱ་མཚོ 'phrin las rgya mtsho
13	툽텐 갸초	1876 - 1933	1878	1895 - 1933	ཐུབ་བསྟན་རྒྱ་མཚོ thub bstan rgya mtsho
14	텐진 갸초	1935 -	1937	1950 - 망명 중	བསྟན་འཛིན་རྒྱ་མཚོ bstan 'dzin rgya mtsho

사례5: 인류학 보고(『황금가지』의 주제)에 의하면 아프리카 나일강 상류에 사는 닐로틱 수단의 쉴룩족은 왕을 왕의 자식 중에서 선출하고 선출된 왕은 최초의 신왕을 접신(接神 = 신내림)해서 신성왕(뉘캉 Nyikang)으로서의 삶을 사는데,[11] 그럼 쉴룩족의 신성왕(뉘캉 Nyikang)은 몇 살을 살았는가?

11) Evans-Pritchad, "The Divine Kingship of the Shilluk of the Nilotic Sudan", in *Socail Anthropology and Other Essays*, A Free Press Paperback, 1962, 192-212, in *Essays in Social Anthropology*, Faber & Faber, 1962, pp. 70-85.

대수	접신왕, myth	현재왕	연대(30년)	외부 침략자	인류학 기록 *( ) 안의 숫자는 추정
1	Nyikang		(1070?)		
2	Nyikang		(30, 1100)		
3	Nyikang		(30)		
4	Nyikang		(30)		
5	Nyikang		(30, 1190)		
6	Nyikang		(30)		
7	Nyikang		(30)		
8	Nyikang	Abudok, Queen	(30, 1280)		
9	Nyikang		(30)		
10	Nyikang		(30)		
11	Nyikang		(30, 1370)		
12	Nyikang		(30)		
13	Nyikang		(30)		
14	Nyikang		(30, 1460)		
15	Nyikang		(30)		
16	Nyikang		(30)		
17	Nyikang		(30, 1550)		
18	Nyikang		(30)		
19	Nyikang		(30)		
20	Nyikang		(30, 1640)		
21	Nyikang		(30)		
22	Nyikang		(30)		
23	Nyikang		(30, 1730)		
24	Nyikang		(30)		
25	Nyikang		(30)		
26	Nyikang		(30, 1820)	1820-67 터키정복	
27	Nyikang		(30)		

대수	접신왕, myth	현재왕	연대(30년)	외부 침략자	인류학 기록 *( ) 안의 숫자는 추정
28	Nyikang		(30)	1898-1955 영국정복	Banholzer, P. and Giffen, J. K., 1905년 Selligman 1909-10년, James Frazer Diedrich Westermann, 1910년 Father Wilhelm Hofmayr, 1906-16
29	Nyikang	Fafiti Yor	?-1918-1943		
30	Nyikang	Anei	1944		
31	Nyikang	Dak Fadiet	1945-		E. E. Evans-Pritchard, 1948[12)]
				1965 수단독립	

사례6: "하백녀"는 단군신화(『삼국유사』『단군기』; 『제왕운기』『단군본기』), 스키타이족 종족신화(『역사』 4장), 그리고 고구려 해모수 신화에서 2000년 이상 지속된 장생자이다. "부루"는 단군시대 "부루"에서, 삼조선 시대 "색불루[색부루]"를 거쳐, 그리고 동부여시대 "해부루"까지 지속된 장생자이다.

사례7: 신라 박혁거세의 신하이자 석탈해의 신하인 명호 "호공"은 수명이 길어 4대 왕을 섬기며 생존한 장생자이다.(『삼국사기』『삼국유사』 박혁거세와 석탈해 시기의 "호공" 장수 해명).

사례8: 『환단고기』의 『북부여기상/하』『태백일사』『단군세기』『삼성기전 상/하』에서의 장생법이 등장하니 『환단고기』는 진서이다. 『환단고기』『삼성기전 상/하』는 조작불가능한 장생법이 있으니 진서이다. 환인 7세대는 환인들이 장생한다. 장생 개념을 의식적으로 전승하고 있다. [1-1-3 장생구시(長生久視); 1-2-4 득도장생(得道長生)]

12) Evans-Pritchad, "The Divine Kingship of the Shilluk of the Nilotic Sudan", in *Socail Anthropology and Other Essays*, A Free Press Paperback, 1962, 192-212, in *Essays in Social Anthropology*, Faber & Faber, 1962, pp. 70-85.

『삼성기전 하』 신시역대기의 "환웅" 18세대는 "환웅"의 장생이다. 대부분 100세가 넘는 장생자들이다. 특히 1대 환웅은 장생 개념으로 "거발환"을 의식적으로 사용하고 있다. [1-2-49 居發桓] 이 장생 개념은 조작불가능한 것이다.

환웅천왕의 장생(건국연령과 왕호신구토픽법의 재위기간) 『환단고기』, 삼성기전 하, 신시역대기

세대	재위	거불환	거불리	우야고	모사라	태우의	다의발	거련	안부련	양운	갈고	거야	주무신	사와라	자오지	치액특	축다리	혁다세	거불단
		26																	
1	94	94	16																
2	86		86	36															
3	99			99	22														
4	107				107	22													
5	93					93	12												
6	98						98	59											
7	81							81	21										
8	73								73	46									
9	93									93	25								
10	100										100	57							
11	92											92	18						
12	105												105	33					
13	67													67	42				
14	109														109	19			
15	89															89	43		
16	56																56	25	
17	72																	72	34
18	48																		48
	1565																		

1. 환웅, 천왕, 거발환(居發桓) (서기전 3898년), 재위 94년, 120세; 2. 거불리(居佛理)환웅 (서기전 3804년), 재위 86년, 102세; 3. 우야고(右耶古)환웅 (서기전 3718년), 재위 99년, 135세; 4. 모사라(慕士羅)환웅 (서기전 3619년), 재위 107년, 129세; 5. 태우의(太虞儀)환웅 (서기전 3512년), 재위 93년, 115세; 6. 다의발(多儀發)환웅 (서기전 3419년), 재위 98년, 110세; 7. 거련(居連)환웅 (서기전 3321년), 재위 81년, 140세; 8. 안부련(安夫連)환웅 (서기전 3240년), 재위 73년, 94세; 9. 양운(養雲)환웅 (서기전 3167년), 재위 93년, 139세; 10. 갈고(葛古)환웅 또는 독로한환웅 (서기전 3071년), 재위 100년, 125세; 11. 거야발(居耶發)환웅 (서기전 2971년), 재위 92년, 149세; 12. 주무신(州武愼)환웅 (서기전 2897년), 재위 105년, 123세; 13. 사와라(斯瓦羅)환웅 (서기전 2774년), 재위 67년, 100세; 14. 자오지(慈烏支)환웅 (서기전 2707년), 치우천왕이라고도 하며, 청구국으로 도읍을 옮겨서 재위 109년, 151세; 15. 치액특(蚩額特)환웅 (서기전 2598년), 재위 89년, 118세; 16. 축다리(祝多利)환웅 (서기전 2509년), 재위 56년, 99세; 17. 혁다세(赫多世)환웅 (서기전 2453년), 재위 72년, 97세; 18. 거불단(居弗壇)환웅 혹은 단웅(壇雄) (서기전 2381년), 재위 48년, 82세이다.

환웅의 왕호신구토픽법은 베트남 홍방왕조의 18대 "웅" 왕호신구토픽법에서도 볼 수 있다.

『환단고기』「태백일사」는 장생법으로 보아 진서이다. [4-5-1~2 선인 발귀리의 1000년 장생] 선인 발귀리는 태호 복희와 동문수학하고 고조선 단군의 아사달 축제에 참여한다면 그는 1000년 이상 장생자이다. 1000년 이상 장생자는 누구나 의심하는 사고방식이다. 이것은 근대인의 사고방식도 아니고 조선시대인의 사고방식도 아니므로 그 이전의 사고방식이다. 「태백일사」는 조선시대 이전의 사고방식을 "술이부작(述而不作)"한 진서라는 결정적인 증거의 하나이다. 이 대목은 이제까지 현대인이 이해할 수 없는 대목이라 선인 발귀리가 몇 년 동안 살아왔는지 드러나지 않게 합리화해서 애매모호하게 오독해 왔다.

왕호 "환인"은 3,301년 혹은 63,182년 동안의 장생자이다. 왕호 "환웅", "대인"은 1,565년 동안의 장생자이다. 왕호 "태호, 복희"는 장생자이다. 왕호 "소호, 금천"은 장생자이다. 왕호 "신농"은 장생자이다. 관직호 "운사"와 지역 제후왕 명호 "헌원"은 장생자이다. 왕호 "치우"는 서기전 2707년~서기전 2597년 사이의 장생자이다.

왕호 "왕검"은 장생자이다. 왕호 "단군"은 1048년, 1908년, 2096년 동안의 장생자이다.[13)] 왕호 "마한"은 서기전 2333~238년 사이의 장생자이다. 왕호 "번한"은 서기전 2333년~서기전 194년 사이의 장생자이다.

왕호 "해모수"는 서기전 239년~서기전 59년 사이의 장생자이다. 왕호 "해모수"의 장생 자체는 3장을 통해 분명히 드러났다. 그 정확한 장생기간은 알 수 없다. 장생기간을 『환단고기』를 통해 보강한 것이다.

왕호 "고두막한" "동명"은 서기전 108년~서기전 20년 사이의 장생자이다. 『후한서』와 『삼국지』의 '부여조'의 "동명"과 『삼국사기』의 '백제본기' 온조왕 때의 "동명묘" 사이의 관계는 동명을 장생자로 추정하게 만든다. 장생기간은 『환단고기』를 통해 보강한 것이다. "동명"의 장생기간에는 '동명성왕' 주몽까지는 포함하지 않았다.

왕호 "주몽"은 장생자이다. 『삼국사기』 권제21, 고구려본기9, 보장왕 상(上), 보장왕 4년(645) 5월(양력 6월) 성에는 주몽의 사당이 있고 … 바야흐로 포위가 급해지자 미녀를 단장하여 여신을 만들어 놓고, 무당이 말하기를 "주몽이 기뻐하니 성은 반드시 안전할 것이다."라 하였다.

왕호 "어하라"는 장생자이다. 금석문으로 보아 왕호 "태왕"은 장생자이다. 왕호 "매금"은 장생자이다. 어하라, 태왕, 매금 등은 고유명사 왕호가 아니라 일반명사 왕호일 수도 있다.

---

13) 단군 영정, 권종상 『동사유고』 신라의 솔거 그림. 『동사유고』에 대한 연구 필요.

사례9: "서우여"[4-4-198,200], "섭주", "기수"[奇首: 2-2-277]에서 『단기고사』의 "기자조선(奇子朝鮮)"의 기자(奇子)왕들의 왕호 기자(奇子)가 설명된다. 『단기고사』의 기자조선 왕호 기자왕들은 『환단고기』의 "기후"의 "기자조선(箕子朝鮮)"의 "기자(箕子)"의 후예 왕들("기후"~"기준")이 등장하기 이전에 정확하게 끝난다. 『단기고사』의 "기자조선(奇子朝鮮)"의 "기자(奇子)"왕들의 왕호 "기자(奇子)"는 기수의 후예로 서기전 1285년~서기전 324년 사이의 장생자이다. 『단기고사』의 "기자조선(奇子朝鮮)"에서 "기비" 이후는 기자조선(箕子朝鮮)이 갑자기 추가된 것으로 기수의 후손이 아니다.

『환단고기』「태백일사」는 장생[4-5-1~2 선인 발귀리의 1000년 장생] 이 등장한다. 대진국과 고려시대에는 장생법이 사라졌기 때문이다. 장생법이 망각되고 간과되기 시작한 시기는 '수/당의 고구려 후삼한 계승론'(『북사』, 『수서』, 『당서』의 고구려의 삼한계승설)이라는 '역사왜곡'이 주장되던 시기로 이에 대한 대응으로 고구려 26대 영양왕은 『류기』 100권을 이문집의 『신집』 5권으로 재정리해 반발하였고, 신라 선덕여왕은 당화정책을 추진해 전반적으로 수용 분위기를 조성하였다. 신라 말 최치원은 고조선-고구려-신라측 전승과 한-수/당측 전승 사이가 충돌하는 시기에 전승되는 기록의 의미를 이해할 수 없어 북부여-고구려와 삼한 사이의 영역차이[『삼국지』, 『후한서』]를 간과해 '삼국삼한유래설'을 창안했고, '최치원의 삼국삼한유래설'이 지배한 고려시대의 『구삼국사기』, 김부식 『신삼국사기』,[14] 일연 『삼국유사』, 이규보 시기에는 전승되는 사국(고구려; 백제, 가야, 신라) 기록의

14) 『삼국사기』권제46(열전 제6) 최치원. 최치원이 삼한의 마한, 변한, 진한과 고구려, 백제, 신라 삼국 사이의 후계관계 설정한 것은 수/당의 역사해석(삼국지와 후한서의 기록 왜곡해석)을 수용한 결과로서 오독이다. 이것이 이후에 고려시대에 고려의 삼한 후예설이 등장한 배경이다. 이 견해는 "현대 사학자"에 의해 고려시대에 고려의 선조로서 삼국이 있고 삼국의 공통선조로서 삼한이라는 '가공 신화'가 등장했다(김성환)고 해석된다. 이런 해설에서 고려시대에 삼국지역기반 반란들을 제압하기 위해 삼국공통의 선조설(단군)을 창안할 필요가 있었다는 증거라는 것(김성환)도 그냥 '동어반복의 자기 패러다임'에 일부일 뿐이다.

의미를 이해할 수 없어, 변한 유래, “가야”와 장생들을 간과한 채로 다만 모순적인 파편형태들로 전승했다.

사례10: 베트남 홍방 왕조의 웅 18대 장생

홍방 왕조(鴻龐王朝) 서기전 2919년 - 서기전 258년

홍방 왕조(베트남어: Hồng Bàng)는 『영남척괴(嶺南拓怪)』과 『대월사기전서(大越史記全書)』에 나타난다. 홍 브엉을 이어 왕위에 오른건 그의 아들이었으며, 이후 왕위는 세습된다.(이들은 모두 홍 브엉이라고 불린다.) 18 왕의 이름이 현재 전해진다.15)

대수	홍방 왕조(鴻龐王朝) 서기전 2919년-서기전 258년 역대 국왕 왕호	휘	재위 기간
1	낀 즈응 브엉 (Kinh Dương Vương, 陸陽王, 涇陽王)	록 뚝 (Lộc Tục)	서기전 2919년 - 서기전 2839년
2	홍 히엔 브엉 (Hùng Hiển Vương, 雄賢王, 貉龍君)	숭 람 (Sùng Lãm)	서기전 2839년 - 서기전 2439년
3	홍 구억 브엉 (Hùng Quốc Vương, 雄國王, 雄麟)	란 랑 (Lân Lang)	서기전 2439년 - 서기전 2218년
4	홍 디엡 브엉 (Hùng Diệp Vương, 雄曄王)	바오 랑 (Bảo Lang)	서기전 2218년 - 서기전 1918년
5	홍 히 브엉 (Hùng Hy Vương, 雄犧王)	비엔 랑 (Viên Lang)	서기전 1918년 - 서기전 1718년
6	홍 후이 브엉 (Hùng Huy Vương, 雄暉王)	팝 하이 랑 (Pháp Hải Lang)	서기전 1718년 - 서기전 1631년
7	홍 찌에우 브엉 (Hùng Chiêu Vương, 雄昭王)	랑 리에우 랑 (Lang Liêu Lang)	서기전 1631년 - 서기전 1431년
8	홍 비 브엉 (Hùng Vi Vương, 雄暐王)	트어 반 랑 (Thừa Vân Lang)	서기전 1431년 - 서기전 1331년

15) http://ko.wikipedia.org/wiki/%ED%99%8D%EB%B0%A9_%EC%99%95%EC%A1%B0 (모두 연결) 베트남 홍방왕조.

대수	홍방 왕조(鴻龐王朝) 서기전 2919년-서기전 258년 역대 국왕 왕호	휘	재위 기간
9	훙 딘 브엉 (Hùng Định Vương, 雄定王)	관 랑 (Quân Lang)	서기전 1331년 - 서기전 1251년
10	훙 응이 브엉 (Hùng Nghi Vương, 雄曦王)	훙 하이 랑 (Hùng Hải Lang)	서기전 1251년 - 서기전 1161년
11	훙 뜨린 브엉 (Hùng Trinh Vương, 雄楨王)	훙 득 랑 (Hưng Đức Lang)	서기전 1161년 - 서기전 1054년
12	훙 브 브엉 (Hùng Vũ Vương, 雄武王)	득 히엔 랑 (Đức Hiền Lang)	서기전 1054년 - 서기전 958년
13	훙 비엣 브엉 (Hùng Việt Vương, 雄越王)	뚜언 랑 (Tuấn Lang)	서기전 958년 - 서기전 853년
14	훙 안 브엉 (Hùng Anh Vương, 雄英王)	쩡 난 랑 (Chân Nhân Lang)	서기전 853년 - 서기전 754년
15	훙 찌우 브엉 (Hùng Triệu Vương, 雄朝王)	까인 찌에우 랑 (Cảnh Chiêu Lang)	서기전 754년 - 서기전 660년
16	훙 따오 브엉 (Hùng Tạo Vương, 雄造王)	득 관 랑 (Đức Quân Lang)	서기전 660년 - 서기전 568년
17	훙 응이 브엉 (Hùng Nghi Vương, 雄毅王)	바오 쿠앙 랑 (Bảo Quang Lang)	서기전 568년 - 서기전 408년
18	훙 뚜엔 브엉 (Hùng Tuyên Vương, 雄璿王)	후에 랑 (Huệ Lang)	서기전 408년 - 서기전 258년

사례11: 이런 현상은 세계 각처(한국, 중국, 베트남, 팔레스타인, 마케도니아, 로마, 티베트, 아프리카 실록 등)의 신화들에서 발견된다. 이 왕호 "단군"의 방식으로 마케도니아의 후예 이집트 왕녀 "클레로파트라" 7세가 일곱 번째 동일 이름을 사용하며 왕위를 계승했다. 또 동일 방식으로 로마에서는 "줄이어스 시저(Julius Caesar)" 사후에 로마왕들의 왕호가 모두 "시저"["카이저"]들이었다.

고대 페르시아-고대 마케도니아와 고대 로마의 호칭 장생법

대수	페르시아 다리우스	마케도니아 필립	마케도니아 알렉산더	이집트 클레오파트라	로마 시이저	로마의 군림왕
1	다리우스	필립	알렉산더	클레오파트라	시이저	옥타비아누스
2	다리우스	필립	알렉산더	클레오파트라	시이저	테베리우스
3	다리우스		알렉산더	클레오파트라	시이저	클라우디우스
4				클레오파트라	시이저	네로
5				클레오파트라		
6				클레오파트라		
7				클레오파트라		

5. 고조선의 3연맹국

고조선의 3연맹국설은 『사기』 '조선열전'과 『한서』 '조선전' 사이의 상호 비교로 조선본류의 조선본국이 "진·번·방중국(眞·番·旁衆國)"과 "진·번·진국(眞·番·辰國)" 이다. 조선지류의 조선후국은 "기준조선" = "만조선" = "한4군" = "진번임둔, 낙랑, 현토"이다(이장 5장과 6장).

사례1: 『조선상고문화사』와 『조선상고사』의 3조선설은 신조선, 불조선, 말조선이라는 삼국연맹설이다. 여기서는 진조선, 번조선, 막조선을 이두로 읽은 것이다. 단재는 삼경 지역을 비정하였다. 진조선의 수도는 만주이고, 번조선의 수도는 북중국이고, 막조선의 수도는 대동강 주변이다.

단재의 주장은 한국 학계에서 비판조차 없이 무시되었다. 처음에는 말이 없었다. 이것은 이후 내 놓고 무시하기 위한 전략이었다. 이장 5장과 6장은 적어도 3조선설을 무조건 거부하는 것이 오히려 황당하다는 것을 알게 해 주었을 것이다.

사례2: 『환단고기』 『태백일사』 '삼한관경본기' 등은 『단군세기』와 함께

삼한 관경의 3조선설이 되었다. 이 주장은 매우 낯설어서 단재의 『조선상고문화사』와 『조선상고사』를 모방한 것이라 주장되었다. 이장 5장과 6장은 적어도 『환단고기』의 삼조선연맹국설이 매우 설득력이 주장이라는 것을 알게 해주었을 것이다.

진조선과 막조선, 그리고 번조선(기수奇首 서우여의 기자조선 奇子朝鮮)

진조선 〈단군세기〉				막조선 〈태백일사〉				번조선 〈태백일사〉			
시대	제위	왕명	서기전	시대	제위	왕명	서기전	시대	제위	왕명	서기전
삼조선시대 〈진조선〉	22	색부루	1285 ~1231	삼조선시대 〈막조선〉	19	여원홍	1232~	삼조선시대 〈번조선〉	30	서우여	1282(5)
	23	아 홀	1237		20	아 실			31	아 락	1225
	24	연 나	1161		21	아 도			32	솔 귀	1184
	25	솔 나	1150		22	아화지	1091 ~1055		33	임 나	1137
	26	추 로	1062		23	아사지			34	노 단	1105
	27	두 밀	997		24	아리손	~ 934		35	마 밀	1092
	28	해 모	971		25	소 이			36	모 불	1074
	29	마 휴	943		26	사 로			37	을 나	1054
	30	내 휴	909		27	궁 홀	754		38	마 휴	1014
	31	등 올	874		28	동 기	677		39	등 나	1012
	32	추 밀	849		29	다 도			40	해 수	983
	33	감 물	819		30	사 라	588		41	물 한	962
	34	오루문	795		31	가섭나	509		42	오루문	942
	35	사 벌	772		32	가 리			43	누 사	894
	36	매 륵	704						44	이 벌	866
	37	마 물	646						45	아 륵	840
	38	다 물	590						46	마휴(마목)	811
	39	두 홀	545						47	다 두	785
	40	달 음	509						48	내 이	752
	41	음 차	491						49	차 음	722
	42	을우지	471						50	불 리	712
	43	물 리	461 ~426						51	여 을	676
									52	엄 루	647
									53	감 위	?
									54	술 리	613
									55	아 갑	603
									56	고 태	588
									57	소태이	574
									58	마 건	556
									59	천 한	545
									60	노 물	535
									61	도 을	520
									62	술 휴	505
									63	사 량	471
									64	지 한	453
대부여	44	구 물	425~ 397		33	전 나			65	인 한	438
					34	진을례	366		66	서 위	400
	45	여 루	396						67	가 색	375
	46	보 을	341						68	해인(산한)	341
									69	수 한	340
	47	고열가	295 ~238		35	맹 남	~ 238				

우리는 문헌 해석에서 논란에 직면하면 고고학적 유물의 발견으로 해결할 수 있다고 상상한다. 삼 조선의 증거로 삼경의 유물이 발견되기를 기다린다. 그 보다 단군신화에 대한 해석에서 유물의 역할을 생각해 본다.

단군신화(『고기』)는 이제까지 여러 가지 차원에서 분석되어 왔다. 대략 신화적 연구,[16] 철학적 연구,[17] 한철학-홍익인간적 연구,[18] 문화콘텐츠 상징적 연구,[19] 비교신화연구,[20] 천신족과 지신족의 결합 연구,[21] 민속학적 연구,[22] 한-예-맥 삼족 연구,[23] 역사적 연구,[24] 고고학적 연구[25] 등이 있었다.

---

16) 김헌선(1998: 201-219) 「단군신화의 신화학적 연구」 한국민속학회 『한국민속학』 30.

17) 민영현(2007: 221-253) 「한민족의 문화 원형(原型)과 단군」 고조선단군학회 『고조선단군학』(17); 유명종(1982: 7-13) 『한국철학사』 일신사. 제1장 원시신앙, 1. 토오테미즘, 2. 샤머니즘; 林泰弘(2007: 165-201) 「단군신화에 나타난 유교적 성격」 한국유교학회 『유교사상문화연구』 30; 정영훈(2009: 5-31) 「단군신화의 정치사상」 한국동양정치사상사학회 『한국동양정치사상사연구』 8(2).

18) 김용환(2007: 239-271) 「단군사상과 한얼태교 연구」 단군학회 『단군학연구』(16); 김상일(2004: 5-32) 「'홍익인간론' 성립가능한가?」 단군학회 『단군학연구』(11); 권성아(204: 33-66) 「홍익인간의 이상에서 본 한국교육」 단군학회 『단군학연구』(11)

19) 김성호(2012: 57-79) 「문화적 공존을 위한 단군신화의 재해석」 글로벌문화콘텐츠학회 『글로벌문화콘텐츠』; 김종대(2008: 15-22) 「한국문화의 원류, 〈단군신화〉에 나타난 곰과 호랑이의 상징성」 중앙대학교 문화콘텐츠기술연구원 『다문화콘텐츠연구』.

20) 양민종(2008: 5-30) 「단군신화와 게세르 신화」 단군학회 『단군학연구』(18); 조현설 『동아시아건국신화의 역사와 논리』 문학과 지성사, 2002.

21) 이병도 「아사달의 위치문제와 그 명칭의 의의」 『한국고대사연구』 박영사, 1975.

22) 임재해(2008: 277-372) 「단군신화로 본 고조선 문화의 기원 재인식」 고조선단군학회 『고조선단군학』(19); 임재해(2007: 273-348) 「단군신화에 갈무리된 문화적 원형과 민족문화의 정체성」 단군학회 『단군학연구』(16); 임재해(2003: 142-147) 「단군신화를 보는 생태학적인 눈과 자연친화적 홍익인간사상」 단군학회 『단군학연구』(9); 손노선(2011: 241-271) 「단군신화속의 3×7일과 100일의 의미」 한국민속학회 『한국민속학』 54.

23) 사회단체 국조 봉안회 편저, 『단군신화와 역사-최삼룡, 강인숙, 최남선, 천관우 등-』, 동신출판사, 1992. 천관우 「단군」 pp. 113-130; 신용하(2005) 『한국 원민족 형성과 역사적 전통』 나남.

24) 윤경수(2000: 51-76) 「단군신화의 신화성과 역사인식」 고조선단군학회, 『단군학연

『고기』는 고려시대 『삼국유사』에 등장해서 결국 고려시대가 상한이다. 단군신화는 단군신화의 반영으로 해석되기도 하는 세 자료(홍산문화 우하량의 유물;[26])산동 무씨사당벽화;[27]) 각저총벽화[28]))가 있다. 세 자료에서 단군신화를 반영하는 것으로 간주되는 것은 다음이다. 산동 무씨사당벽화에는 곰인, 범인, 그리고 새가 등장한다. 각저총벽화에는 나무의 좌우에 곰과 범, 그리고 위의 새가 있다.

홍산문화 우하량에 옥곰과 옥새, 여신상이 있다. 단군신화와 세 자료의 공통점은 곰이 등장하는 것이고, 세 자료의 공통점은 새가 있는 것이다. 웅녀는 홍산문화 우하량의 곰 토템 여신상과 연결하기도 한다.[29]) 만일 이 자료가 단군신화의 원형이라면 각각 모두 상한이 상승한다.

우리는 유물이 안 나오면 역사기록이 무시되는 것이 '실증주의'의 상식인 것처럼 대중을 속인다. 이건 학문이 아니라 거의 사기 수준이다. 몽골제국의 건국자 칭기스칸은 역사 기록에 등장한다. 그 수도는 울란바토르다. 땅파 보아도 아직 유물이 발견된 바가 없고 그 묘 자리도 없다. 이제 그럼 칭기스칸의 기록은 모두 거짓인가. 우리는 고고학적 유물을 찾지 못해도

究』(2); 서영대(2001: 39-59)「단군신화의 역사적 이해」 한신대학교 출판부, 『한신인문학연구』; 서영대(2012: 137-181)「중국학계의 단군 연구와 그 비판」, 『고조선단군학』 제27집, 2012.11; 김성환(2008: 133-184)「단군 연구사의 정리와 방향」 단군학회 『단군학연구』(18).

25) 우실하(2007)『동북공정 너머 요하문명론』 소나무; 우실하(2012: 185-216)「홍산문화의 곰토템족과 단군신화의 웅녀족」『단군학연구』(27).

26) 우실하(2012: 185-216)「홍산문화의 곰토템족과 단군신화의 웅녀족」, 『단군학연구』 제27집.

27) 김재원『단군신화의 신연구』 탐구당, 1976; 김원룡「무량사화상석과 단군신화에 대한 재고」『고고미술』 145-147, 한국 미술사 학회; 박병훈 전주대 석사학위 논문 『단군신화 신연구』.

28) 齊藤忠「角抵塚 角抵(相撲) 木 熊 虎 畵面」『壁畵古墳 系譜』第3章『日本考古學硏究』 2, 學生社, 1989; 강룡남「단군에 대한 고구려사람들의 리해와 숭배」『역사과학』 1996-3, 1996.

29) 우실하(2007)『동북공정 너머 요하문명론』 소나무; 우실하(2012: 185-216)「홍산문화의 곰토템족과 단군신화의 웅녀족」『단군학연구』(27).

각저총 벽화

칭기스칸의 역사를 신뢰한다. 신화적 관점에 의하면 몽골 칭기스칸 부족의 시조모가 고구려 부족장 딸 '알랑고아'이다.

우리는 유물이 나와도 그것이 역사 기록의 논란을 해결하는데 별 도움 안되기는 마찬가지이다. 다시 요하문명, 홍산문화, 우하량의 여신상 유물의 해석 문제로 되돌아가 보자. 이제 유물도 하나 나왔으니 무슨 역사 기록 논란 문제가 하나라도 해결되는 것이 있는가? 한국에서는 우하량 여신상 유물이 단군신화의 웅녀 유물이라 한다. 중국에서는 우하량 여신상 유물이 갑자기 공손헌원 운사 황제의 유물이라 한다. 이제 그 잘난 '실증주의' 구호로 무엇을 하나 해결했는가? 유물이 나와도 역사 기록이 없으면 해결하지 못하기는 마찬가지이다. 이런 이유로 역사 기록의 해석이 고고학적 유물 발굴보다 우선이라고 말하는 것이다. 적어도 때때로는 그렇다.

현재 "한4군" 지역의 유물논란의 형편은 다음이다. 유물로는 (1) "임둔태수장" 봉니[봉인]가 있다.30) 이 유물은 누구나 신뢰한다. 이 지역은 요서 지역이다. 이것으로 당시 요동'한4군'이 이후 요서지역에 있었다는 것을 알 수 있다.31)

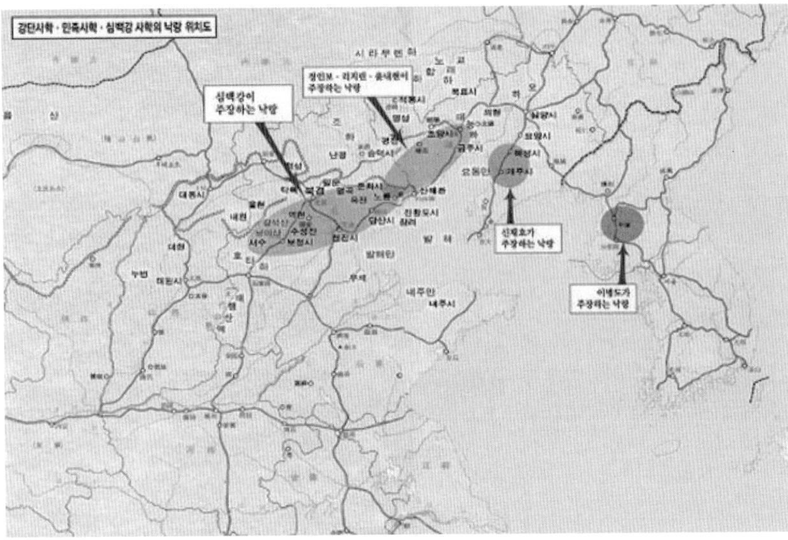

(2) 그리고 "점제현비"가 있다. 이것은 일제강점기에 발견한 것이다. 이것은 발견 장소를 이동시켰다는 반론이 있다. 이 비석의 재질이 근방에서 나지 않는 돌의 재질이라는 것이다.

(3) 대동강 평양 지역에서 "낙랑태수장" 봉니가 있다. 이 봉니는 후한 광무제 때의 것으로 해석하면 된다. 다시 말해서 대동강 낙랑은 원래 최씨 낙랑국이었다. 고구려 대무신왕 때 왕자 호동이 그 땅을 얻어 고구려에 속하

---

30) 복기대, 「臨屯太守章 封泥를 통해 본 漢四郡의 위치」.

31) 심백강, 『한사군의 낙랑-사고전서 사료로 보는』, 바른역사, 2014; 윤내현 (엮은이) 『사료로 보는 우리 고대사-동북공정 논란을 둘러싼 진실게임』, 지식산업사, 2007.

였다. 후한 광무제가 바다를 건너 그 땅을 차지하였다. 고구려 미천왕 때 다시 완전히 고구려 영토가 되었다.

(4) 또 "낙랑부윤" 기와 명문이 있다. "낙랑부윤"은 왕망의 신나라 때 태수의 칭호이다. 이것은 조작되었다는 설이 있다. 만일 '낙랑부윤'이 왕망 신나라의 유물이 옳다면 이것은 이 지역이 왕망 시기 때 왕망이 이 지역을 차지하였다는 의미이거나 적어도 그 이전 시기의 어느 때 이 지역을 차지하였다는 의미일 것이다. 이 경우에 왕망이 이 지역을 차지한 시기를 추가로 설명해야 한다.

고조선의 3연맹국설은 현재로서는 결국 고고학적 유물에 대한 면밀한 해석으로 판가름을 내야 한다. 이것은 현재 직접 확인 된 것이 없다. 설령 유물이 나와도 고조선 3연맹국설을 진지하게 고려하지 않는 형편에서는 무시할 것이다. 자료에 대한 역사 해석이 먼저이다. 그 이후 고조선의 유물을 찾아야 한다.

6. 대동사회

논증1
전제1: 신빙성 있는 사료에 대동사회(부부-모부-자부-녀부 4부사회)[32]이 나타난다면, 대동사회를 역사적 사실로 신빙할 수 있다.
전제2: 『삼국사기』와 『삼국유사』는 신빙성 있는 사료이고 대동사회가 나타난다.
결론: 대동사회는 역사적 사실로 신빙할 수 있다.

논증2
전제1: 『삼국사기』와 『삼국유사』의 동명-박혁거세의 대동사회가 2010년에 처음 발견되었다면 2010년 이전 저작에서 대동사회를 조작할 수 없다.
전제2: 『환단고기』는 2010년 이전인 1979년에 영인 되었다.
결론: 『환단고기』는 대동사회를 조작할 수 없다.

32) 왕호신구토픽법이란 단군, 해모수, 동명 등이 왕의 고유명이라기보다 오히려 왕을 지칭하는 일반 왕호라는 것이다.

논증3
전제1: 만일 『환단고기』에 대동사회가 나타나면 『삼국사기』와 『삼국유사』 이전의 진서이다.(가설명제)
전제2: 『환단고기』에 대동사회가 나타난다.(관찰명제)
결론: 『환단고기』는 『삼국사기』와 『삼국유사』 이전의 진서이다.

논증4
전제1: 만일 『환단고기』에 등장한 대동사회가 우연히 등장한 것이라면 다른 사서에서도 등장해야 한다.
전제2: 대동사회는 『사기』~『청사고』에서 등장하지 않고 『고사기』와 『일본서기』 등에도 등장하지 않는다. 또 환단삼서인 『규원사화』에도 대동사회는 명시적으로 등장하지 않는다.
결론: 『환단고기』에 등장한 대동사회는 우연히 등장한 것이 아니다.

논증5
전제1: 『환단고기』에 『삼국사기』와 『삼국유사』 이전의 대동사회가 등장하다면 『환단고기』는 적어도 『삼국사기』와 『삼국유사』 이전의 진서이다.
전제2: 『환단고기』, 『삼성기전 상/하』 『태백일사』의 환국본기, 신시본기, 소도경전본훈에서 『삼국사기』와 『삼국유사』 이전의 대동사회가 등장한다.
결론: 『환단고기』, 『삼성기전 상/하』 『태백일사』의 환국본기, 신시본기, 소도경전본훈는 적어도 『삼국사기』와 『삼국유사』 이전의 진서이다.

논증6
전제1: 『환단고기』에 『삼국사기』와 『삼국유사』 이전의 대동사회가 등장하지 않는다면 『삼국사기』와 『삼국유사』의 대동사회로 『환단고기』의 진서여부를 평가할 수 없다.
전제2: 『환단고기』, 『단군세기』 『태백일사』, 삼신오제본기, 삼한관경본기 마한세가 상/하, 번한세가 상/하, 고구려국본기, 대진국본기, 고려국본기에서 『삼국사기』와 『삼국유사』 이전의 대동사회를 발견할 수 없다.
결론: 『삼국사기』와 『삼국유사』의 대동사회로 『환단고기』, 『단군세기』 『태백일사』, 삼신오제본기, 삼한관경본기, 마한세가 상/하, 번한세가 상/하, 고구려국본기, 대진국본기, 고려국본기의 진서여부를 평가할 수 없다.

이 4군서사회는 『예기』 「예운편」의 '대동사회의 부모집단과 자녀집단 사회'이고, 『바이블』, 창세기 5장의 홍수 이전의 족장들의 사회에서 신의 진노를 산 '족장과 여러 여자들 사이의 남녀결합관계 사회'이고, 플라톤의 『공화국』의 철인들의 부모들 집단과 자녀들 집단의 이상적 가족관계에서 그 흔적을 볼 수 있다.

사례1: 『삼국유사』"박혁거세"조의 "부부"-"모부"-"자부"-"여부"의 4부 촌락사회이다. 『삼국사기』와 『삼국유사』에서 신라는 6부 사회이고, 그 중에 4부는 부-모-자-녀 4부 사회이다. 이 4부 사회 기록이 중요하다.[33]

사례2: 『사기』오제본기의 "자씨"(상), "사씨"(하), "희씨"(주)의 자집단-녀집단-모집단(아들-며느리-어머니) 무리사회이다.

사례3: 이 군서 사회는 『삼국유사』"고조선" 항목 『고기』에 "환웅"("서자庶子", 까마귀), "환인"(서부, 까치), "곰"(서녀, "웅녀熊女"), "범"(서모, 호모?)의 4군서 사회로 고구려 벽화에 흔적이 남아 있다.[34]

사례4: 이런 군서사회의 흔적은 상나라의 "다자(多子)", 다녀(多女), 다부(多夫), "다부(多婦)" 사회의 다부사회(多部社會)이다.[35] 이 부모자녀 사부사회를 전제로 해서 상나라 왕들의 소속 10간 명명(命名) 법칙의 수수께끼를 해명하여야 한다.

사례5: 신라 금석문의 지증왕, 법흥왕, 진흥왕의 부자, 형제간 소속 부(촌) 차이의 수수께끼를 이해해야 한다.[36]

---

33) http://www.history.go.kr/ 『삼국유사』 기이편, 新羅始祖 赫居 世王. 按上文此六部之祖似皆從天而降 弩禮 王九年始改六部名又賜六姓. 今俗中興部爲母 長福部爲父 臨川部爲子 加德部爲女 其實未詳. 前漢 地節元年壬子 古本云建虎 元年又云建元三年等皆誤 三月朔六部祖各率子弟俱會於 閼川 岸上議曰我輩上無君主臨理蒸民民皆放逸自從所欲盍覓有德人爲之君主立邦設都乎.

34) 고구려 벽화 각저총 그림은 나무위의 왼쪽 '까치', 오른쪽 '까마귀', 나무 아래 왼쪽 범, 오른쪽 곰이 있고 나무 아래에서 두 사람이 씨름을 하고 한 사람은 심판을 보고 있다. 이 해석은 고구려벽화 중 각저총의 한 면에 대한 부분적, 파편적 해석 차원에 불과하고, 고구려벽화들 전체와 연관된 포괄적, 일관성 있는 해석 차원에서 각저총전체벽화가 전체적, 종합적 면에서 재고찰 되어야 한다.

35) 장광직 저, 윤내현 역, 『상문명』.

36) 한국역사연구회고대사분과(엮은이), 『금석문으로 한국 고대사 읽기, 고대로부터의 통신』, 푸른역사, 2004, 1. 신라 왕족의 로맨스, 그 현장을 찾아서, 강종훈; 8. 신라사의 새로운 열쇠, 냉수리비와 봉평비, 전덕재.

사례6: 『역사』 4장 스키타이족에서는 4부 사회의 흔적으로 두 가지 버전이 있다. 스키타이족의 종족 신화의 스키타이족 전승에 의하면 천제 제우스와 하백녀 보르테네스강 신녀 사이에서 스키타이족 형제가 태어나 각배, 도끼, 농기구의 삼신분제 사회가 된다. 그리스측 전승에 의하면 천제자 헤라클레스와 하백녀 사녀[뱀여자] 사이에서 3형제가 태어난다.

사례7: 『바이블』 '창세기'에 '하나님-뱀-아담-이브'는 4부 사회를 보여준다.[37] 이것은 그리스 전승의 스키타이족 종족신화처럼 어머니 토템이 뱀이다. 이것은 『바이블』 '창세기'가 진서임을 보여주는 것이다.

사례8: 플라톤 『공화국』에서 철인왕은 '철인왕 부-철인여왕모-아들과 딸'로 4부사회를 보여준다. 이것은 플라톤 『공화국』이 진서임을 보여주는 것이다.

사례9: 『환단고기』의 『북부여기 상/하』 『태백일사』 『단군세기』 『삼성기전 상/하』에서의 대동사회가 등장한다. 『환단고기』(1911 계연수 30부, 1979 이유립)가 적어도 『삼국사기』(1145, 인종 23)와 『삼국유사』(1281, 충렬왕 7) 이전의 진서라는 것을 형식논리적 타당성으로 증명할 수 있다. 『환단고기』 『삼성기전 상/하』는 조작불가능한 대동사회가 있으니 진서이다.

"동남동녀(童男童女)"[1-1-4;1-1-8]는 2군서(群庶) 사회이다. 남자 무리와 여자 무리의 군서사회(群庶 社會)는 부부 사적가족제도의 등장 이후에 망각되었다. 이 군서사회는 "서자부(庶子部)"[1-2-14; 4-3-31], 서녀부, 서부부, 서모부의 4군서 사회와 같다. 『환단고기』 『태백일사』 신시본기의 "금수성군禽獸成群"[4-3-53,54]은 '오작(烏鵲) 금군집(禽群集)'과 '웅호(熊虎) 수군집

37) Gooch, *History & Histirians in the Nieteenth Century*, Beacon Press Boston, 1968. pp.478-501. 본고의 관점은 한국문헌신화들 모델(사부사회; 동명과 주몽의 물건너기)로 삼아 『바이블』의 신화들(창세기 5장. 족장들의 남녀결합관계; 모세와 예수의 물건너기)을 해석한다. 한국 문헌건국신화의 왕호신구토픽법이 세계 각지 신화들의 수수께끼들을 푸는 숨은 열쇠이다.

(獸群集)'의 남자 집단(서자=까마귀; 서부=까치)과 여자 집단(서녀=곰; 서모=범)으로 해석할 수 있다.

대동사회로 『환단고기』의 대동사회를 종합해서 평가 해보면 다음과 같다. "환인"은 국호가 "환국"[1-2-3,9,13,29; 4-2-13,21,29, 33,34; 4-5-53]이다. 부모자녀 4군서 사회[4-2-3; 4-3-53,54]이다. 4군서 사회가 "부권" 세우기[신시본기4-3-33], "부도" 전용[4-1-39]의 배경이다.

"환웅"은 국호가 배달국이 출신은 "환족"[4-3-64,155]이다. "서자"[1-2-14; 4-3-31]이고, 동시대에 "웅씨녀"[1-1-12, 1-2-23], "웅녀군"[1-2-34; 4-3-27; 4-4-4,10], "곰", "범"[4-3-40; 4-4-18]의 4군서 무리와 공존/교류했다.[『삼국유사』, "고조선" 항목, 『고기』].

"부루"는 "단군"과 "하백녀"의 아들이고, 국호는 "조선"이다. 마한의 "계부(季父), 갑비"[4-4-188]는 부모자녀 사군서 사회를 전제해야 아버지가 여럿인 '막내 아버지' 상황을 이해할 수 있다. 이 "계부 갑비" 현상으로 "백제", "사마왕, 무녕왕"의 어머니가 남편이 두 명[형"개로왕", 아우"곤지"]이고 무녕왕의 아버지가 두 명인 풍습을 이해할 수 있다[『삼국사기』, 25대 무령왕, 『일본서기』, 무열왕기 4년].

이런 군서사회를 전제해야, 『환단고기』『태백일사』의 "남녀평권(男女平權)"과 "노소분역" 사회[환국본기 4-2-3], "부권(父權)" 세우기[신시본기 4-3-33], "부도(父道)" 전용[4-1-39]를 이해할 수 있다.38) 환국과 배달국의 4군

38) 조인성, 「한말 단군관계사서의 재검토-신단실기·단기고사·환단고기를 중심으로-」『국사관논총』 3, 1989./ 조인성, 「국수주의사학과 현대의 한국사학-고조선사를 중심으로-」『한국사시민강좌』 20 일조각, 1997./ 조인성, 「재야사서 위서론-『단기고사』, 『환단고기』, 『규원사화를 중심으로」『단군과 고조선사』 사계절, 2000./ 조인성, 「환단고기』의 단군세기와 『단기고사』, 『규원사화』」『단군학연구』 2 단군학회, 2000. 조인성은 『환단고기』의 4부사회의 남녀평권을 근대서구의 남녀 평등사상으로 오독한 후에 근대의 위서라고 주장한다. 조인성의 논증은 그의 주장이 모두 옳다 가정해도 형식논리적으로 위서가 아니라는 '합리적 의심을 할 여지' 의 반론가능성에 개방되어 있다. 조인성은 칼 포퍼가 지적한 역사주의자들처럼 반론에 대해 무감각하다.

서사회에서의 남녀노소평권과 현대 가족제도에서의 남녀평등과는 배경적 조건이 질적으로 다른 것이다.

『환단고기』의 적어도 「삼성기전 상/하」 「단군세기」 「북부여기 상/하」 「태백일사」의 환국본기, 신시본기, 삼한관경본기 마한세가 상/하, 번한세가 상/하, 소도경전본훈, 고구려국 본기가 대동사회를 포함했다는 것은 형식논리적 타당성을 확보했다.

7. 결론

형식논리학으로 진서들을 입증하였다. 그 입증의 목록에는 『사기』, 『역사』, 『바이블』, 『공화국』, 『삼국사기』, 『삼국유사』, 『제왕운기』, 『환단고기』, 『단기고사』 등 다양한 저작들이 있다. 이중에는 후대 저작으로 알려진 것으로 선대 저작이라고 알려진 것을 입증하여 이상해 보일 수도 있다. 이 중에는 전문가가 아니라면 결코 진위를 의심하지 않는 저작도 있다. 『역사』와 『바이블』은 전문가만 그 내용에 대해 의구심을 가지고 있다. 여기서는 『바이블』 '창세기'에서 누구나 의심하는 아담 930살을 진리라고 입증하였다. 그리고 『환단고기』, 『단기고사』 등도 진서라고 입증하였다. 물론 기존 번역에는 문제들도 있어 새로운 번역을 하였다. 아무튼 술이부작한 논리역사학이 옳다면, 형식논리학이 옳다면, 『환단고기』가 진서라는 것은 부정할 수 없다. 어떤 사람은 이 책의 10장 중에 오직 이 한 장에서만 『환단고기』가 등장해도 다른 편은 보이지도 않는다. 오직 『환단고기』는 위서다는 결론만 원한다.[39] 이것이 광기의 진수이다. 지금 형식논리학과 맞서 싸우려는 자가 있다. 역사학은, 역사과학은 뜻밖에 당파성의 학문이었다.

이제 1장-9장을 정리하면 다음이다. 첫째, 한국은 '누천년에 걸린' '자기망

39) 『환단고기』 '북부여기, 가섭원부여기' 3-3-1 ~ 19. 해부루와 금와의 연대는 『삼국사기』로 보아 부적절하다. 또 『환단고기』 『태백일사』 4-6-40 ~42. 동천왕의 평양은 요동 평양인데 대동강 평양에 '조천석' 등이 있는 무언가 부적절하다.

각'의 상태이다. 둘째, 누천년에 걸친 자기망각은 첫 단추를 잘못 꿴 이후 반복되었다. 셋째, 첫 단추를 잘못 꿴 이후 역사왜곡의 만리장성은 '누천년에 걸쳐 패러다임 차원'에서 진행되어 일차 왜곡이 이차 삼차 왜곡으로 확장된 상태이다.

넷째, 기존의 연구는 과거에 신화와 "괴력난신 거부"의 구별, 현대에는 "신화"와 "역사"를 구별하고, 결국 "괴력난신" 혹은 "신화"는 사실상 연구를 포기하고 역사만 연구한다. 소위 식민지 진단 실증사학이란 한 마디로 규정해서 한국사에서 초반을 "괴력난신" 혹은 "신화"로 몰아 역사연구의 대상에서 제거하는 것이다.

다섯째, 기존의 연구방법은 새로운 자료[사서]에 대해 진서 가능성 입증[40]과 위서 가능성을 입증[41]한 이후에 그것을 제대로 된 입증으로 착각하였다. 여섯째, 신화에서 과학적 연구불가능성과 과학적 연구가능성의 측면을 구별하였다. 일곱째, 저서에서 조작불가능성과 조작가능성을 구별하였다.

---

40) 고등과학원 박창범은 『단기고사(檀紀古事)』와 『단군세기(檀君世紀)』의 '오성취루'의 천문현상 기록을 현대 천문학으로 검증한 결과 기록보다 1년 전인 기원전 1734년에 기록과 비슷한 현상을 발견했다. '오성취루'의 천문기록은 당시의 국가라는 틀 안에서 측정했다는 것을 의미하며 후대에 누군가가 이 현상을 작위적으로 기술했을 경우 정답이 될 확률은 0.007퍼센트로 가필되었을 가능성은 희박하다고 한다. 전 한국천문연구원장 박석재도 비슷한 주장을 하였다. 박병섭의 2003년에서 2010년 사이 논문들과 저서.

41) 김상호, 〈고조선 문제를 둘러싼 노쟁과 금후의 과제〉, 『창작과비평』 1988년 가을호. 박광용, 〈대종교 관련 문헌에 위작 많다〉, 『역사비평』 10호, 1990년. 이도학, 〈재야사서 해제 『환단고기』〉, 『민족지성』, 1986년 11월호. 이순근, 〈고조선 위치에 대한 제설의 검토〉, 성심여자대학교, 1987년. 조인성, 〈『규원사화』론 첨보〉, 『경대사론』 3, 경남대학교, 1987년. 조인성, 〈현전 『규원사화』의 사료적 성격에 대한 일검토〉, 『이병도 구순기념 한국사학논집』, 1987년. 조인성, 〈『규원사화』와 『환단고기』〉, 『한국사시민강좌』 2집, 1988년. 조인성, 〈한말단군관계사서의 재검토-『신단실기』·『단기고사』·『환단고기』를 중심으로-〉, 『국사관논집』 3, 1989년. 문혁, 〈『환단고기』에 대한 사료학적 검토〉, 사회과학원-한국학술진흥재단, 2006년 등. 이상시, 『단군실사에 관한 문헌고증』(고려원, 1990년.)는 단군들의 재위연도를 비교한 후에 '장생'을 의심해서 재위연도가 짧은 『규원사화』 진서론을 주장하고 『환단고기』의 '장생자'에 대해 의심해 위서론을 제기한다.

여덟째, 알튀세르에 의하면, 수학의 대륙, 물리학의 대륙, 역사과학의 대륙이 있다면, 한국사에는 '간과된' '한국고대사의 대륙'이 있다. 아홉째, '간과된' 한국고대사의 대륙을 밝힐 비밀의 문들을 발견하였다. 열째, 비밀의 문들 중에 하나가 『삼국사기』와 『삼국유사』의 "해모수"이다. 열한번째, 『삼국사기』와 『삼국유사』에 각각 2번 등장하는 "해모수"에서 해모수가 3명이라는 것을 도출하였다. 열두번째, "해모수"가 3명이라는 것으로 북부여, 졸본부여, 고구려의 건국과 관련된 3명의 해모수를 구별하였다.

열세번째, "해모수"가 3명이라는 것에서 왕호신구토픽법과 장생법을 도출하였다. 열네번째, "해모수"가 3명이라는 것에서 '북부여-졸본부여-고구려 건국'과 '북부여-졸본부여-고구려 건국연대 사이의 자체모순으로 상향 필요성 발생'이다. 열다섯번째, 왕호신구토픽법에서 환국 부-모-자-녀 4부 대동사회를 도출하였다.

열여섯번째, "해모수"가 3명이라는 사실에서 얻을 수 있는 엄청나게 많은 획기적인 사실들 중에 하나로 『환단고기』는 왕호신구토픽법, 장생법, 그리고 대동사회가 나타난다는 점에서 진서라는 것을 입증할 수 있는 것도 포함된다. 열일곱번째, 『환단고기』가 진서라는 것을 증명하면서 여러 개의 그럴듯한 입증에 신경을 쓰기보다 누구도 부정할 수 없는 단 하나의 명확한 사실을 드러내기 위해 노력하였다. 장생자는 거의 1,000～10,000년간 잊혀져 과거 신화사의 비밀이기 때문에 『환단고기』에 나타난 장생자들은 조작불가능한 것이다. 이 입증은 박창범의 '오성취루' 입증[42]보다도 결정적인 것이다. '오성취루'는 세종조의 『칠정산』 이후에는 조작가능성에 열려있기 때문이다.

열여덟째, 『조선사 연구초』의 '조선역사상 일천년래 제일대사건'에서 주장한 '낭가사상'의 실상을 보여준다. 또 『조선상고문화사』, 『조선상고사』 등에서 주장한 고조선 3연맹체국설의 증거를 보여준다.

42) 박창범(1994) 「천문학상으로 본 단군조선의 역사성」, 『금호문화』107호, 금호문화재단, 1994.

이 책이 네 가지 주제들을 동시에 제출하는 이유는 만일 각각 하나 씩 제출하면, 하나를 내밀면 다른 것들이 부족하다고 지적할 것을 염려(念慮)하였기 때문이다. 다시 말해 '머리'를 설명하면 '몸통'과 '손 /발'이 없다하고 몸통을 설명하면 손/ 발과 머리가 없다하고 손/ 발을 설명하면 머리와 몸통이 없다하니, 이런 비난들을 한꺼번에 극복하기 위한 한 방법으로 동시에 제출하였다.

이제 앞서 출판한 『고조선을 딛고서 포스트고조선으로』의 내용도 결정적 가치를 가지게 되었다. 책의 내용은 대부분이 여전히 옳고 일부만 2판에서 교정할 필요가 있다. 어찌 되었든 만일 이 책 9장의 내용에 대과가 없다면 『고조선을 딛고서 포스트고조선으로』의 초판 가격은 시간이 갈수록 수 십 배로 올라갈 것이다.

10장 (1)

현대정치경제와 고대철학

1. 환단 민족주의

우리에게 민족이란 역사계승의식이다. 우리의 고대 역사계승 의식은 『삼국유사』 『고기』의 '환인-환웅-단군'의 계보이고, 『제왕운기』 '전조선기' 『본기』의 '환인-환웅-단군 고조선-예맥조선-동북부여-남북옥저-고례와 시라' 이다. 이후는 '고구려/백제/신라/가야/왜' 이후에 '삼국-남북조-고려-조선-임시정부-남북한'의 계보이다.

우리 역사는 고대사 왜곡과 현대사 왜곡이 상호 연결되어 있다. 우리 역사에서 고대사를 왜곡하는 세력은 현대사도 왜곡한다. 다시 말해서 우리 역사에서 현대사를 왜곡하는 세력이 고대사도 왜곡하는 세력이다. 우리 역사에서 고대사를 제대로 정립하는 세력이 현대사도 제대로 정립하는 세력이다. 우리 역사에서 현대사를 제대로 정립하는 세력은 고대사도 제대로 정립한다.

우리는 우리 민족을 통해 우리를 구성한다. 민족주의는 현대적 형태의 정체성 구성이다. 근대 민족국가시대에 민족은 상상의 공동체[1]이다. 인류는 현대에 와서 개인주의, 민족주의 그리고 인류라는 세 가지 범주를 만들었다. 인류는 종에 기반한 현대과학적 개념이다. 민족은 신화민족, 종족민족 그리고 시민민족으로 구성된다. 시민민족은 공통언어, 공통지역, 공통역사, 공통

1) Anderson(1983), Benedict Richard O'Gorman Anderson, *Imagined Communities*, London: Verso 1983.

혈족에 기반한 민족 개념이다. 종족민족은 공통지역, 공통역사, 공통혈족, 공통언어에 기반한 민족 개념이다. 신화민족은 공통역사, 공통혈족. 공통언어에 기반한 민족 개념이다.

한국인은 공통언어 한국어에 기반한 시민민족이다. 한국인은 공통가족 혈족에 기반한 종족민족이다. 한국인은 공통역사 한국건국신화에 기반한 신화민족이다. 시민민족으로서 한국인은 남북한, 조선, 고려, 신라, 발해, 고려, 사국, 고조선으로 계승된다. 종족민족으로서 한국인은 대동이 민족주의나 환단민족주의로 구성된다. 신화민족으로서 한국인은 환단민족주의로 구성된다.

우리는 우리 민족으로 우리를 구성한다. 우리 민족은 우리나라에서 우리의 민주주의를 통해 우리의 구성원의 범위를 확정한다. 우리는 우리 민족국가에서 우리 민주주의의 구성원으로 남한인, 북한인, 그리고 국외 동포들을 포함한다.

우리의 역사적 영토는 한반도, 만주, 한큰마당, 왜열도 등으로 구성된다. 고조선의 큰 앞마당은 스키타이족과 흉노족, 돌궐족, 몽골족이 놀던 지역이고 뒤 작은 마당은 조선 바다이다. 우리는 지구인이다.

한국 역사는 환인 환국 대동사회, 환웅 대인국 신시, 단군 고조선, 진한-마한-변한, 진조선-막조선-번조선, 번조선-기자조선(奇子朝鮮)-기자조선(箕子朝鮮), '진/번/방중국'='진/번/진국', '진/번 임둔', '진/번/삼한', 해모수의 북부여, 졸본부여의 동명, 고구려의 주몽, '고구려/백제/신라/가야/왜', '발해/ 신라', 고려, 조선, 남/북한 등의 계보로 이어진다.

환단민족주의는 배제 없는 포용의 민족주의이다. 현대 인간은 홍익인간의 보편적 권리로서 인권과 보편적 정치적 권리로서 거주권을 가진다. 환단민족주의는 민족국가의 시민권보다 지역 주민의 보편적 거주권을 우선적으로 지지한다.

2. 환인의 대동사회

현대 사회는 시장경제와 공동사회의 정신이 지배한다. 시장경제의 기원은 환웅의 신시, 즉 대인의 대인시이다. 시장경제는 환웅의 신시 즉 대인의 대인시 이후에 세계에 퍼져 상품과 화폐 경제로 오늘날까지 이어왔다. 공동사회의 기원은 환인의 대동사회로 부모자녀 4부사회이다. 부모자녀의 4부사회는 이후에 모든 공동사회의 기원이 되었다.

환인의 부모자녀 4부사회가 『예기』 "예운"의 대동사회, 스키타이족의 천제 제우스와 하백녀 보리테네스강신의 딸 사이의 각배-도끼-농기구의 삼형제, 스키타이족의 천제자 헤라클레스와 하백녀 사녀 사이의 각배-도끼-농기구의 삼형제, 플라톤의 『공화국』의 철인 부모자녀 4부사회, 그리고 『바이블』 '창세기'의 하나님-뱀-아담-이브 4부사회의 모델이다. 여기서 대동소유와 공동소유 개념이 도출되었다.

공동소유 이후에 개인 가족소유 사회가 등장한다.

개인 가족 이후에 스승-제자의 무소유 공동체가 등장한다. 『바이블』 '창세기'는 모세가 꿈꾸는 세상이 되고, 다시 예수가 꿈꾸는 12사도 공동체의 모델이 된다. 프란체스코 수도회는 청빈공동체를 만든다. 공자는 72제자의 공동체를 만들었다. 석가모니는 대중공사의 승가공동체를 만든다. 승가공동체에 교관겸수, 정혜쌍수가 등장하고 '정혜결사'가 나온다.

『자본』 1권 마지막에서는 원시공산사회-계급사회-미래 공산사회의 삼단계 발전도식을 '부정', '부정의 부정'으로 표현한다. 생산자 연합사회는 집단소유 속에 개인적 소유가 복권되는 것을 바란다. 『고타강령비판』에서 능력에 따라 일하고 일한 만큼 분배받는 사회를 원하고, 더 나아가 능력에 따라 일하고 필요에 따라 분배받는 사회를 이상시하기도 한다. 이런 공산주의는 어쩌면 코엔이 경험한 것처럼 소풍의 좋은 추억일 수도 있다.

우리는 환인의 후예로서 우리 조상의 환국 사회를 꿈꾼다. 우리는 우리의 환국 사회의 재건을 상수로서 항상적으로 꿈꾼다. 이것은 부정적 의미에서가 아니라 문자 그대로 우리의 고유 신화이다. 환인의 천국은 환상 속의 천국이 아니라 지상천국을 실현한 것이다. 환인의 나라가 동방의 꿈동산이다. 환인 하나님은 교회에서 천국을 건설한다. 진짜 천국을!

3. 환웅대인의 시장경제

오늘 한국에는 남북한으로 분단되어 남에서는 환웅의 시장경제를 이상으로 삼으며 살아가고 있고 북에서는 환인의 대동사회를 이상으로 삼으며 살아가고 있다. 남한에서는 시장경제에 추가해서 대동사회의 정신으로 기초임금을 수용해야 한다. 북한에서는 대동사회의 이상에 추가해서 현실적인 환웅대인의 정신으로 자유선거의 다당제를 수용해야 한다.

『정의론』[2]은 자유와 분배 정의를 지지한다. 시장경제는 사회를 활성화 시키는 장점도 있지만 빈부격차를 심화 시키는 폐해가 있다. 협업생산에서 최소 수혜자에게 최대 이익이 되게 분배하는 것은 폐해를 축소시키려는 덕목이다.

『20세기의 자본론』[3]에 의하면 주요 주장은 세 가지로 요약된다. 첫째, 자본주의에서 국민소득 중에서 자본가에게 돌아가는 몫인 자본소득분배율은 자본수익률*자본/소득 비율에 의해 결정되고, 둘째, 자본/소득 비율은 저축률/성장률이라는 단순한 법칙에 의해 결정되는데 인구증가율이 낮아지고 있으므로 성장률도 낮아질 것으로 전망되어 자본/소득 비율이 증가해서 소득분배구조가 앞으로 지속적으로 악화될 것이다. 셋째, 이처럼 악화될 것으로 전망되는 소득분배구조를 개선하기 위해서는 최고 한계세율이 80~90%에 이르는 고율의 몰수적 누진소득세와 글로벌 누진자본세를 부과해야

---

2) 롤즈 Rawls(1971; 국역 1977) *Theory of Justice*, 1971, 2001; 황경식 옮김, 『사회정의론(1971)』.

3) 피케티 Piketty(2014; 국역 2014) *Capital in the Twenty-First Century*; 장경덕(옮김) 『21세기 자본』.

한다.

환웅의 신시 시장주의에서는 재산세, 소득세, 부가가치세를 전자로 갈수록 누진세로 적용해야 한다. 환웅의 신시 시장주의에서는 시장경제로 전체 사회질서를 관리해야 한다. 신시 시장주의는 상품의 생산, 소비, 유통, 분배의 시발이다. 시장주의는 상황에 따라 우선시해야 하는 것이 다르다. 1991년 소련의 붕괴시기라면 중국은 소비시장부터 활성화해야 하였다. 인민들이 시장경제에 적응하면 서서히 국영기업을 민영화해야 한다. 1987년 구제금융 이후 고용포기시기라면 한국은 무상급식, 대학까지 무상교육해야 할 것이다. 시장경제는 입학시험과 무상교육을 교환할 수도 있다.

우리신화는 시장에서 상품을 사고팔면서 홍익인간을 잊지 않는 것이다. 환웅 대인은 절의 대웅전에서 성불을 전파한다. 진짜 성불을!

4. 남북통일과 왕호신구토픽

남북통일은 남한과 북한이라는 이질적인 체제를 통합해야 한다. 우리 역사에서 정치적으로 이질적인 체제가 평화적으로 통합된 적이 있는가? 있다. 평화적인 통일방법은 왕호신구토픽의 정치를 활용하는 것이다.

남북한의 평화적인 통일방법은 한 왕이 두 개의 왕국의 왕국을 통합하면서 두 개의 왕호를 사용해서 두 개의 통치 원리를 사용하는 것이다. 졸본부여 동명제는 원래 고두막한으로 정치적 독자세력이 되고 이후에 졸본부여를 건국해 동명제가 되고 다시 해모수가 되어 북부여를 통합하였다.

왕호신구토픽법의 역사적 사례는 주몽, 동명, 해부루, 해모수, 부루, 단군, 마한, 번한, 기자(奇子), 환웅, 대인, 환인천왕이 있다.

고구려 주몽왕은 먼저 주몽의 통치원리를 따르고 이어 졸본부여 동명제의 통치원리를 따라 동명성제 주몽으로 통치한다. 졸본부여 동명제는 먼저 졸본부여 동명제로 졸본부여를 통치하고 이어 해모수로서 북부여를 통치한다. 북부여 해모수는 홀승골성에서 해모수로 등극하고 이어 단군으로 백악산 아사달을 통치한다. 고조선 단군은 신단수의 단허에서 등극해서 단군이 되고 이어 아사달에서 왕검이 되고 환웅대인으로서 대인국을 통치한다. 대인국 환웅 대인은 환웅으로 신시를 건설하고 대인으로 두 개의 대인국을 통치하고 천왕으로 환인의 환국 대동사회를 통치한다.

왕호신구토픽의 통일관은 우리의 전래 통일관이다. 졸본부여 동명의 제국이 동명의 영역과 해모수의 영역이 선악의 경쟁을 하였다면 결국 그 나라는 붕괴되었겠지만 동명의 영역의 주체와 해모수의 영역의 주체가 선들의 경쟁을 하니 결국 동명의 제국이 되어 고조선의 영광을 회복하였다. 남북의 캐나다식 다민족연방제 통일안은 '선악의 경쟁'이 아니라 '선들의 경쟁'[4]의 관점을 가는 주체가 필요하다. 선악의 경쟁의식은 우리는 선이고 상대는 악이라 생각하기 때문에 상대를 전멸시켜야 하는 악으로 생각해서 상대가 전멸할 때까지 전투의식을 가진다. 선들의 경쟁의식은 내가 진리라고 생각하지만 상대도 차선이라고 생각하기 때문에 경쟁관계를 두 개의 선들 중에서 보다 좋은 선을 찾기 위한 과정이라 생각한다.

동아시아 공동체와 고조선의 3한 공동체

동아시아가 평화를 건설하는 방법은 무엇인가? 연맹제로 통일하는 것이다. 연맹체의 모델은 고조선 연맹체이다. 고조선은 진·번·방중국(眞·番·旁衆國)으로 삼한통일을 하고 진·번·진국(眞·番·辰國)으로 삼한통일을 한다. 이것이 전삼한(前三韓)이다. 이것은 후에 진·번·방중국(眞·番·旁衆國), 진·번·진국(眞·番·辰國)에서 방중국 즉 진국(辰國)은 삼한(三韓) 72국 공동체로 잔존하게 된다. 이것이 후삼한(後三韓)이다.

한국의 삼한 연방제는 북아메리카의 원주민 부족연맹체와 원리가 같다. 북아메리카의 원주민 부족연맹체는 미국 연방제의 모델이었다.

다민족 국가는 다수 민족과 소수 민족이 연방 주권과 주 주권이 1:1로 해

4) Taylor(1989: 53-90) Charles, ***Sources of the Self: The Making of the Modern Identity*** (Cambridge: Harvard University Press, 1989).

서 다민족 연방제[5]를 건설해서 평화를 추구할 수 있다. 이것이 캐나다 모델이다.[6] 남북한은 소민족연방제로 통일할 수 있다. 남북한과 몽골은 중민족연방제로 통일할 수 있다. 남북한, 몽골, 중국, 대만, 일본, 베트남은 7국 다민족 연방제로 통일할 수 있다.

5. 역사연구와 민족 정체성

민족은 역사를 통해 형성된다. 민족의식은 역사연구를 통해 탄생한다. 한국민족의 희망은 어쩌면 민족정체성을 구성하는 한국 고대사 연구에 있다. 우리는 인류전체와 대동하기 위해서는 진리를 추구하고 대동세상은 모든 약자들, 빈자들의 복지의 실현정도로 점검된다. 진정한 교회에서는 하나님의 천국을 지상에 건설해주고 진정한 절에서는 대웅의 성불을 실현시켜 줄 것이다.

진실한 역사연구를 시작하자. 우리는 우리 주변에 한국고대사의 대륙을 무시하는 이데올로기층의 압력 하에 포위되어 있다. 우리는 역사연구에서 검증을 필요로 한다는 점에서는 실증주의자이고 허위 가능성 이론자이지만 "괴력난신"과 "신화"연구를 통째로 포기해야한다는 의미의 '실증주의자들'과는 전혀 관계가 없다.

우리는『삼국유사』"고조선" 항목을 우리 역사의 시발이라 하지만 이제까지 그 구절 하나도 제대로 해석하지 못하였다. "영애일주, 산이십매(靈艾一

---

5) 킴리카 Kymlicka(2001: 114-119; 국역 2013: 161-164), *Politics in the vernacular: nationalism, multiculturalism, and citizenship*, Oxford University Press, 2001; 국역 박병섭 옮김,『자기언어의 정치-다문화주의 개론-』실크로드, 2013. ; Kymlicka (2009), "Multination federalism" in Baogang He, Brian Galligan and Takashi Inoguchi, *Federalism in Asia*, (Aug 30, 2009) 33-56.

6) Choudhry(2007: 141-172), Sujit, "Does the World Need More Canada? The Politics of the Canadian Model in Constitutional Politics and Political Theory"; Choudhry & Hume(2010) Sujit Choudhry & Nathan Hume, "Federalism, Secession & Devolution: From Classical to Post-Conflict Federalism."

炷, 蒜二十枚)” 해석에서 기존의 해석과의 차이에 주목하라.

『삼국유사』 1권, 1기이, 고조선

부분-1: “『고기』에는 이렇게 말한다. ‘옛날에 **환인**의 **서자[서자부] 환웅**이란 이가 있어 자주 천하를 차지할 뜻을 두었다. 그래서 사람이 사는 세상을 탐내어 구하였다. 그 아버지가 아들의 뜻을 알고 아래로 삼위태백을 내려다보니 ‘크게 사람을 돕는 일’을 해 줄만 했다. 이내 천부인 3개를 주어 가도록 허락해서 인간을 다스리게 하였다.” 부분-2: “웅은 **무리** 3000을 이끌고 태백산정 신단수 아래로 내려갔다. 장소는 신시라고 하고 이 사람은 **환웅천왕**이라 한다. 장수 풍백, 우사, 운사와 주곡[경제부서: 농업, 어렵, 수렵관리], 주명[정치徒籍부서: 출생, 결혼, 사망관리], 주병[의료부서: 건강, 복지, 보험관리], 주형[법과 군사부서: 헌법-형법-민법-상법관리와 경찰-군대관리], 주선악[윤리-예측과 교육-언론부서: 윤리도덕, 점, 교육, 언론], 그리고 무릇 인간 360여사[360도 원형의 일년생활 절기일정표][7]를 주관하고 재세이화했다.”[8] 부분-3.1: “이때 **곰 한 마리**와 **범 한 마리**가 같은 동굴에 살면서 신웅에게 항상 기도하면서 사람되기를 원했다. 이때 신웅이 <u>**신령스러운 쑥 한 심지**</u>와 <u>**달래 20개**</u>를 주면서 말하기를 ‘당신들이 이것을 먹고 백일 동안 햇빛을 보지 않으면 곧 사람이 될 것이다’ 했다. 이에 곰과 범이 이것을 받아서 먹고 삼칠일(3·7일) 동안 삼가서 곰은 여자 몸이 되었고, 범은 금기를 지키지 못해서 사람이 되지 못했다.”[9] 부

---

7) 360여사(餘事)는 360 이후 약간 더 있다는 의미로 365+1/4년 1년을 의미한다. 주역의 64 괘도처럼 절기를 원형의 궤도로 배열해 표현한다. 360여사는 1년 절기표이다. 당시 천문학 수준은 1년을 파악할 수 있다. Needham(1959; 국역 2000).

8) 『삼국유사』 1卷-1紀異-古朝鮮-02 〈古記〉云: 雄率徒三千, 降於太伯山頂(卽太伯, 今妙香山.) 神壇樹下, 謂之神市. 是謂桓雄天王也. 將風伯雨師雲師, 而主穀主命主病主刑主善惡凡主人間三百六十餘事, 在世理化.

9) 『삼국유사』 1卷-1紀異-古朝鮮-02 〈古記〉云: 時有一熊一虎, 同穴而居, 常祈于神雄, 願化爲人. 時神遣靈艾一炷, 蒜二十枚曰: “爾輩食之, 不見日光百日, 便得人形.” 熊虎得而食之, 忌三七日, 熊得女身, 虎不能忌, 而不得人身. 신이 곰과 범에게 준 신령한 쑥 한 심지와 달래 20개는 쑥 심지의 등잔문명과 달래의 식용/ 약용문화 문제이다. 약용문제라면 장생불멸 신선체험 혹은 무(巫)의 접신체험 문제이다. 식용문제라면 달래양념을 추가한 음식조리법의 문제이거나 동물(곰과 범)의 육식에서 인간(환인-환웅)의 채식으로의 변화문제이다. 오늘날도 동물권자로서 채식이 윤리의 문제라 생각하는 사람은 동일한 문제의식을 가진 것이다.

분-3.2: "웅녀가 혼인할 자가 없자 신단수 아래에서 잉태하기를 축원했다. 웅이 거짓으로 변해서 혼인하고 잉태해서 아이를 낳았다. 이 아이가 **단군**왕검이다."[10)]

"靈艾一炷(영애일주)"는 "신령스러운 쑥 한 심지"이다. 그런데 '신령스러운 쑥 한 심지'는 '신령스러운 쑥 한 줌', '신령스러운 쑥 한 무더기', '신령스러운 쑥 한 타래' 등으로 왜곡되어 누천년에 걸친 패러다임 차원의 왜곡의 현대판들을 전시해 보여준다.

"蒜二十枚(산이십매)"는 "달래 20매"이다. 그런데 '달래 20매'는 '마늘 20매'로 변형된다. 원래 "蒜(산)"는 "달래"이고 "胡蒜(호산)"이 '마늘'이다. '달래'는 한국이 원산지이지만 '마늘'은 중앙아시아가 원산지이다.

만일 '달래'라면 환국-환웅-단군 신화는 우리나라의 고대 신화가 되지만, '달래' 자리에 그 대신에 마늘로 왜곡되면 환국-환웅-단군 신화는 고려시대 창작의 신화가 된다.

한국사와 세계사는 하나로 연결되어 있다. 세계사 이해 없는 한국사 이해는 무모하다. 세계사에 초강대국은 고조선, 몽골대제국, 미국이 있었다. 고대사에서는 한국고대사의 대륙이 세계사의 비밀들을 해명하는 열쇠이다. 현대사와 전근대사에서는 강대국의 역사를 이해해야 한국사를 이해할 수 있다.

환단 역사독립군은 세계사 속에서 한국 통사로 '환국 환인' - '환웅 대인국' - '단군 고조선의 3국 연맹' - '해모수 북부여' [진·번·방중국 = 진·번·진국] - '동명 졸본부여' [진·번·삼한] - '주몽 고구려/ 박혁거세 신라/ 온조 백

10) 『삼국유사』 1卷-1紀異-古朝鮮-02 古記云: 熊女者, 無與爲婚, 故每於壇樹下, 呪願有孕, 雄乃假化而婚之 孕生子, 號曰, 壇君王儉. 웅녀가 잉태를 원한 것은 웅녀 페미니즘으로 여성권의 처녀권과 모권을 요구한 것이고 웅이 이 요구를 수용한 것이 신에서 인간으로의 가화(假化)이다. 곰-웅녀가 사람이 되는 생활변화의 고통을 감수했다면 환웅은 결혼제도변화라는 가화의 고통을 감수하는 상호존중의 정신이 있다. 그 후 결혼해서 아들이 낳으니 단군왕검이다. 단군왕검은 상호존중의 원리의 최종 결정판이다.

제/ 수로 가야/ 의라 왜' - '대조영 발해/ 문무왕 신라' - '고려 왕건' [요/ 금/ 원] - '조선 이성계' [청] - 대한제국기 - '대일항쟁기 - 임시정부' [일제강제점거기] - '대한민국/ 북조선' [몽골]의 계통을 연구한다.

고려시대에 김부식, 일연, 이승휴, 이규보가 한국인 정체성을 구성하였다. 근대에 단재 신채호는 '조선역사상 일천년래 제일대사건'에서 사대주의의 역사왜곡이 고려 김부식 이래 등장하였다고 주장하고, 또 『조선상고사』의 3조선 연맹국설을 제시하였다. 단재는 근대에 한국인 정체성을 제시한 사람이다.

10장 (2)

역사독립군

1. 386

우리는 누구일까? 나는 1980년대에 비트겐슈타인, 헴펠, 그리고 포퍼를 공부하였다. 우리는 대동 세상을 꿈꾸었다. 우리는 붉은 색을 좋아 하였다. 붉은 색은 적색(赤色), 홍색(紅色), 단색(丹色)이 있었다. 우리는 그중 한색을 일편단심(一片丹心) 좋아 하였다. 희철이와 문익이는 알을 깨고 나오려 하고 나는 밖에서 그 껍질을 깨 주었다.

나는 알튀세르와 프랑스 구조주의, 그리고 포스트구조주의를 공부하였다. 자성의 시대에 두 개의 자기진단 테스트 질문만이 남아 깃발이 나부낀다. "이 가방은 누구의 것입니까?" "미리 믿지도 말고 미리 의심하지도 마라." 겨울철이 되자 소나무가 언제나 푸른 것을 알게 되었다. 세한도(歲寒圖)가 아름다운 것을 체험의 눈으로 보았다. 소나무는 언제나 푸르다 해도 모든 소나무가 세한도가 되지는 않았다. 나는 완벽하게 단독자가 되었다.

나는 찰스 테일러, 윌 킴리카, 존 롤즈 등을 공부하였다. 선들의 경쟁의식, 다문화주의 등도 지지하였다. 나는 '다문화주의 시민권'보다 '주민들의 거주권'(부산대 로칼리티 사업단)이 보편화되는 것을 희망한다. 나는 한국철학, 한국사, 한국신화도 연구하게 되었다. 보편주의 국제주의자로 살아왔고 한국사는 부차적인 것이었다. 태극 도형에서 두 문양이 상호 돌듯이 세상도 꼬이고 삶도 꼬이고 공부도 꼬여 나도 민족에 대해서도 주목하게 되었다.

2. 전위조직 대동계

1929년 대공황은 과잉상품공황이었다. 그 후 레닌과 케인즈가 등장하였다. 전쟁 때문인지 레닌이나 케인즈 덕인 그냥 세월 탓인지 공황이 잠잠해졌다.

2008년 대공황은 과잉설비공황이 일어났다. 열 명 중 두 명이 직업을 가지고 있고 여덟 명이 사실상 실직자인 세상이다. 일하는 둘은 일 년에 연봉이 2-3억이고 나머지 여덟 명은 1-2천으로 근근이 생존한다. 개인적으로 아무리 노력해 보아도 방법이 없는 절망의 시대이다. 각종 미신이 판을 친다. 실내에서 노래 소리가 높고 거리에서는 침묵하는 세상이다. 매주 매달 되풀이 되는 미신 속에서 서서히 사람들이 죽어간다. 실내에서는 세미나를 하고 거리에서 노래 소리가 들리는 세상이 되어야 할 것이다.

대동사회를 꿈꾸는 민족주의 전위조직을 만들려고 한다. 대동사회를 꿈꾸는 사람들을 조직하려 한다. 전국에 조직을 만들려고 한다. 보편적인 대동사회를 건설하기 위해서 한국사를 함께 연구하고 지킬 사람들을 찾는다. 이곳에는 아무 것도 없다. 권력도 부도 없고 심지어 명예조차 없다. 1910년에 나라가 일제에 강점당할 때 단재 신채호는 한국사를 연구하였다.[1] 1919년 조소앙은 삼균주의를 주장하였다. 균등은 정치, 경제, 교육이다.

한국에 한국사를 연구하는 조직들을 만들기는 쉽지 않을 것이다. 이곳은 겉보기와 달리 당파성이 흐르는 것이기 때문이다. 한국사를 연구하는 조직을 만들 수 있다면 한국은 결국 초강대국으로 발전할 것이다. 이 조직은 한국사를 연구하고 약자를 돕는 그런 활동을 할 것이다. 삼균주의 중에서 교육균등은 반드시 실현해서 교육비 무료와 무상급식이 실천되는 그 날까지

---

1) 신채호 저, 『독사신론』, 『조선역사상 일천래 제일 사건』, 출전 『한국의 근대 사상』, 삼성출판사, 1981-83.; 신채호 저, 『조선상고사 상, 하』, 일신서적, 1995. 1999.(삼성미술문화재단, 1977-1980); 형설출판사, 1988.3.1.; 단재신채호선생기념사업회, 1998. 2.20.; 신채호, 1937, 『조선상고사』, 일신서적출판.; 신채호저·박기봉 옮김, 2007, 『조선상고문화사』, 비봉출판사.

조직을 발전시킬 것이다.

3. 역사독립군

역사독립군의 세 가지 실천전략을 제시한다. 세 가지 실천전략은 첫째 진실한 역사를 연구하자, 둘째 환단불멸명상으로 성통공완의 요가를 실천하자, 셋째 환인 하나님의 지상천국 환단세계를 실현하기 노력하자는 것이다.

첫째, 역사독립군은 각 대학과 노조에 '역사독립군'을 마련해야 한다. 환단 역사독립군은 매 경우마다 엄격한 형식논리적 입증에 입각해서 환단역사를 파악한다는 점에서 다른 접근과 차이가 난다. 임의적인 자신 확신의 주장들을 역사연구로 혼동하지 않는다. 환단 역사독립군은 형식논리로 도출한 결론들을 술이부작(述而不作) 해서 한국사의 계보를 구성한다. 임의적인 부연설명을 추가하지 않는다.

한국신화역사라는 새로운 분야와 그 자료들을 연구한다. 이 자료들은 『그리스-로마 신화』와 마찬가지로 현재 방대하다. 『그리스-로마 신화』가 로마시대에 정리된 자료라면 한국신화는 당대의 인식을 반영하고 있다.

그 사료는 『삼국사기』, 『삼국유사』, 『환단고기』, 『사기』 "조선열전", 『한서』 "조선전", 『후한서』, 『삼국지』의 '동이전' 등이다. 또 단재 신채호의 『조선사 연구초』, 『조선상고문화사』, 『조선상고사』 등에 입각한다.

연구서: 『고조선을 딛고서 포스트고조선으로』

둘째, 환단불멸신공, 명상요가, 그리고 학교를 설립하는 것이 필요하다. 이것은 간단히 말해 육체적으로는 건강법이고, 정신적으로 명상법이다. 유사활동으로는 태견, 태권도, 합기도, 유도, 주지수 등의 운동이다. 유사연구로는 정신분석학 연구와 다중인격연구, 접신체험연구, 뇌과학 및 뇌공학 등이 있다.

일, 환단 공부는 이승과 저승의 비밀을 파악하고 환단불멸신공을 수련한다. 오늘날 무당은 돈벌이가 되기 때문에 가짜 무당이 판을 치는데, 최소한

환단불멸신공을 익히면 과거 1000년 전에 진짜 무당과 가짜 무당을 나누는 기준을 배울 수 있다.

일, 환단 공부는 명상으로 하나의 세계에 도달하여 성통공완에 도달한다. 환단 명상공부는 논리학과 한국요가, 그리고 한국무술로 구성된다. 환단 명상공부를 하면 최소한 1000년 전에 전승된 당대의 요가와 무술들의 특성을 알게 된다.

셋째, 우리의 환인 환국이래의 환단민족사를 연구해서 환인 하나님의 지상천국 전통을 오늘에 되살리자. 우리는 고대에서 우리사회의 원형으로서 환국의 대동사회를 우리 정체성의 뿌리로서 소중하게 생각한다. 환국의 대동사회가 플라톤의 『공화국』의 철인정치와 『바이블』 "창세기"의 에덴동산의 천국을 이해하는 열쇠이다. 환인 하나님의 환국이 『바이블』 하나님의 천국의 원형이다.

일, 우리는 현대에서 임시정부에서 제시한 국가와 헌법 모델을 소중한 유산으로 간직한다. 임시정부는 정치, 경제, 교육의 삼균주의를 이념으로 한다. 단재의 '조선혁명선언'은 우리의 환단민족주의의 전통이다.

일, 우리는 남북통일의 소민족 연방제를 지지하고, 한-몽 중의 중민족연방제를 지지하고, 여러 동이국가들간의 동이대민족주의의 동이연방국을 지지하고, 환단국들간의 환단대민족연방제를 지지한다. 우리는 우리 환단민족을 사랑하고 단결하여야 한다. 우리는 환단민족의 무궁한 발전을 위해 환단국토, 환단주권을 지지한다.

일, 우리는 환단민족은 대동단결을 위해 세금제도를 대동사회의 정신에 맞게 마련해야 한다. 환단민족주의는 민족통일을 지향하지만 침략적 전쟁과 동족에 대한 착취를 거부한다. 한국은 대동사회를 건설해서 세계 최고의 자살율에서 벗어나야 한다. 환단민족주의는 세월호참사의 희생자들, 일제불법강점기(1910~1945) 일본군 성노예들, 1945년 이래 미군 성노예들 등을 방지하고 돕기 위해 적극적으로 노력해야 한다.

역사식민지 시대의 역사독립군의 위력

이 책은 엄격한 학술적 기준에 입각하고 있다. 모두 술이부작한 논리역사학이다. 제출된 개개 역사독립논문은 한국연구재단의 학술지에서 누구에게 가느냐에 따라 통과되기도 하고 거부되기도 한다. 통과와 거부 사이에는 보이지 않는 당파성의 긴장이 흐른다. 토픽(이론, 이데올로기)에서 이론이 아무리 옳다 해도 대중이데올로기 형태로 전진하지 않으면 공허하다.

역사독립군은 '정혜결사(定慧結社)'처럼 한편에는 역사공부를 다른 한편에는 명상공부를 할 수 있다. 역사독립군은 한편에는 정의를 한편에는 양심을 추구한다. 역사독립군은 한 손에는 역사책을 들고 다른 한 손에는 직업의 책을 들고 전진한다. 역사책은 인간으로서 기본 사회화의 문제이다. 직업의 책은 현재 사회에서의 생존문제이다. 한 사람이 제대로 된 삶을 살기 위해서는 두 가지 일을 동시에 해야 한다. 직업이 사람의 개인적 생활을 보장하고 역사가 사람의 삶에 의미를 부여한다.

4. 역사독립군 모집공고

각 지부에서는 인재를 구한다. 우리가 줄 것은 일제강점기라면 친일파도 부일파도 아닌 독립운동가로 살 길을 준다. 영원히 오지 않을 것 같던 일제강점기도 36년을 다 채우지 못하였다. 누구도 탐내지 않던 바로 그 길이 바로 우리의 길이다.

우리는 한국이 대동사회의 대인국의 초강대국이 되는 길에 함께 할 길을 준다. 우리는 36년 내에 변할 것이다. 곧 명문대와 외국 유학을 자랑하지 않고 역사독립운동을 자랑할 것이다. 사람은 밥만으로 사는 것이 아니라 삶의 의미도 먹고산다.

일제강점기 독립운동군은 독립 이후에 부귀를 얻어야 했을까? 독립 이후에는 바람처럼 사라져야 했을까? 왜 아무도 이런 질문을 하지 않았을까? 당대 다수는 어차피 일제강점기가 지속될 것이라 믿어서 어차피 무의미한 쟁점이었기 때문이다. 그런 일제강점기도 1910년에서 시작해서 1945년에 결국 끝났다.

역사독립군은 역사독립 이후에 무엇을 얻어야할까? 독립 이후 바람처럼 사라져야할까? 역시 무의미한 쟁점이라 생각할 것이다. 지금 새로운 역사의식의 정체성도 어차피 힘을 얻지 못할 것이라 믿을 것이다. 이런 역사독립군도 결국 이길 것이다. 역사독립군의 승리의 시기가 일제강점기 기간보다 길지는 않을 것이다.

역사독립군은 대학별로 직장별로 지역별로 해외별로 지부대표를 두고 운영한다. 역사독립군은 참여하면 '한국인 정체성'의 '진리'와 함께 할 것이다. 이것이 "진리의 정치"이다. 역사독립군이 되면 역사독립운동을 해야 한다. 그것은 역사공부를 하고 다른 사람과 함께 역사책을 읽어야 한다.

역사독립군에 현재 참여자는 공부를 한 후에 '진리'라는 것은 인정하였지만 그것을 대중을 '설득'할 수 있을지 자신하지 못하였다. 각각 천만 명을 설득할 수 있다고 주장하였다. 눈이 동그래져서 먼 소리냐 고 말하였다. 간단히 말하였다. 우리는 아주 다양하다. 최고학벌에 사회적 지위가 있고 게다가 지극히 비판적인 젊은이에서 직장을 찾는 실업자들까지 나섰기 때문에 판도가 달라질 것이라고 말하였다. 우리는 서로 도와야 한다.

역사독립군에 가담하면 전업직업이든 다른 일 하면서 병행하는 부업이든 역사식민지 시대에도 생존은 할 수 있다. 일제강점기에 독립군이 생존하였듯이 그렇게 생존할 수 있다. 전업 역사독립군도 삶을 가치 있게 만드는 방법이다. 대일 항쟁기에도 전업 독립군은 있었다. 전업 독립군은 월급을 받아야 할 것이다. 역사소설, 역사 드라마, 문화콘텐츠, 게임 산업 등의 문화산업에 종사할 수도 있다. 법대, 의대, 외국유학 등과 병행도 가능하다. 대동 형제자매가 남녀가 노소가 함께 도울 것이다. 함께 대동으로 어울려 보자.

[동양단행본]

고준환, 『신명나는 한국사-한민족 반만년 대륙의 영광사』, 인간과자연사, 2005.10.
김산호, 『대한민족통사(통합판)』, 다물넷, 2013. 7.
박병섭, 『포스트 고조선-고조선을 딛고서- '한단고기' 우리 역사 되짚기 프로젝트』, 창과거울, 2008. 7.
박성수, 『한국인의 역사정신』, 석필, 2013. 10.
심백강, 『한사군의 낙랑-사고전서 사료로 보는』, 바른역사, 2014.
우실하, 『동북공정 너머 요하문명론』, 소나무, 2007. 4.
이덕일·김병기, 『고조선은 대륙의 지배자였다』, 역사의아침, 2006. 11.

[동양번역서]

공자, 장현근 옮김, 『논어』, 서울: 지만지고전천줄, 2009.
계연수 편저, 이기 교열, 『환단고기』, 배달의숙, 1979년. 『환단고기』 2본 [숙명여대 도서관의 PDF판 : 편의상 "『환단고기』 영인2종 원본"]
__________________, 단단학회편, 『환단고기』, 광오이해사(조병윤 제공), 1979년. [국립중앙도서관의 PDF판 : 편의상 "『환단고기』 영인1종 원본"]
__________________, 전형배 엮은이-단학회 연구부 엮음, 『환단고기』 1. 역주본, 장구본 2. 인명·지명·서목관련기사, 3. 대배달민족사연표, 코리언북스, ["『환단고기』 영인2종 원본"계], 1998.
국사편찬위원회, 『중국정사 역주 조선전 1,2,3,4,』, 1990.
_____________, 이민수 편역, 『조선전』, 탐구신서67, 참조(『사기』, 『한서』, 『후한서』, 『삼국지』 등), 1983.
김부식, 이병도 옮김, 『삼국사기』 상·하, 서울: 을유문화사, 1983.
대야발 원저, 정해백 감수, 유태우·정창모 번역, 『단기고사』, 음양맥진출판사,

1984-1993.
신채호, 『독사신론』, 『조선역사상 일천래 제일 사건』, 출전 『한국의 근대 사상』, 삼성출판사, 1981-83.
———, 『조선상고사』 상·하, 일신서적, 1995. 1999.(삼성미술문화재단, 1977-1980); 형설출판사, 1988.3.1.; 단재신채호선생기념사업회, 1998.2.20.; 신채호, 1937, 『조선상고사』, 일신서적출판.
신채호, 박기봉 옮김, 『조선상고문화사』, 비봉출판사, 2007.
윤내현 엮음, 『사료로 보는 우리 고대사-동북공정 논란을 둘러싼 진실게임』, 지식산업사, 2007. 2.
일연, 이민수 역, 『삼국유사』, 을유문화사, 1975-1976.
————————, 『삼국유사』 상·하, 삼성미술문화재단, 1975-1976.
————————, 『삼국유사』 상·하, 범우사, 1975-1976.
정재서 역주, 『산해경』, 민음사, 1985-1995.
박일봉 편역, 『산해경』, 육문사, 1995.
최형주 해역, 『산해경』, 자유문고, 1996.

[동양 인터넷 자료]

국사편찬위원회 한국사데이터베이스 http://db.history.go.kr
한국고전종합DB http://db.itkc.or.kr/itkcdb/mainIndexIframe.jsp
한국사 사료연구소 http://hsy.eoneo.com/ (구)
한국사 사료연구소 http://www.clepsi.co.kr/eduline/hsy/ (구)

[국문번역서]

롤즈 Rawls(1971; 국역 1977) Rawls, John, ***Theory of Justice***, Revised Edition, The Belknap Press of Harvard University Press Cambridge, Massachusetts. 1971, 2001; 롤즈, J. (지은이), 황경식(옮긴이) 『사회정의론(1971)』, 서광사, 1977, 1985.
새먼 Salmon(1983; 국역 2010) Wesley C.(Author), ***Logic*** (Prentice-Hall Foundations of Philosophy Series) [Paperback](Sep 1983); W.C. 새먼(지은이), 곽강제(옮긴이) 『논리학』 박영사, 2010. 2.

알튀세르 Althusser(1965; 영역 1969, 1977; 국역 1990), Louis. ***Pour Marx***, Collection 『théorie』, Maspero, 1965.; ***For Marx***, (Translated by Ben Brewster, 1969, NLB, 1977); 고 길환, 이 화숙 역, 『마르크스를 위하여』, 백의, 1990.

알튀세르 Althusser(1965; 영역 1970; 국역 1991), Louis. ***Lire le Capital***, Collection 『théorie』, Maspero, 1965(en collaboration).; Louis Althusser, Étienne Balibar, ***Reading Capital***, (Translated by Ben Brewster, 1970, Verso, 1979); 김 진엽 역, 『자본론을 읽는다』, 두레, 1991.

알튀세르 Althusser(1988, 1994 ; 국역 1997), Louis. ***Sur la philophie***(1988), Gallimard, 1994.; 서관모, 백승욱 역, 『철학에 대하여』, 동문선[좋음], 1997.

알튀세르 Althusser(1965; 영역 1970; 국역 1991), Louis. ***Lire le Capital***.; ***Reading Capital***; 『자본론을 읽는다』, 김 진엽 옮김. 역두레.

쿤 Kuhn(1996; 국역 1980), Thomas Samuel. ***The Structure of Scientific Revolutions***, University of Chicago Press; 『과학혁명의 구조』, 조형 옮김. 이화여자대학교출판부.

킴리카 Kymlicka(2002; 국역 2013), Will. ***Politics in the Vernacular -Nationalism, Multiculturalism and Citizenship-***, 『자기언어의 정치, 다문화주의 개론』 박병섭 옮김. 서울: 실크로드.

포퍼 Popper(2002, 국역 2001), Karl. ***Conjectures and Refutations: The Growth of Scientific Knowledge*** (Routledge Classics) by Karl Popper (Aug 11, 2002); 칼 포퍼(지은이), 이한구(옮긴이), 『추측과 논박 1, 2-과학적 지식의 성장』, 민음사, 2001.

피케티 Piketty(2014), Thomas. ***Capital in the Twenty-First Century*** (2014년); 토마 피케티(지은이) 장경덕(옮긴이) 『21세기 자본』 이강국(감수) 글항아리, 2014. 9.

헴펠 Hempel(1966; 국역 2010), Carl Gustav. ***Philosophy of natural science*** (Prentice-Hall); 『자연 과학 철학』 곽강제(옮긴이). 서울: 서광사.

[서양단행본]

Anderson, Benedict Richard O'Gorman, ***Imagined Communities***, London: Verso 1983.

Bellah, Robert. "Religious Evolution", in his collection ***Beyond Belief***, New York: Harper & Row, 1970: 20-50.

Choudhry, Sujit & Nathan Hume, "Federalism, Secession & Devolution: From Classical to Post-Conflict Federalism", in T. Ginsburg and R. Dixon, eds., ***Research Handbook on Comparative Constitutional Law*** (Edward Elgar Publishing, forthcoming 2010) (with N. Hume)

Choudhry, Sujit, "Does the World Need More Canada? The Politics of the Canadian Model in Constitutional Politics and Political Theory" 2007. 5 ***International Journal of Constitutional Law*** 606-638. reprinted in S. Choudhry, ed., ***Constitutional Design for Divided Societies: Integration or Accommodation?*** (Oxford: Oxford University Press, 2008) 141-172.

Daniels, Robert V., ***Studying History-How and Why-***, Prentice-Hall, INC., 1966.

Evans-Pritchad, "The Divine Kingship of the Shilluk of the Nilotic Sudan", in ***Socail Anthropology and Other Essays***, A Free Press Paperback: 192-212, in ***Essays in Social Anthropology***, Faber & Faber, 1962: 70-85.

Gooch, G. P. ***History & Histirians in the Nieteenth Century***, Beacon Press Boston, 1968.

Hexter, J. H., ***Doing History***, Indiana University Press, 1971.

Kahane, Howard, ***Logic and Philosophy-A Modern Introduction-***, Wadsworth Publishing Company, Inc., Belmont, California, 1969.

Kracauer, Siegfried, ***History -The Last Things Before the Last***, New York Oxford University Press, 1969.

Kymlicka, Will, "Multination federalism" in Baogang He, Brian Galligan and Takashi Inoguchi, ***Federalism in Asia***, (Aug 30, 2009) 33-56.

Momigliano, Arnaldo. D., ***Studies in Historiography***, Harper & Row, Publishers, 1966.

Smith, Page, ***The Historian and History***, New York: Alfred·A·Knopf, 1964.

Strayer, Joseph R., Jacques Barzun, Hajo Holborn, Herbert Heaton, Dumas Malone, George La Piana, ***The Interpretation of History***, New York Peter Smith, 1950 ed.

Taylor, Charles, ***Sources of the Self: The Making of the Modern Identity*** (Cambridge: Harvard University Press, 1989)

Taylor, Charles, ***A Secular Age***, The Belknap Press of Harvard University Press, 2007.

Trueman, John H. ***The Anatomy of History***, J. M. Dent & Sons (Canada) Limited, Toronto, 1967.

[학위논문]

박병섭, 『알튀세르의 유물론 철학과 정신 분석학』, 한신대 경제학과 석사학위 논문, 1993.

_____, 『논어 속의 공자 사상 연구-공자의 생애, 6예, 사상, 제자들-』, 전북대 철학과 석사학위 논문, 2002.

_____, 『C. Taylor의 근현대성 비판-자아정체성의 서사를 중심으로-』, 전북대 철학과 박사학위논문, 2005. 8.

박병훈, 「신채호의 전·후삼한설에 대한 연구」, 전주대 박사학위 논문, 2013. 2.

양승호, 「알튀세르와 푸코의 지식론 연구」, 전북대 박사학위 논문, 1999.

[국문논문(학술지)]

박병섭, 「고조선과 스키타이족 문화에 나타난 한국 철학의 시원」, 『단군학연구』 제15집, 2006, 87-135쪽 = 철학(3)

_____, 「단군의 계보와 고구려 기록들-「호태왕비 문」, '안승 책봉문', 『류기』 100권을 중심으로」- 『단군학연구』 제14집, 2006, 247-291쪽 = 역사8

_____, 「환웅, 삼조선과 부여·고구려·요·금·원·청의 계보-지식형태사에 입각한 한국과 방계의 역사-」『단군학연구』 제16집, 2006, 137-185쪽 = 역사9

_____, 「역사 발전 법칙의 문제: 천문학사의 쟁점」, 『범한철학 제41집』, 2006-1: 171-201쪽, 2006. 6.30.

_____, 「단군조선과 한국고유철학(2)-「천부경(天符經)」-『단군학연구』 제18집, 2008, 267-305쪽. = 철학(5)

_____, 「고구려 주몽왕의 계보와 건국 장소 및 시점-『삼국사기』와 『호태왕비문』, 『고려본기』,『환단고기』-」『선도문화』 제7집, 2009, 7-43쪽. = 역사7

_____, 「고구려와 한국고유철학(3)-천제에서 천제자로, 그리고 삼족오-」, 『단군학연구』 제21집, 2009, 33-98쪽. = 철학(4)

_____, 「『삼성기 전』 상하편에 숨겨진 사실들」『선도문화 』 제6집, 2009, 47-72쪽. = 역사4

_____, 「촛불축제시위와 세계사적 의미」, 사회와 철학연구회 엮음, 『촛불, 어떻게 볼 것인가, 사회와 철학, 특별호 16-1』, 울력, 2009-1: 167-210쪽, 2009. 4.15.

_____, 「단군조선과 한국고유철학(1)-상호존중("서로주체성")의 원리-」, 『단군학

연구 제20집』, 2009-2: 89-141쪽, 2009. 6.30.

______, 「한국고유철학(4)의 다섯 가지 발전단계-조선천독의 상호존중원리에서 민족연방국의 생명생존권으로-」, 『단군학연구』 제22호, 2010, 69-163쪽. =철학(1)

______, 「계보위축변천과정, 신구왕호 토픽 그리고 『환단고기』 신 진위검토방법(2) -환인환국-대인환웅국-삼조선병행 계보-」 『선도문화』10호, 2011, 221-291쪽. =역사2

______, 『사기』 오제본기와 그의 전거(『대대례기』 「제계성」, 『공자가어』 「오제덕」, 『춘추』, 『국어』, 『상서』) 사이의 비교분석-천왕, 치우와 그의 신하 운사, 황제(1)-『선도문화』11호, 2011, 167-235쪽. =역사3

______, 치우천왕과 운사 헌원 사이의 관계 (2)-역사의 맞수인 『삼국유사』 『고기』 『사기』 「오제본기」 그리고 『삼성기전하』 「밀기」-『선도문화』12호, 2012, 253-296쪽 =역사4

______, 「한국전통철학과 경전개념구조 컴퓨터전산 파악법-성리학의 『근사록』 「도체편」 분석을 중심으로-」, 『동서철학연구』 제56호: 263-318, 2010.

박병섭·박병훈, 「단군과 기자 관련 사료를 통해 본 『한단고기』의 역사성 검토」 『한국종교사학회』 제11집, 2003, 143-167쪽. =역사

__________, 「단군조선 삼조선설-『사기』, 『조선상고문화사』, 『한단고기』의 연구-」 『단군학연구』 제17집, 2007, 1-39쪽 =역사5

__________, 「계보위축변천과정, 신구왕호 토픽 그리고 『환단고기』 신 진위검토방법(1)-스키타이족-북부여-졸본부여-고구려의 계보-」 『선도문화』 9호: 135-219. 2010.

박창범, 「천문학상으로 본 단군조선의 역사성」, 『금호문화』 107호, 금호문화재단, 1994.

복기대, 「임둔태수장 봉니를 통해 본 한사군의 위치(臨屯太守章 封泥를 통해 본 漢四郡의 위치)」 『백산학보』 61집, 2001.

하정현, 「근대 단군 담론에서 '신화' 개념의 형성과 파생 문제」, 『고조선단군학』 제24호, 고조선단군학회, 2011, 197-224쪽.

고준환 박사_경기대 명예교수, 국사찾기협의회 3대 회장, 본각선교원장

평소에 민족자주사학을 탐구해 온 박병섭 박사님이 추천사를 부탁해 와서 삼가 이 글을 쓴다.

내가 보기에 『해모수 이야기: 한국신화의 부활을 위하여』의 요점은 우리나라 고대사에 있어서 해모수가 3인이라는 것이다. 이 책 3장에서 『삼국사기』와 『삼국유사』 사이의 비교를 통해 '간과(看過)'된 왕호신구토픽법을 발견하고, 이 책의 9장에서 왕호신구토픽법이 나오므로, (본인은 『환단고기』가 사료적 가치가 있다고 21가지 이유를 제시한 바 있다.) 『환단고기』 등이 진서라고 증명한 것이다. 왕호신구토픽법이란 한 왕이 두 개의 왕호를 가지는 현상이다. 3장에서는 졸본부여의 왕호 "동명"이 북부여 옛 수도의 왕호 "해모수[2]"와 동일인이라 한다. 만일 어떤 책에서 '간과'된 사실을 논리적으로 증명 된다면 이 증명 결과는 이후 진서여부를 판별하는 결정적인 리트머스 시험지로 활용할 수 있다. 이 책 9장에서 『환단고기』'북부여기 상편'에 등장하는 "3-1-1구 시조 단군 해모수 재위 45년(始祖 檀君 解慕漱 在位 四十五年)" 등이 한 왕이 왕호 "단군"과 왕호 "해모수"를 모두 사용하는 왕호신구토픽법이라 진서임을 알 수 있는 증거라고 한다. 논리학을 믿는 사람은 누구도 부정할 수 없을 것이다. 해모수와 동명왕에 대해서는 기존에 이미 다른 이설도 있어서 앞으로 학계의 더 많은 탐구가 필요할 것이다. 이제 한국인은 이 책 출간을 계기로 국민들이 자주국사 확립의 길로 나아가야 할 것이다.

만몽 김산호_원로 만화가, 화백, 한민족사 연구가

이 책은 한국신화를 그리스-로마신화처럼 새로운 고전적인 전형으로 다루고 있다. 이 책의 4장과 8장의 네모상자 속 내용은 한국신화를 대조하면서 정교하게 보여준다. 이 책에서 한국신화는 한국고대역사와 다르지 않다. 누구나 읽어야 하는 책이다. 한민족의 역사를 세계사로 다루고 있다. 특히 어린 아이들에게 이 책의 내용이 전달되어야 한다. 이 책의 내용은 재미있다. 이 책이 한국 문화와 문화콘텐츠 산업발전에 기여할 것으로 기대한다. 이 책에 나의 그림이 사용된 것을 허락한다.

박병훈_역사학 박사

이 책은 한국민족통사를 '술이부작 논리역사학'으로 보여준다. 한국고대사는 '환인 환국-환웅 대인국-단군 고조선 3연맹국-북부여-졸본부여-고구려/신라'의 계보로 구성되어 있다. 이 책은 단재 신채호의 고조선 3조선 연맹국설을 『사기』와 『한서』의 원전 자료의 대조 해석만으로 입증하고 있다. 이 책은 총 10장 중에 3장-8장을 역사학계에서 인정하는 사서들만 사용해서 형식논리학으로 분석하고 있다.

김방룡_충남대 철학과 교수

세계화 시대, 다문화 사회 속에서 민족 간의 우열은 역사와 문화 속에서 결정된다. 고유사상의 회복을 통하여 우리 민족의 정체성을 확립해야 할 당위가 여기에 있다. 이 책은 바로 우리 역사서에 대한 텍스트 비평과 엄격한 형식논리의 논증을 통하여, 우리 고유사상에 신화의 외피를 벗겨내고 철학의 새 옷을 입히고 있다.

메일로 예약해 두면 가능한 시간에 전화함.

참여를 원하면 교육 후에 각 지역 직업 책임자로 임명할 수 있음.

메일로 책 주문하고 통장으로 입금하면 보내 줌.

지메일 : bbsa1004@gmail.com

전화번호: 070-7434-4802

후원통장번호: 외환은행 620-182315-101 박병섭

역사독립군 연락 메일: sixnation6@hanmail.net

역사독립군 지역총본부 메일: hwanschool@hanmail.net

역사독립군 해외본부 메일: redswallow150@nate.com

역사독립군 대학원생본부 메일: personak@gmail.com

역사독립군 대학생본부 메일: hwandan.college@gmail.com

역사독립군 고교생본부 메일: k125233@naver.com

wjdtpflah@naver.com